MUSEOS COMUNITARIOS EN EL ÁMBITO IBEROAMERICANO

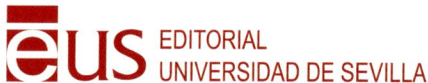

EDITORIAL
UNIVERSIDAD DE SEVILLA

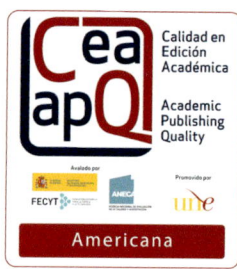

María Silvia Di Liscia
Eva Sanz Jara

MUSEOS COMUNITARIOS EN EL ÁMBITO IBEROAMERICANO
Entre esencias del pasado y propuestas alternativas

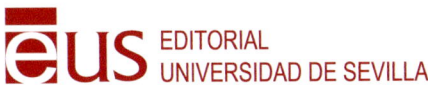

EDITORIAL
UNIVERSIDAD DE SEVILLA

Sevilla 2025

Motivo de cubierta: Museo de Artes y Costumbres Populares, Sevilla (España). Detalle de la fachada. Foto: Eva Sanz Jara, 2024.

© Editorial Universidad de Sevilla 2025
   C/ Porvenir, 27 - 41013 Sevilla.
   Tfnos.: 954 487 447; 954 487 451
   Correo electrónico: info-eus@us.es
   Web: https://editorial.us.es
© María Silvia Di Liscia y Eva Sanz Jara, 2025
Impreso en papel ecológico
Impreso en España-Printed in Spain
ISBN 978-84-472-2661-0
Depósito Legal: SE 1334-2025
Diseño de cubierta: Cuadratín Estudio
Maquetación: Cuadratín Estudio
Impresión: Podiprint

A Julia, artista, bailarina, visitante intrépida de museos
Para Nora, flautista, lectora, naturalista, enseñanza diaria de felicidad
Y para quienes se atreven, como ellas, no solo a mirar
sino a soñar otros y mejores mundos

ÍNDICE

INTRODUCCIÓN: DE LOS PASADOS Y SUS REPRESENTACIONES

"En el País de no me acuerdo", una frase que encarna todo un mundo de significados. La escuchamos al subir al metro de Madrid, como el reclamo que una madre hacía a su hijo –ambos españoles–, para entretenerlo en el viaje y, a la vez, aprovechar el tiempo para revisar su memoria (la del niño aburrido). María Elena Walsh tituló con ella una balada infantil disparatada, escrita en tiempos de represión y olvidos[1]. Luego se recuperó en películas y otros formatos, e introduce en los pequeños (y grandes) el peligro del olvido en aquellas sociedades que dan la espalda al pasado[2]. Este fenómeno es quizás más común de lo que pareciera en toda Iberoamérica, y su impacto en los espacios museales no deja de aumentar como una demanda incesante de una ciudadanía preocupada por el peso de la memoria. No hace mucho, en España, se declaraba la necesidad de "un museo de memoria para un país de amnésicos"[3]. Y allí, la imagen y el sonido rotundo de la poesía-canción vuelve a nosotros, como si el museo tuviese la enorme responsabilidad de materializar las memorias y restañar los olvidos de una vez y para siempre. Pero la cuestión no es tan sencilla.

En las grandes ciudades, una multitud de ofertas culturales y recreativas prometen, por ejemplo, unos instantes en la "verdadera" tumba de Tutankamon, el faraón adolescente al que conocemos no por sus obras, sino por el hallazgo de su tesoro hace un siglo[4]. Las artes digitales, con su despliegue de luz

---

1. Canción, 1967: "En el país del Nomeacuerdo doy tres pasitos y me pierdo/ Un pasito para allí, no recuerdo si lo di/ Un pasito para allá, ay, qué miedo que me da/ Un pasito para atrás/ y no doy ninguno más porque/ ya, ya me olvidé dónde puse el otro pie".

2. "Democracia: El país del Nomeacuerdo", por Laura Tedesco, *El País,* 2021, en: https://agendapublica.elpais.com/noticia/17121/pais-nomeacuerdo, consultada el 12 de diciembre de 2023.

3. Cazorla Sánchez (2021).

4. "Se invita a viajar de la mano del Faraón Niño por la historia de una civilización mágica, de la que se ha heredado numerosos elementos culturales y que –a pesar de todo– sigue

y cacofonía, llevan a los visitantes al protagonismo en una realidad paralela, el metaverso. Y aunque difícilmente puedan reflejar la existencia de un soberano de hace 3000 años en esa saturación de imágenes y sonidos, el público se retira feliz de haber ingresado al menos por una hora a la magnificencia del Antiguo Egipto.

Otro ejemplo en la capital española: la Sala correspondiente al legado romano en el Museo Arqueológico Nacional[5]. Entre bustos de Trajano, Marco Aurelio y estatuas de Livia Drusilla, madre de Augusto, así como en los magníficos mosaicos de las villas, se encarna la esencia de la Hispania. En esa armonía de mármoles y armas, cuidadosamente iluminados en exquisitas vitrinas, no se menciona la violencia imperial, mantenida por siglos a través del trabajo de siervos y esclavos, el pago de tributos y la instalación de colonos. El museo, por el contrario, deja al visitante recorrerlo con un afán pedagógico, indicando de muchas maneras la aculturación beneficiosa sobre los pueblos celtas e íberos: idioma y derecho romano son herencias inmutables que atraviesan siglos y le son entregadas a los espectadores a través de las figuras hieráticas de los emperadores.

Paralelamente, las exposiciones museales alientan otros intereses y remueven las conciencias: en el Museo Nacional de Antropología, también en Madrid, una muestra temporal sobre la esclavitud en África y América presenta, a los europeos del siglo XXI, el horror de la captura de personas y su utilización como objetos[6]. Látigos y grilletes acompañan esta exhibición sobre la trata de esclavos y su traslado forzoso en las largas travesías. Un enorme panel, a todo color, ostenta multitud de anuncios de compra-venta, añadiendo a la crueldad del trabajo extenuante y los castigos, los aspectos económicos de las "piezas", como se denominaba a las personas "de color". Al final, la voz clara de Billie Holliday, con las notas trágicas de *Strange Fruit*, rememora su

---

cautivando por los enigmas que cubren las arenas de sus desiertos y se diluyen en las aguas de su río Nilo. Transporta al tiempo primigenio en el que surgen los dioses del Egipto de las pirámides" (en: "Tutankamon en Madrid, Exposición inmersiva", https://www.esmadrid.com/agenda/rey-tut-cosas-maravillosas-experiencia-inmersiva-mad-madrid-artes-digitales-centro-experiencias-inmersivas-nave-16, consultada el 20 de marzo de 2023).

5. *Museo Arqueológico Nacional. Guía* (2013). Un excelente estudio sobre este centro es el de Ruiz Zapatero (2020), donde se analizan otros elementos vinculados a la demarcación de la nación española.

6. Miguel Ángel García, "El gran experimento. ¿El fin de la esclavitud?", en: https://www.culturaydeporte.gob.es/mnantropologia/actividades/agenda/2022/exposicionestemporales/el-gran-experimento.html, consultada el 1 de marzo de 2023.

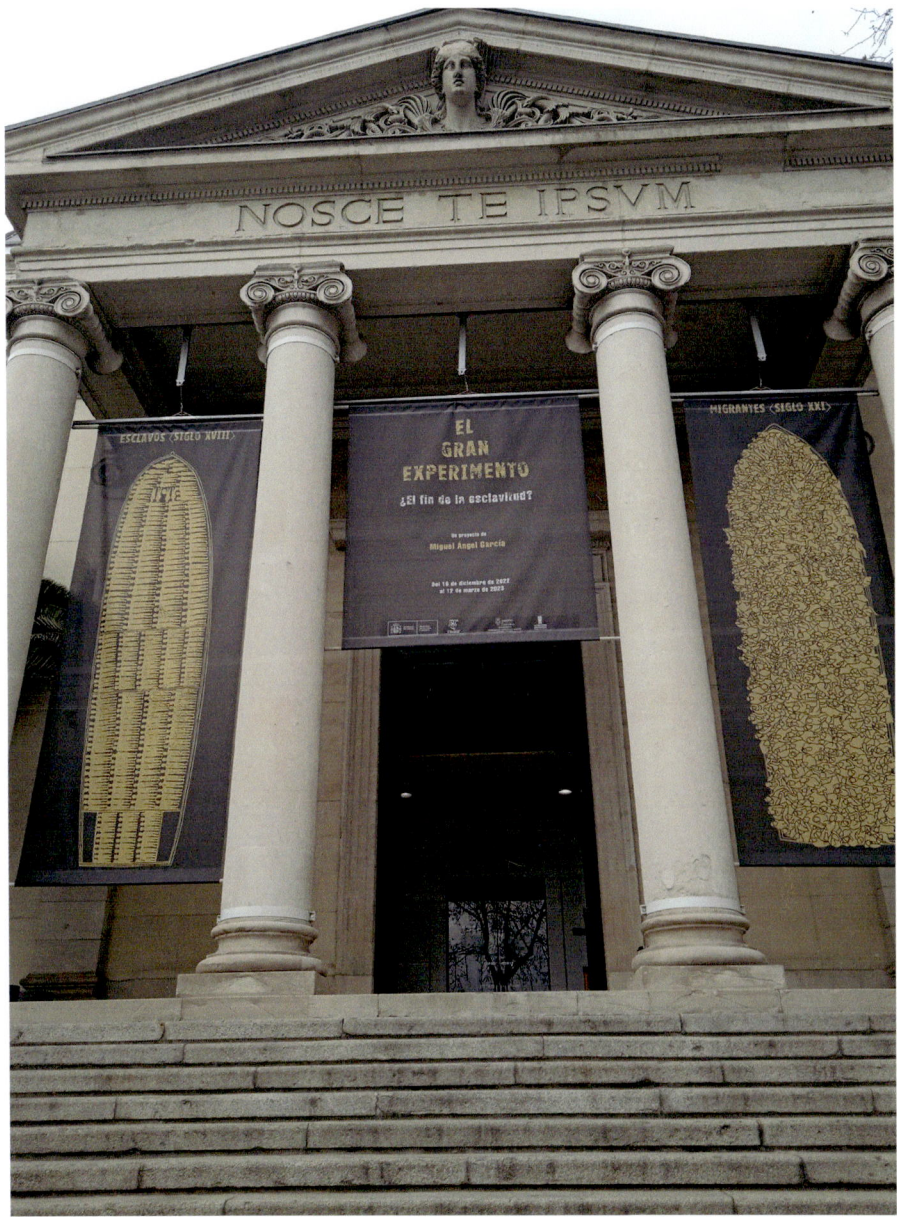

Figura 1. Museo Nacional de Antropología, Madrid (España). Exterior.
Foto: María Silvia Di Liscia, 2023

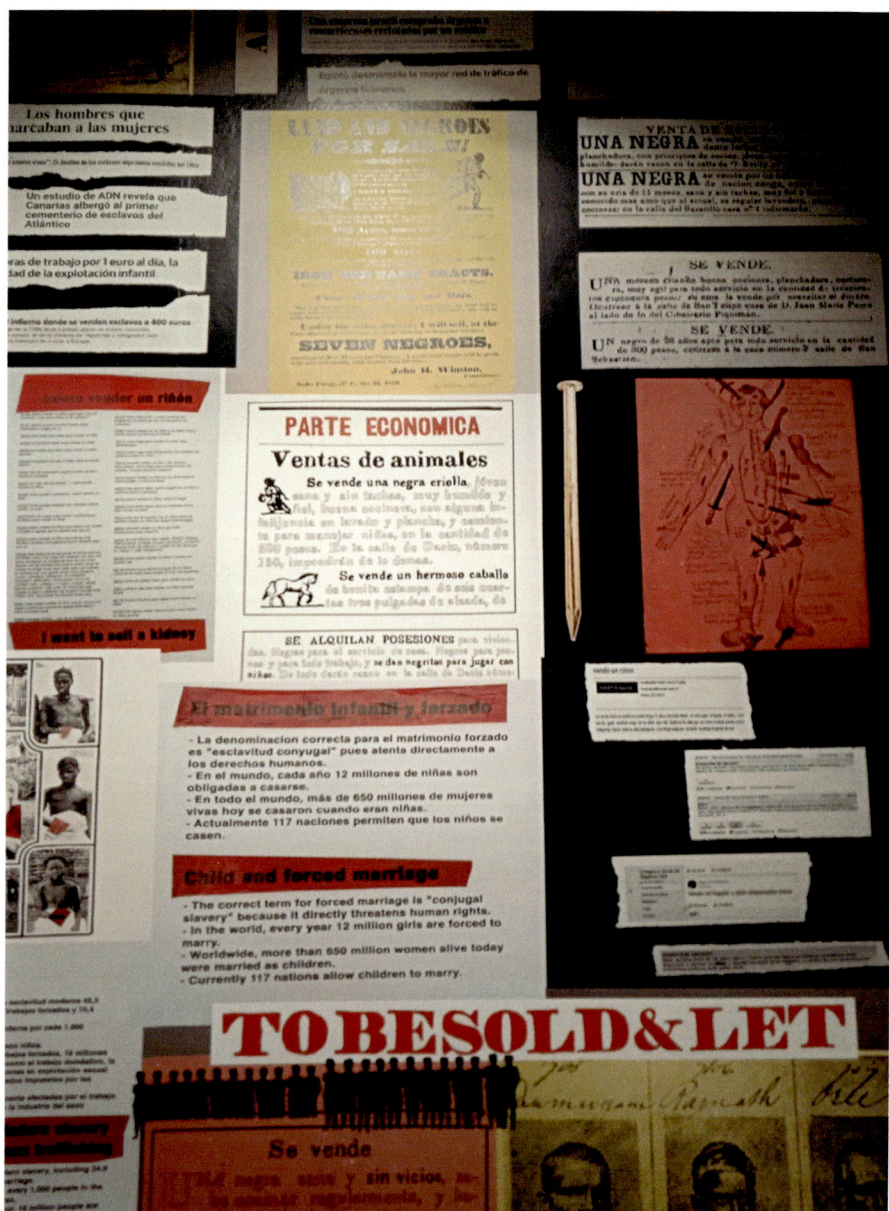

Figura 2. Museo Nacional de Antropología, Madrid (España).
Exposición: el Gran Experimento. Foto: María Silvia Di Liscia, 2023

calvario en los sureños estados norteamericanos, mucho tiempo después de la abolición formal de la esclavitud.

Recordemos, brevemente, que los imperios antiguos, como el egipcio, utilizaban usualmente a esclavos como trabajadores de todo tipo, y que la misma tumba de Tutankamón se construyó con esa fuerza laboral. No es esta una información nueva, los historiadores la conocen desde hace mucho tiempo (como ejemplo, Shaw 2000: 94). Los romanos, por otra parte, profundizaron si cabe la esclavitud como un recurso económico indudable del imperio, y lo hicieron parte de su cultura de manera insoslayable (Bradley 1998). Y, como sabemos, la rentabilidad de las plantaciones y el incremento de la producción de la caña de azúcar fue posible porque, a la vez, se habilitó la posibilidad de capturar personas y trasladarlas a bajo coste para los tratantes y empresarios esclavistas, quienes obtuvieron pingües ganancias en ese comercio de sangre (Klein 2011).

Los distintos procesos históricos, lejanos en tiempo y hasta en el espacio, se representan en exposiciones tradicionales museales, con los recursos usuales o con nuevas posibilidades "inmersivas". La documentación histórica se evade en el caso de Tutankamón, y tal cuestión quizás se relacione con nuestra mirada occidental sobre la lejanía en el tiempo (recordemos, la tumba se erigió en 1342 a. C.). El visitante, por lo tanto, puede admirar los tesoros de la ofrenda mortuoria en una relación no problemática, que le exige poco de la comprensión en su conjunto. Igualmente, quienes recorren las lujosas salas de exposición donde se concentra el dominio romano en el Museo Arqueológico Nacional no podrán conocer mucho sobre quiénes labraron los campos, construyeron las villas o erigieron puentes y caminos. Los recursos pedagógicos sobresalen sobre los políticos, y el museo se erige como un árbitro neutral del pasado[7].

Por el contrario, en "El gran experimento. ¿El fin de la esclavitud?" del Museo Nacional de Antropología, los interrogantes del título abren la mirada sobre si es posible clausurar este proceso sin reflexionar desde el presente. La persistencia del racismo, hoy y aquí, en un techo de cristal que impide a personas no "blancas" el acceso igualitario al trabajo, a la educación y, en general, tiende a su marginación social, es la gran deuda de sociedades contemporáneas, en pos de una democracia real y activa.

---

7. Las visitas a estas exhibiciones se realizaron entre marzo y abril de 2023.

El legado opresor de la esclavitud es un ejemplo de la imposibilidad de la "página en blanco" del futuro. Es inverosímil borrar y comenzar desde cero, puesto que ese inicio sin tacha no existe: las exposiciones sobre el pasado, si quieren revelar algo de su riqueza, deben asumir las contradicciones que tensionan nuestra actualidad. Así, la tumba de Tutankamón representa más que un juego de luces coloridas; y, sí, los romanos ejercieron el poder durante siglos, en una sociedad jerarquizada donde las mayorías no tenían cabida. Como indicaba Kopytoff (1986), el pensamiento occidental separó originalmente cosas de personas. Los esclavos eran de difícil reconocimiento ya que su doble categoría planteaba problemas filosóficos: su singularidad los hacía individuos, pero la venta de sus cuerpos los devolvía a la condición de objetos.

Los ejemplos que estamos utilizando se centran en muestras organizadas por empresas dedicadas al rubro de la industria cultural. Y también en instituciones estatales, curadas por eminentes académicos, que se entroncan con los intereses públicos, ya sea económicos como culturales. Pero podrían encontrarse muchos modelos similares, y no solo en Madrid, donde también se advierten las dificultades de narrar el pasado en toda su complejidad, idealizando a veces las rutinas del trabajo y de los trabajadores. El Museo Etnográfico de Talavera de la Reina, en el centro de una encantadora ciudad cargada de una añeja historia, puente romano e iglesias románicas incluidas, refleja una tarea expositiva museográfica de gran impacto visual, de, por ejemplo, el lagar de los monjes jerónimos, a través de una tecnología de avanzada para la producción alimenticia[8]. Al margen de la cuidada presentación, está allí el peso determinante de la nostalgia, como si fuera imposible negar que el ingenio de los frailes hubiese culminado.

Quienes visitamos ahora esos espacios donde antes estaban esforzados obreros, y también ruido de las máquinas o los olores de las olivas, tenemos como resultado un reducto ordenado, de prolija exposición: la imaginación museal intenta introducir al visitante a una historia de hace dos siglos, pero es un proceso terminado. Así, el recorrido por los patios de piedra en este museo de Talavera de la Reina suele ir acompañado por la curiosidad, pero también por cierta sensación de irrealidad. ¿A qué se debe este fenómeno? ¿Es porque no se ha cumplido con el mensaje de que el museo debe reproducir, afirmar y

---

8. Museo Etnográfico Talavera de la Reina, en: https://talavera.es/instalaciones/museo-etnografico-talavera-de-la-reina/, consultada el 14 de septiembre de 2023. Visita realizada el 20 de octubre de 2022.

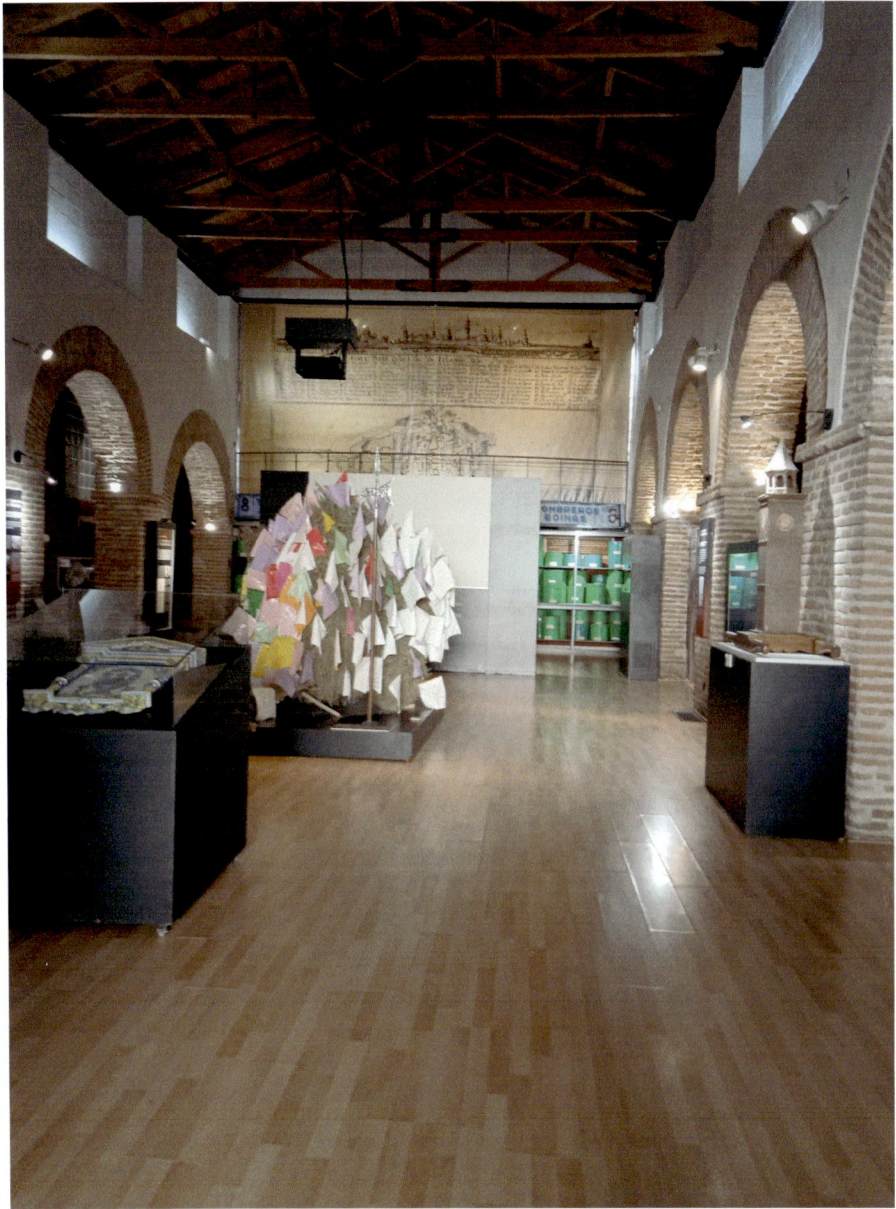

Figura 3. Museo Etnográfico de Talavera de la Reina, Talavera de la Reina (España).
Foto: María Silvia Di Liscia, 2023

reconducirnos hacia el pasado, tal y como fue? Porque es difícil, por no decir imposible, llegar a saber sobre el esfuerzo laboral o la forma de extracción de aceites solo con la exposición "simple" de una serie de objetos: todos ellos reclaman una interpretación, y tal cuestión depende, como siempre, de quién mira, desde qué tradición participa, y cuáles han sido sus experiencias previas sobre olivares o toneles. Tampoco quien organizó la muestra pretende solamente exponer esos objetos, sino más bien demostrar la habilidad de unos técnicos muy avezados, o de las capacidades para producir y vender aceites y vinos, que dejaron su huella en la urbe más moderna, hasta hoy.

Desde una historia más reciente, los centros vinculados con la producción industrial perimida, actualmente en boga en distintos puntos del mapa, también se suman por un lado a la necesidad de evitar la pérdida patrimonial, y por otro, a contener las memorias de generaciones enteras de trabajadores. Como ejemplo, el Museo de Minería de Asturias materializa la desindustrialización marcada a fuego: las galerías de las minas de carbón abiertas en los años sesenta que en el siglo XXI se cerraron como tales, se reconvirtieron en espacios expositivos. Los antiguos trabajadores se transformaron en guías turísticos que explican a los visitantes las rutinas laborales (en Díaz Martínez 2023)[9].

En esas visitas, bajar a la mina, parte del ciclo de ardua labor de los trabajadores, se recrea vívidamente para los turistas: "estar" en el lugar, e incluso utilizar el casco o el pico del minero, tiene diferente significado para quien observa y para quien lo ha vivido, son cuestiones muy diferentes. Y mucho más para quienes gestan esas formas de asumir ahora a los obreros, el trabajo y la extracción de mineral. Porque el problema de la representación, como bien indica Rufer (2023), en referencia Stuart Hall y a Antonio Gramsci, no es la adecuación de un significante a su referente, sino de una batalla política sobre la estabilización del significado.

En el caso de los museos, este es un punto crucial, dado que todo el tiempo se nos enfrenta a la "realidad" de las cosas, pero obviando a la vez que esta u otra muestra están allí por lo que el curador-museógrafo quiso demostrar. Son pocas las exhibiciones que hablan de esta imposición e impostura, alentando justamente lo contrario y borrando las marcas de ese fenómeno.

---

9. Ese fenómeno significó el límite hacia 1970 del ciclo de expansión industrial en distintos puntos del mundo (sobre todo, pero no solamente desarrollado), y un proceso a la inversa iniciado hacia 1980-1990, que produjeron otros debates sobre las consecuencias medioambientales, sociales y culturales en el mundo del trabajo (ver Berger, Musso y Wicke 2022).

Volvamos a Kopytoff (1986), quien indica que los objetos pierden su utilidad concreta y se transforman en reliquias; tanto grandes conjuntos de máquinas como un pequeño alfiler, todos pueden atesorarse ahora, dado que perdieron su valor de uso y se encuentran en camino a ser objetos únicos y también originales. La escala se expande: no es solo un objeto sino todo un sitio el que perdió el sentido originalmente dado, para transformarse ahora en un muestrario del pasado reciente, pero no siempre grandioso[10]. Otras etapas y procesos están sembrados por disputas que atraviesan en diferentes capas y generaciones hasta hoy.

LAS MEMORIAS, AHORA Y SIEMPRE

Como indicaremos a lo largo del texto, los museos llevan la pesada carga de hablar sobre la historia, y, en consecuencia, no pueden escapar a sus conflictos. La representación de guerras, torturas, campos de concentración, represión y dictaduras vuelve a la mirada de muchas sociedades como una deuda a saldar hacia atrás, en generaciones que tienen muy presente tales situaciones. Las exposiciones, entonces, se localizan en un punto de quiebre difícil dada la contemporaneidad de esos hechos, toda vez que deben mencionar a sus víctimas, aún rodeadas de perpetradores.

En América Latina[11], el peso de esa herencia se lleva con dificultad, y diversos centros han intentado dar cuenta de la profundidad de las heridas que involucraron a gobiernos militares y también a otros actores y agencias, como empresarios o religiosos (Di Liscia y Wechsler 2023). Así, en Uruguay, Argentina y Chile, entre otros más, se erigieron museos y centros donde recordar a muertos, desaparecidos, torturados y exiliados de las décadas oscuras, que ciñeron de sombra el Cono Sur[12].

---

10. Otros ejemplos referidos a Argentina y la reciente museografía industrial, en Ceva (2021).

11. Somos conscientes que este término es problemático, y de la existencia de otros con mejores referencias sobre los asuntos que tratamos, como el Abya Yala, elegido por los líderes e intelectuales de los pueblos originarios para sindicar al territorio americano en su conjunto. Ver un debate profundo en Rufer (2023).

12. Una síntesis sobre la Escuela de Mecánica de la Armada (ESMA) en Buenos Aires y el Museo de la Memoria en Montevideo, en González de Oleaga, Di Liscia y Ricciardo (2023).

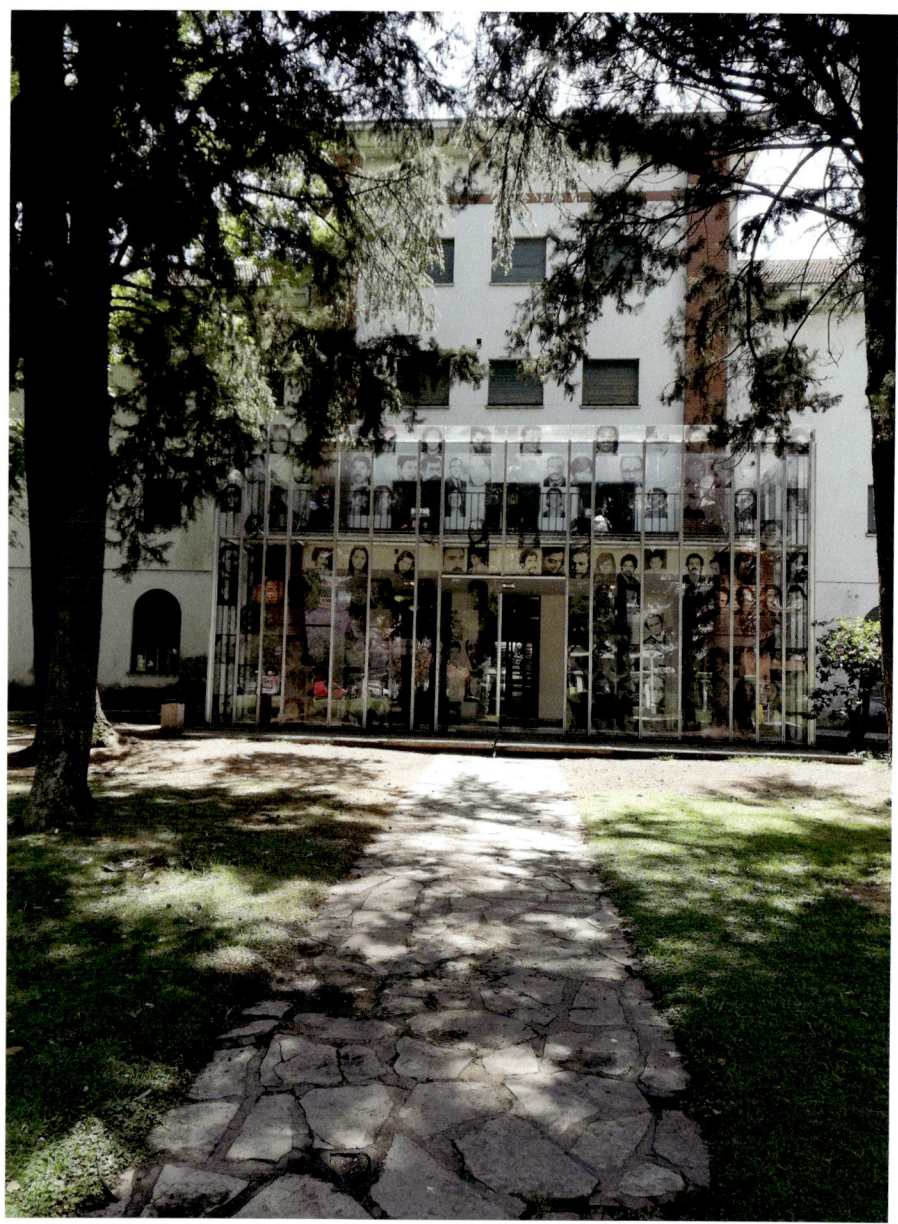

Figura 4. Museo Sitio de Memoria ESMA (Ex Centro Clandestino de Detención, Tortura y Exterminio), Buenos Aires (Argentina). Exterior.
Foto: María Silvia Di Liscia, 2019

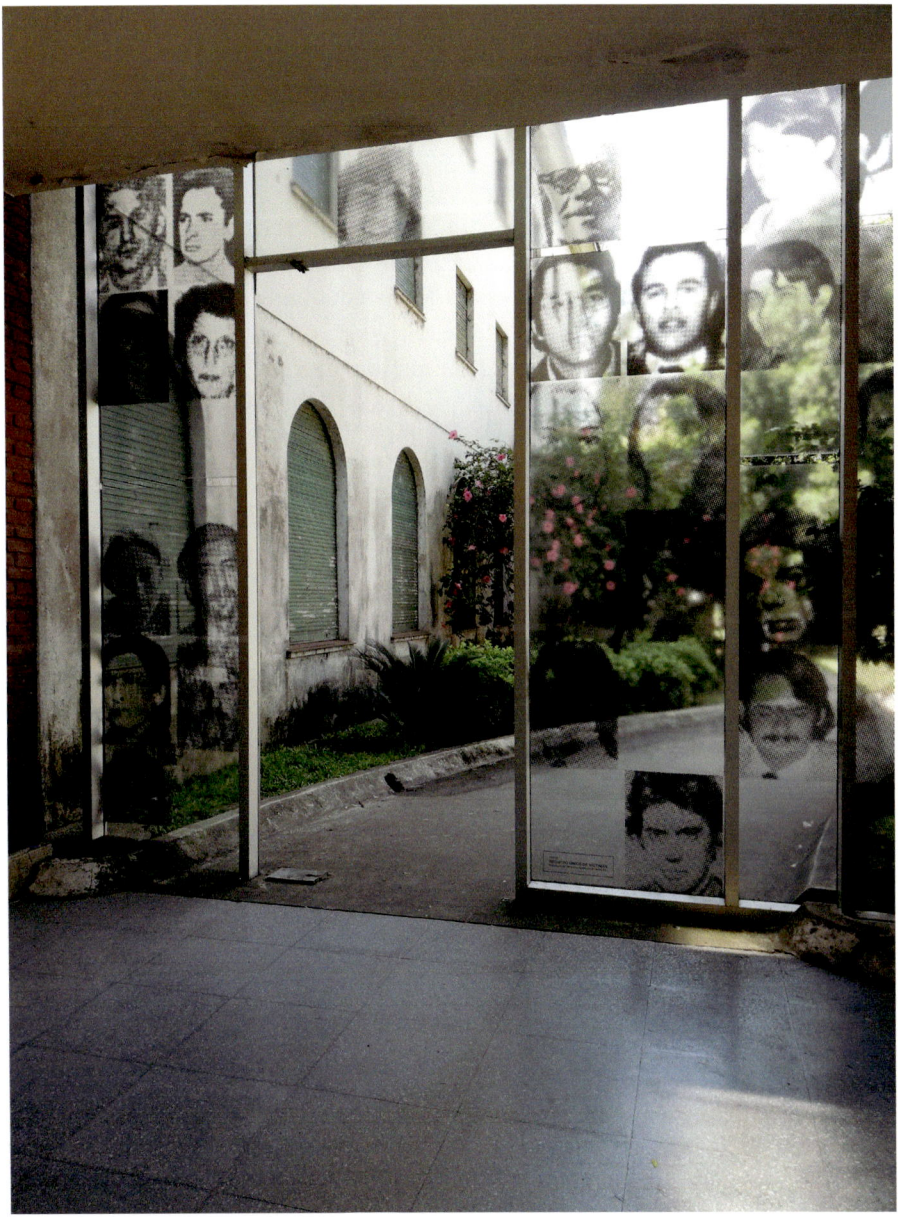

Figura 5. Museo Sitio de Memoria ESMA (Ex Centro Clandestino de Detención,
Tortura y Exterminio), Buenos Aires (Argentina). Interior.
Foto: María Silvia Di Liscia, 2019

Las medidas de justicia transicional, observadas comparativamente en Argentina, Chile y España, llevaron a la formación de comisiones de esclarecimiento público y al juzgamiento de los responsables de la violación de derechos humanos en los primeros dos países. Pero no así en la Península, donde además la reparación a las víctimas ha sido menos eficaz que en ambas naciones latinoamericanas[13].

El caso español posee rasgos característicos diferentes a los del resto del ámbito geográfico circundante, en especial Europa Occidental[14]. Como en otros ámbitos, la discusión atraviesa a los académicos y sobrevuela la política, dado que la pertinencia y el establecimiento de museos y lugares donde dirimir los asuntos, sobre todo de la última dictadura, es una de las principales vertientes de esta discusión. Así, se trata de un campo de estudio relevante, controvertido y novedoso, con gran atención mediática que enriquece el debate, precisamente por su falta de resolución.

Se parte de un panorama problemático: el de la gestión de la memoria heredada de la dictadura franquista tras la Guerra Civil, focalizada en el ensalzamiento del bando vencedor. Con la transición a la democracia, se tendió hacia la equidistancia de los dos bandos enfrentados en la guerra: el encabezado por los golpistas y el defensor de la legitimidad democrática. Pero se trata de políticas del olvido y no siempre de la memoria. Es así como, durante los setenta y ochenta del siglo XX, se instauró una memoria pública basada en la estabilidad promoviendo la "reconciliación" de los antiguos enemigos. Los conflictos del pasado, en este discurso, debían silenciarse para no reabrir viejas heridas. Por ello, el afán público, aupado por ciertos académicos, fue superar las fracturas entre vencedores y vencidos, sin reconocer oficialmente las responsabilidades y la asunción moral de las culpas. Se consideró entonces la Transición (en mayúsculas) como una etapa pacífica, modélica, y esa "verdad histórica" ejemplificadora, además, no dejaba resquicios para remover qué había sucedido con anterioridad (De Kerangat 2023: 13).

Desde 2000, y no sin debates encendidos, se incorporó la necesidad de reparación por la guerra y la represión sufrida durante los casi cuarenta años de dictadura posterior. Tales acciones se plasman en diferentes actuaciones

---

13. Aguilar Fernández (2008) es referencia obligada sobre las políticas de la memoria.

14. Numerosos autores se dedican al caso español en la actualidad, entre ellos Núñez-Seixas (2021), quien analiza lugares de memoria, en perspectiva comparada respecto a otras naciones europeas. Ver asimismo Winter y Resina (2005), Barreiro Mariño (2017) y Arrieta Urtizberea (2016).

relacionadas con la memoria: exhumaciones, eliminación de nombres y símbolos fascistas, así como establecimiento de museos y lugares de memoria. Se trata de la "conquista del derecho de la memoria democrática" (Roigé 2016: 33)[15].

Sin ser exhaustivos en esta enunciación, podemos citar el Memorial Democràtic de Cataluña en la zona de la Batalla del Ebro, la Xarxa d'Espais de Memòria (Red de Espacios de Memoria), dentro de la cual se puede visitar el Museu Memorial de l'Exili (Jonquera) y la Cárcel-Museo de Sort (Lleida). En el País Vasco, puede visitarse el Museo de la Paz de Guernica. En el Sur, se han tornado espacios de memoria antiguos espacios bélicos, como el Refugio Museo de la Guerra Civil en Cartagena o el Refugio Antiaéreo de Jaén (Roigé 2016).

En la actualidad, están en marcha, más o menos activas según el caso, numerosas acciones tendientes hacia la musealización de la memoria. Como ejemplos, la remodelación para uso cultural de un edificio originalmente habitado por trabajadores, y en muy mal estado, de la calle Peironcely en el madrileño barrio de Vallecas, fotografiado por Robert Capa durante la Guerra Civil[16]. También, la posible conversión en lugar de memoria del Pazo de Meirás y la discusión en torno a la desacralización y musealización del Valle de Cuelgamuros o de los búnkeres situados en la zona de Rivas Vaciamadrid. Otros lugares envueltos en estas polémicas son un refugio antiaéreo de la Guerra Civil en el Retiro y cárceles, como La Ranilla de Sevilla. En el debate, ingresan monumentos modélicos del triunfo franquista, como el Arco de la Victoria en la Moncloa, devenido un registro incómodo de esa etapa histórica (Rodríguez López 2023).

---

15. Acerca de las exhumaciones de las víctimas del franquismo, cuestión central en las políticas de la memoria desde la transición democrática al presente, ver Ferrándiz Martín (2007, 2010, 2014, 2022) y De Kerangat (2023).

16. La solicitud se inició en 2018 por el pedido expreso de vecinos ante el derrumbe de una vivienda que fue fotografiada en 1937 y tuvo un impacto mundial. (ver "Centro Robert Capa: recuperar la memoria histórica de Vallecas", 2018: https://www.revistalacomuna.com/cultura-y-memoria/capa-recuperar-la-memoria-historica-de-vallecas/, consultada el 26 de febrero en 2024). Tres años después, el Ayuntamiento de Madrid inició los trámites para realojar a los inquilinos de este pobrísimo inmueble, que alojaba a muchas familias de inmigrantes, para organizar allí un centro cultural ("Epílogo vecinal en la casa que fotografió Robert Capa", 2021, en https://elpais.com/espana/madrid/2021-02-25/epilogo-vecinal-en-la-casa-que-fotografio-robert-capa.html, consultada el 26 de febrero de 2024).

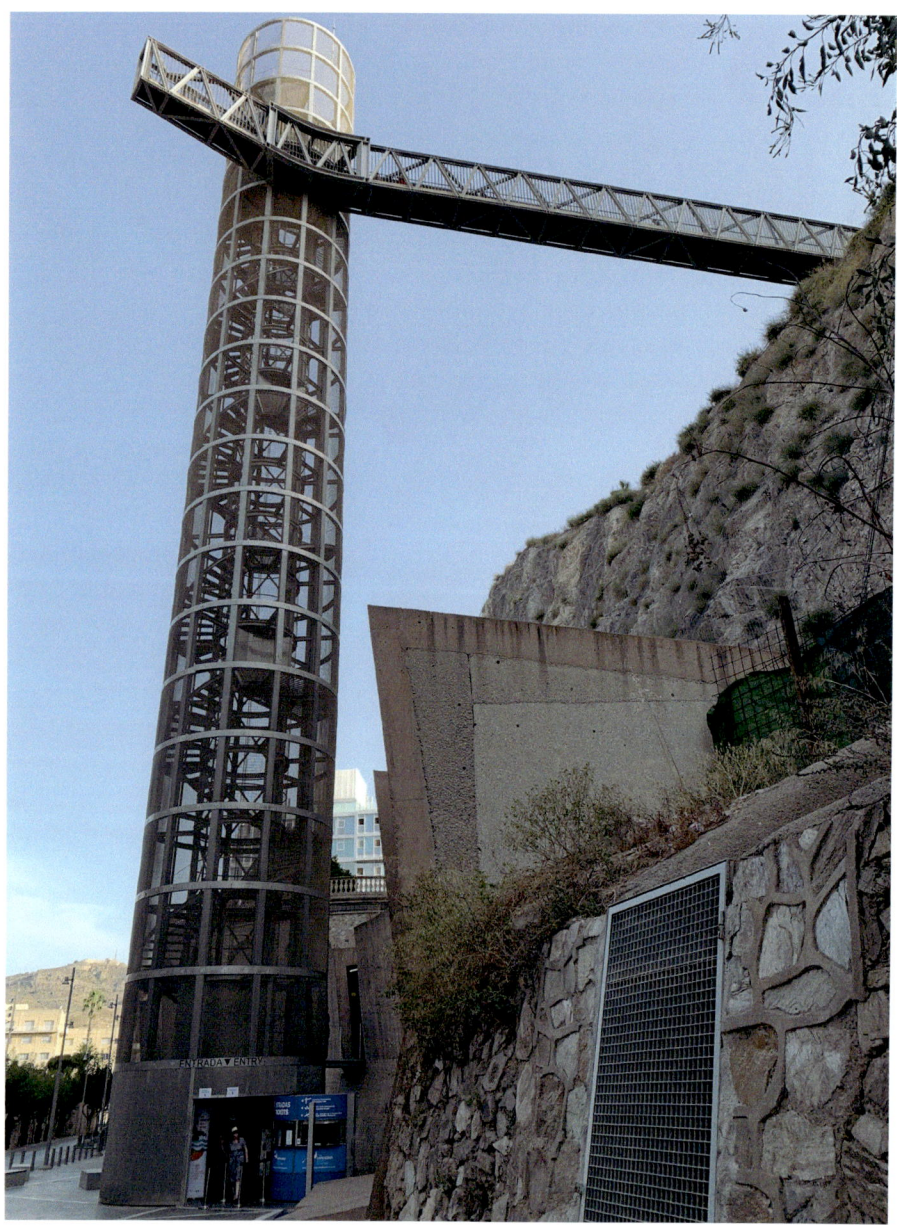

Figura 6. Museo-Refugio de la Guerra Civil (Cartagena, Murcia, España). Exterior.
Foto: Eva Sanz Jara, 2022

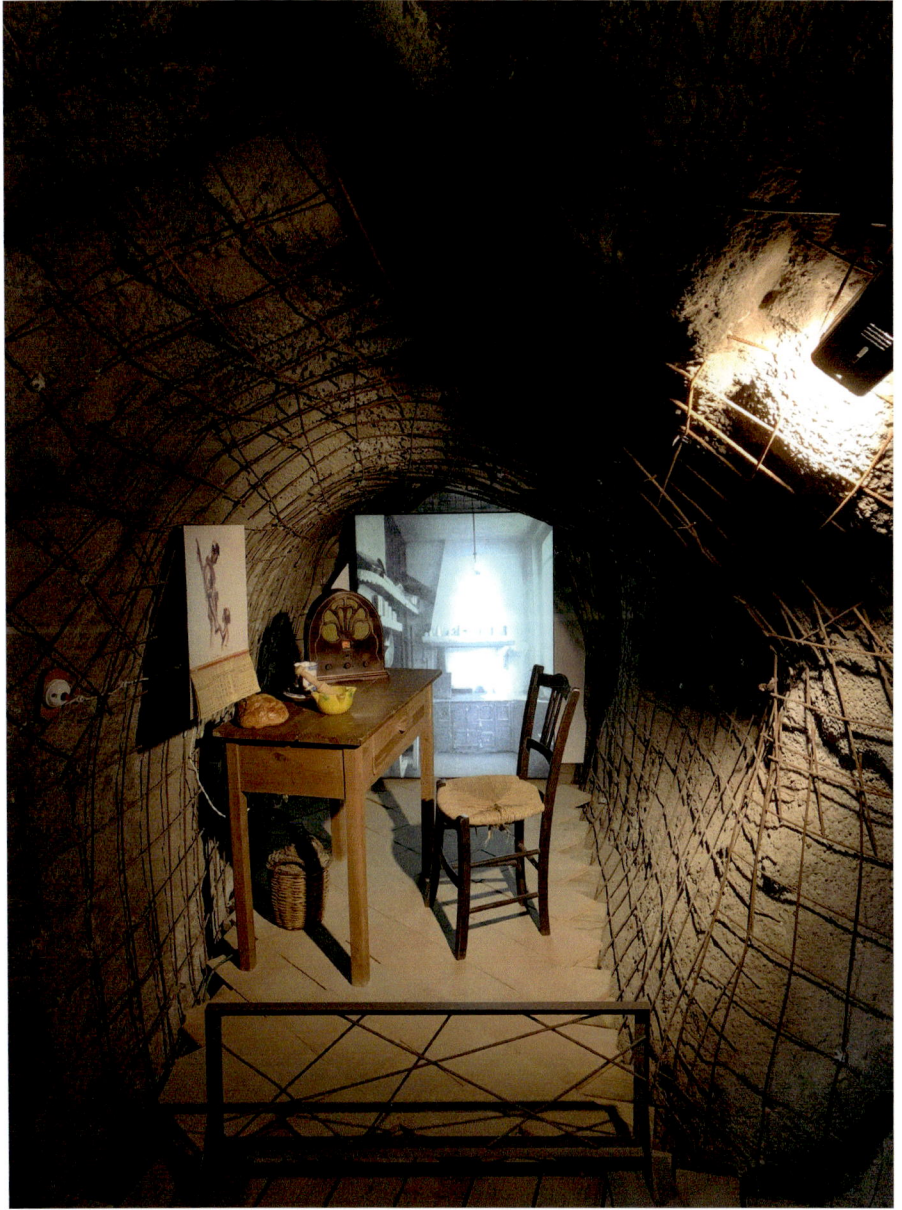

Figura 7. Museo-Refugio de la Guerra Civil (Cartagena, Murcia, España). Interior.
Foto: Eva Sanz Jara, 2022

Sin embargo, la musealización del trauma en España depende de la co-yuntura política, tanto nacional como autonómica, promoviéndose medidas con los gobiernos progresistas que se paralizan con los conservadores, por lo cual los avances significativos quedan siempre entre sombras[17]. Son ade-más emprendimientos relativamente aislados unos de otros, que no parecen referir a una interpretación global de un conflicto sobre el cual hubo miles de víctimas y perpetradores, profusamente descripto en la literatura, la ficción fílmica y, también, en documentales, fotografías y otras fuentes que se en-cuentran en repositorios y archivos[18]. Además, España adolece de una falta de memoria respecto a la colonización de espacios en África, que no están in-cluidos, por ejemplo, en la Ley de Memoria Democrática a pesar de su am-plia demanda ciudadana, ya sea por movimientos, asociaciones o activistas (Muñoz y Martín 2022).

Por ello, se habla, elocuentemente, como aludimos al principio, en la necesidad de "un museo de memoria para un país de amnésicos" (Cazorla Sánchez 2021). Pero lo mismo podría decirse de otros espacios, como el ar-gentino, porque no siempre en estos asuntos está todo dicho y acordado. Un avance muy destacable en las políticas de las memorias en la primera dé-cada del siglo XXI, que llevó a la aprobación de una profusa legislación, con el sostén público de espacios específicos en sitios de detención o campos de concentración, seguramente vuelva a ser puesta en discusión con el arribo de gobiernos de ultraderecha[19].

En este punto, como detallamos en las anteriores reflexiones, parecería que es difícil lograr apuntalar a través del museo lo que se nos escapa y es

---

17. Ver al respecto la Ley de Memoria Democrática. En su Artículo 39°, se define como Lugar de Memoria Democrática "aquel espacio, inmueble, paraje o patrimonio cultural inmate-rial o intangible en el que se han desarrollado hechos de singular relevancia por su significación histórica, simbólica o por su repercusión en la memoria colectiva, vinculados a la memoria de-mocrática, la lucha de la ciudadanía española por sus derechos y libertades, la memoria de las mujeres, así como con la represión y violencia sobre la población como consecuencia de la re-sistencia al golpe de Estado de julio de 1936, la Guerra, la Dictadura, el exilio y la lucha por la recuperación y profundización de los valores democráticos" (Ley de Memoria Democrática 2022: 35).

18. Como ejemplo, el Centro de la Memoria Histórica en Salamanca, indicado en la Ley precedente.

19. "Debate presidencial 2023: qué dijo Javier Milei sobre derechos humanos y de-mocracia", 2 de octubre de 2023, en: https://chequeado.com/el-explicador/debate-presiden-cial-2023-que-dijo-javier-milei-sobre-derechos-humanos-y-democracia/, consultada el 23 de octubre de 2023. Ver asimismo estas problemáticas en Larralde Armas 2024.

informe en sí mismo; aprehenderlo y sellarlo de una vez, eternamente, en una vitrina. Recorrerlo de manera tal de ilustrarse sobre él, fácil y sencillamente, parece imposible, porque, como veremos, las muestras en los museos no son neutrales ni hablan por sí mismas, requieren siempre ser interpretadas. La agenda actual está sobrecargada sobre lo que los museos deben hacer, a veces con pocos recursos, y si bien hay auditorios más sensibles que otros, resulta difícil para muchos de ellos revisar exposiciones sobre otros presupuestos, que incluyan la democracia y el pluralismo cultural sin evitar conflictos ni disputas, que han sido y son parte esencial del pasado (González de Oleaga y Di Liscia 2018).

Nuestra propuesta

En este texto, nos interesa profundizar en el análisis de diferentes tipos de museos, con la base común de su carácter comunitario, reconociendo sus enormes posibilidades en tanto instrumentos críticos de representación. Tomamos como referencia Iberoamérica, un amplio y diverso espacio a manera de desafío y símbolo, sin la pretensión de una exhaustividad que sería inalcanzable y dejando al lector percibir la heterogeneidad y también los puntos en común.

Desde finales del siglo XX, los ecomuseos, los emprendimientos de comunidades indígenas y las pequeñas improntas museales de otros pobladores de los territorios nacionales (inmigrantes y pioneros), supusieron un cambio substancial en la mirada sobre el pasado, tanto nacional como regional. Otros impactaron, en torno a estas mismas fechas, en la identidad a través del folklore, concepto hoy deslucido pero que sigue siendo operativo. Todas estas instituciones se recorren en este texto en el ámbito iberoamericano, dado su marca en determinados poblados de ayer y de hoy, considerando en todos los casos el apoyo estatal o privado en diferentes niveles, y su papel tanto en el énfasis puesto en sus objetivos institucionales en políticas culturales dirigidas a la población, así como en las propias búsquedas comunitarias sobre eso tan difícil de asir, la identidad local y regional. Dejamos a consideración del lector que los casos analizados aquí no se exponen para configurar un mapa exhaustivo y total, tarea imposible de realizar en esta somera presentación. La selección obedece a trabajos previos que nos permiten apoyar nuestras hipótesis iniciales.

La mención a comunidades y museos en un único título merece también algunas precisiones. Una de las más grandes transformaciones en la exposición de colecciones antropológicas sucedió cuando las propias comunidades criticaron frente a los especialistas tanto la selección de objetos como su aparición contextual, la manera de ser expuestos. Durante mucho tiempo, las vasijas de una "cultura", o los coloridos ponchos de una región, ingresaban a una vitrina en una serie y con cartelas, para demostrar (y demostrarnos) las diferencias jerárquicas entre "ellos", poseedores de técnicas extintas, y "nosotros", que podíamos ya incorporarnos al carro del progreso occidental. Por lo tanto, había una única dirección, marcadamente evolucionista, de esos objetos, que iban desde las comunidades al salón de exposición, para evitar su pérdida, dando entonces entidad a su conservación, sin considerar a los descendientes de las comunidades. Pero estas desearon asumir un papel determinante sobre qué materiales suministrar para la posteridad y de qué manera hacerlo[20]. Volveremos sobre tales cuestiones en cada uno de los capítulos que enmarcan el papel de las comunidades y los museos, dado el entrelazamiento que tienen tanto en relación con la gestión de los ecomuseos, como en los museos indígenas, y de qué forma se unen a los relatos en la exposición de materiales en aquellos de pioneros de distintos puntos de América, para terminar con las comunidades y museos que integran las costumbres ancestrales en las diferentes ciudades españolas.

El libro se vincula a distintas investigaciones; en especial, a los proyectos de investigación "Museos, políticas, memorias y comunidades en La Pampa", POIRE, 2021-05-UNLPam; "Instituciones, actores y políticas en La Pampa: procesos, escalas, temporalidades y espacialidades en debate (siglos XIX al XXI)", CONICET; PUE-31 y "Territorios de la Memoria. Otras culturas, otros espacios en Iberoamérica, siglos XX y XXI" (PID2020-113492RB-I00/ AEI/10.13039/501100011033, Ministerio de Economía y Competitividad). Agradecemos el apoyo a las distintas instituciones y a los colegas, tanto de Argentina como de España, que lo hicieron posible. En especial, a María Alejandra Pupio, por su generosidad al hacernos conocer nuevas y refrescantes ideas de museos, a Emiliano Abad García, por compartirnos la potencia de sus interpretaciones y auxiliarnos una y veinte veces, y a Ada Simón Ruiz, por su acompañamiento y acertados y sensatos comentarios. También nuestro agradecimiento a Marisa González de Oleaga, cuya lectura y sugerencias a partes

---

20. Peers y Brown (2003).

del manuscrito permitieron desbrozar y dar cuerpo a muchas de las reflexiones, así como a los evaluadores anónimos que permitieron mejorar muchas de estas páginas.

Desde su origen este texto está vinculado a la Universidad de Sevilla, porque con los estudiantes de su Máster en Antropología empezó a tomar forma la escritura. En una clase referida específicamente a museos en Argentina, los interrogantes giraron en torno a las representaciones de traumas históricos de gran significación actual: la Guerra Civil y la dictadura de cuarenta años en España. La herida sigue abierta entre quienes están hoy y ahora vinculados a la memoria de naciones que no siempre recuerdan, como las de la historia que inicia estas páginas. Esta obra está destinada a esos jóvenes estudiantes, pero también a otros no tanto o no necesariamente tales, que se interesan por cómo y por qué, y a quién y de qué manera representar en ese entuerto tan difícil, y tan atractivo a la vez, envuelto en las vitrinas de los museos. En este punto, el marco latinoamericano, con su carga potente de desaparecidos y gobiernos dictatoriales, dictó una parte de la agenda sobre cómo, cuándo y quién puede, en tiempos democráticos, definir las políticas de Estados con miles de otros problemas. Otros espacios, allende los mares, toman, recuperan y reinterpretan esas memorias, cuya transmisión crítica es parte central de la tarea educativa.

Empezamos este escrito invitando a los lectores a encontrarse con definiciones sobre varios de los asuntos que atañen a las comunidades y los museos, a las disciplinas que los acogen y a cuestiones generales sobre las formas de análisis. La vinculación entre objetos y comunidades en virtud de un concepto enriquecedor del patrimonio nos permite avanzar en el planteo de sus diferentes partes y secciones. En primer lugar, de un abanico inmenso y diversas tipologías, evitamos conscientemente las instituciones organizadas a nivel nacional, salvo en necesarias comparaciones y nos centramos en cuatro tipos de museos: **los ecomuseos**, nacidos y criados en Francia pero que tuvieron y tienen repercusión mundial; **los museos indígenas**, que surgieron en Canadá y Estados Unidos y, muy pronto, se expandieron a México (y recientemente, a otras naciones también). Luego, ponemos en consideración de los lectores **los museos de pioneros**, organizados en naciones de re-poblamiento y colonización interna en América, como Argentina, Paraguay y Chile. Finalmente, aquellos **museos que concentraron las narrativas folklóricas y etnológicas,** sobre todo en España.

Los cuatro tipos de instituciones museísticas tienen en común una cierta crítica, enunciada o no, al origen y función de los espacios nacionales, y se concentran en las identidades étnicas más que en los grandes relatos nacionales o coloniales[21]. Aun así, las poblaciones de los bordes, los obreros y campesinos, y los indígenas o personas llegadas de otros lugares, están subrepresentadas o, directamente, ausentes, y emergen discursos esencialistas en tono nostálgico, de "patria chica".

También estas cuatro categorías, que elegimos describir de manera más específica, se agrupan frente a la mirada de un público local, y son a su vez sede de las esperanzas de pequeñas o medianas urbes en relación con posibilidades de desarrollo turístico, educativo o cultural en general. La mayoría de estos museos, pero no todos, pecan de parroquialismo e intentan gestar héroes locales, con los cuales conjugar el olvido a través del acto rutinario y de la "identidad", que entrecomillamos porque es un punto importante en estas definiciones de a quién y cómo pertenecer a la comunidad representada.

No se tejen sus historias más que en el reducto pequeño, recoleto, cerrado, como si estos museos no pudiesen más que fijar su mirada en hechos que los refieren a sí mismos: ausentes de fenómenos nacionales, es como si el río de la historia, difícil de abarcar con todas sus oleadas globales o nacionales, se transformase en estancos donde navegar con cierta comodidad en lo conocido y habitual.

Pero, ¿es así? Estos centros a veces periféricos, con problemas de organización y estructura, ¿pueden realmente mantenerse aparte, ser "neutrales" en todos sus aspectos? Al exponer y suministrar sus propias representaciones, cerradas y tradicionales sobre, por ejemplo, los fundadores, notables y dueños de tierras o empresas e invisibilizar grupos y colectivos sociales, ¿no alientan también otras formas de jerarquía, e iluminan o se concentran y aún recrean más hábilmente las desigualdades, con nuevos lenguajes? Y, a la vez, si bien las instituciones museales mayores estructuran esas diferencias a veces con cascadas de imágenes, objetos y reproducciones, u otros sustratos informáticos y audiovisuales, a través del apoyo de un sinnúmero de fundaciones y grupos de interés, museos y centros locales consiguen ejemplificar con cierta sencillez metodológica y expositiva, similares efectos "de realidad"[22].

---

21. En otros casos, se elige el término "étnico" para referir a museos que evidencian rupturas con explicaciones de amplitud territorial y jurisdiccional mayor, y a la vez, concentran lo que comunidades unidas sobre todo por la religión desean comunicar (y, sobre todo, comunicarse). La noción de *ethnic mirror* obedece a esa percepción (ver González de Oleaga y Bohoslavsky 2011).

22. Otorgamos aquí al ensayo de Roland Barthes, clásico ya para los estudios culturales y el giro lingüístico, un peso fundamental. En ese texto fundante, se interpretan los signos

Nos centramos en explicaciones que, si bien atañen al arco general de Iberoamérica, se comprenden dentro de un espacio que no necesariamente unifica y elimina diferencias, sino que explica procesos comunes y distintos a uno y otro lado del Atlántico, entre ex y nuevas colonias. Los ejemplos y análisis de este texto se concentran en museos y centros que se encuentran en distintas regiones españolas y en áreas de México, Paraguay, Chile y Argentina. Si bien es razonable que se aviste una comparación, en realidad no es nuestro objetivo, dada la dificultad de contrastar por un lado una sola nación, compuesta por miríadas de grupos humanos dispuestos en regiones, y por otro, solo algunas de América Latina. Nuestra selección tiene relación tanto con el interés propio despertado en la innovación, en el sentido de nuevas apuestas sobre lo que tradicionalmente se había mostrado, como por las circunstancias que llevan a que muchas exposiciones sigan en un derrotero ya demarcado y sin incentivos a través de búsquedas por otros caminos. El lector podría echar en falta otros muchos museos, como los de Portugal o Brasil, grandes ausentes en esta apuesta. Tal insuficiencia no se debe más que a la imposibilidad de abarcarlo todo y en todo momento, y estimulará sin duda otros futuros proyectos de estas autoras o de otros y otras, más y mejor informados, para quien dejamos este derrotero que no es más que un inicio, sin la expectativa del cierre o la completud.

Desde el punto de vista de la metodología empleada, este trabajo se nutre del relevamiento documental y bibliográfico de obras de consulta obligada y también de las que permiten observar los avances y discusiones más innovadoras. La museología es un campo de conocimiento particularmente prolijo desde hace ya varias décadas y nos hemos esforzado en reunir las referencias necesarias para presentar un panorama completo y actualizado acerca de las diferentes sub-temáticas museológicas abordadas.

Más allá, internándonos en el trabajo con las que para nosotras constituyen las fuentes primarias, los museos, la metodología de abordaje de las mismas consiste en su observación exhaustiva y sistemática, tanto en lo que se refiere a su exposición permanente como a la/s temporal/es, así como también

---

que rodean la estructura de un texto para brindarle credibilidad. Se trata de detalles insignificantes, inútiles, estéticos, como si fuese posible separarlos del conjunto. Barthes enfatizó que la necesidad del realismo literario de cualificar, como sucede con la "historia objetiva", implica testimoniar con detalles concretos, a través de fotografías, de exposición de antigüedades, de visitas a monumentos y lugares históricos una forma de enfatizar el "haber-estado-allí" (Barthes 1970: 99).

a algunas otras cuestiones, como el espacio donde se edificaron, con el objetivo fundamental de la lectura en profundidad de sus narrativas. Para ello, hemos empleado un protocolo de investigación que nos permitió el análisis museal con densidad descriptiva. En este marco, consideramos en los diferentes casos de estudio, en las distintas instituciones museísticas abordadas, instancias que introducen el nombre y lo que nombra; luego ponemos en consideración la semántica espacial, dado que la localización en el espacio tiene un sentido relacional. También se presta atención a la tipología arquitectónica del inmueble que alberga la institución museística, y de qué manera esta constituye una marca espacial, que da como resultado una discursividad puesta en práctica en el recorrido y las propias narrativas institucionales. En la medida de lo posible, especificamos las particularidades de la construcción de diferentes relatos, estableciendo la elaboración de los epígrafes y de los diferentes textos presentes en el museo, ya se trate de los explicativos dispuestos en las paredes de las salas, de las cartelas que acompañan a las piezas o de otros. Finalmente, tomamos en cuenta cómo se sitúan los dispositivos de apertura, desarrollo y cierre de las muestras expositivas, considerando las que los museos tienen de manera permanente y que son parte de su guion explícito, aunque muchas instituciones, sobre todo las de mayor precariedad, nos hayan indicado que no poseían tales instrumentos, por lo que de hecho, se trata de localizar entonces las representaciones implícitas[23]. Para realizar este trabajo, consideramos imprescindible el registro visual de los museos y sus exposiciones, incluyendo una selección en esta obra, que pensamos resulta elocuente para enfatizar nuestras propuestas y ayudar al lector a interpretarlas.

Para terminar nuestra explicación metodológica, es necesario añadir el trabajo de contextualización histórica de las instituciones museísticas llevado a cabo, tanto en lo que se refiere a su historia, con la historización del a veces complicado y difícil surgimiento y desarrollo de estos museos, como en lo que tiene que ver con su conformación pública actual y su lugar en las complejas y convulsas sociedades de hoy. Dirigimos nuestra mirada a las instituciones que, en regiones, ciudades y pueblos, tienen tareas ingentes referidas a las memorias sociales, más que a los grandes relatos museales tejidos en las de mayor presupuesto y alcance geográfico, lo que no obsta para que estas últimas también aparezcan en algunos pasajes de nuestro escrito, puesto que se

---

23. Ver al respecto González de Oleaga (2018), quien formaliza para diferentes tipos de museos una forma procedimental de análisis de gran riqueza metodológica.

relacionan de distintas maneras con aquellas más pequeñas y locales que son propiamente nuestro objeto de estudio, las comunitarias.

La propuesta puede parecer modesta, dado que no se trata de establecer un registro exhaustivo ni una crítica a todas las prácticas museales. Pero hay toda una promesa a desplegar en las próximas páginas. Nuestra intención es presentar un texto ágil y comprensible para quienes, interesados en los museos, no desdeñen reflexionar sobre los aspectos y potencialidades de estas poderosas, y a la vez, camaleónicas criaturas. La mesa está servida.

Madrid-Sevilla, junio de 2024

Capítulo 1
DEFINICIONES Y PROPUESTAS

1.1. Qué y cómo

"Si se pudiera romper y tirar el pasado como el borrador de una carta o un libro. Pero ahí queda siempre, manchando la copia en limpio. Y yo creo que ese es el verdadero futuro" (Cortázar 1978: 70-71). En este párrafo donde aparece la angustia del personaje sobre lo que dejó atrás, emergen muchas de nuestras inquietudes, unidas a cómo encarnamos ese pasado en imágenes, sonidos y materiales. Nuestros instrumentos y posibilidades son, hoy en día, variados y heterogéneos, y pareciera que la opción estuviese centralizada más en cómo exhibir, que en lo que queremos mostrar. El mensaje, lo que objetos o iconografías pretenden estimular, ya es otra cuestión: se puede evadir o hacerle frente, pero incluso al escapar, el silencio es una respuesta.

En este planteo, parece importante acordar con ciertos conceptos a tener en claro en los debates posteriores. De acuerdo con el Consejo Internacional de Museos (ICOM), un museo "es una institución sin ánimo de lucro, permanente y al servicio de la sociedad, que investiga, colecciona, conserva, interpreta y exhibe el patrimonio material e inmaterial. Abiertos al público, accesibles e inclusivos, los museos fomentan la diversidad y la sostenibilidad"[24]. Se trata de una completa definición, que integra prácticamente todas las funciones que podemos atribuir a los museos (educativa, científica, recreativa), y, de por sí, debería ser suficiente para abarcarlos en todos sus aspectos. Pero no siempre las cumple, ni en todo momento y lugar, dejando de lado problemáticas muy

---

24. *International Council of Museums*, https://icom.museum/es/, 2022, consultada el 1 de junio de 2023.

sensibles en las sociedades actuales, como el colonialismo, el género y las diversidades culturales[25]. El museo sigue siendo una entidad sagrada e intocable, sin que se abra paso de manera decidida a la reflexión sobre sí mismo[26].

Los museos llevan adelante secuencias de operaciones "técnicas": adquieren objetos, los identifican y ponen en valor; es decir colectan, describen, conservan y catalogan. Su finalidad es el resguardo del acervo material e inmaterial dentro de su espacio, para luego exponerlos en montajes planificados. Pero tales tareas eluden las operaciones densas que implican la intervención social, ya que no existe un "adentro" o "afuera" del museo (Longoni 2019).

Dado que los espacios museales son deudores de las concepciones sobre la memoria y de las diversas construcciones históricas e historiográficas, empecemos por aquí. Para Jacques Le Goff, la evolución de las sociedades desde mediados del siglo XX clarifica la importancia del papel de la memoria colectiva: la historia se enaltece científicamente y como culto público, y monumentos y documentos destacan como reservorios de su identidad tanto individual como colectiva. Pero no es solamente una conquista sino también un instrumento y objeto de poder (Le Goff 1990). Desde Pierre Nora en adelante, se hizo habitual referir a un recalentamiento del presente, que produce como contraposición una musealización de la memoria y una cultura de la amnesia. A partir de 1980, este movimiento adquirió mayor intensidad y dio a luz la producción de un nuevo régimen de la memoria, que además de instituir el ejemplo de las vidas individuales –como modelos para el conjunto– también estableció la validez de la representación de minorías religiosas, étnicas y sociales (Revel 2005).

De acuerdo con Todorov (2013), olvido y memoria son dos términos complementarios. La restitución integral del pasado es imposible y siempre existe una selección: algunos rasgos del hecho vivido se conservan y otros son apartados desde el inicio o progresivamente. Paradójicamente, se puede decir que la memoria indica el olvido parcial y orientado en una dirección. Por lo tanto, no podemos decidir como individuos qué recuerdo del pasado sea preferible al olvido, dado que la elección depende de las circunstancias, pero en lo colectivo, la situación es otra, dada la responsabilidad social de la memoria.

---

25. La Asamblea del ICOM no aceptó la inclusión de tales aspectos, promovidos por Jette Sandhal y luego de un intenso debate, la dejó en suspenso (Villa González 2022). Ver las distintas propuestas en González de Oleaga (2024) y, en el interior del debate desarrollado, Sanz Jara (2024).

26. Una interesante discusión en Hernández Hernández (2021).

Las preguntas qué y cómo recordar siguen entonces siendo muy pertinentes, y más en determinados espacios, como los de Iberoamérica, donde se tiene la sensación de perder su asidero con el ayer. Tanto en las naciones latinoamericanas como en España persiste la noción de pérdida inminente del pasado, y a la vez, la negación a abordarlo de manera crítica.

Podemos afirmar, con Preziosi y Farago, que los museos,

> existen sobre todo para la colección, preservación y conservación de los fragmentos y reliquias del pasado, y comúnmente se supone que se dedican sobre todo a documentar los hechos de la historia. Sin embargo, en general, todos los museos exponen sus reliquias recogidas y conservadas de tal manera que se realce la facticidad de estos objetos, documentos y monumentos. De hecho, lo que constituye la "facticidad" es claramente una cuestión de cierto estilo de presentar las cosas en lo que en un momento y lugar determinados puede ser legible como factual. Los hechos pueden ser comprendidos como tales bajo ciertas condiciones específicas de presentación y recepción. Los museos, entonces, utilizan efectos teatrales para mejorar la creencia en la historicidad de los objetos que coleccionan (Preziosi y Farago 2004: 13, traducción nuestra).

En el párrafo anterior se despliegan varias nociones de importancia: el hecho de que los museos presentan (no son), y crean (no reconstruyen), alimentando entonces relatos muy concretos sobre el pasado, a través performances específicas (puestas en escena) que provocan, expanden o condicionan una forma de entenderlo. Esa cuestión es bien clara en cierto tipo de museos, como los nacidos del fragor de la construcción de los Estado-Nación. En general, los museos nacionales asumieron en el siglo XIX ciertas formas visuales preestablecidas para nutrir a la población de ópticas patrióticas. Arte y naturaleza se exponían en una secuencia gradual, en una transacción simbólica entre el visitante y el Estado, gestando una especie de comunión simbólica de experiencia ciudadana (Andermann 2007). De esa manera, agreguemos, se hacía presente la objetividad del Estado; el individuo formaba parte de su espíritu, entroncado también con actos, mausoleos y procesiones. Y tal cuestión es común tanto a museos europeos como los nacidos en América, fruto ambos del cientificismo decimonónico.

Las ciencias, como forma de conocimiento racional y verdadero, ejercieron el predominio del pensamiento entrelazándose con la experimentación y predicción de fenómenos, y a la vez, con un suministro neutral del conocimiento, en una progresión universal de los valores humanos, hacia la belleza y la felicidad. Esta visión tranquilizadora se reflejó en los museos decimonónicos, aupados a la expansión capitalista y la proposición de un porvenir halagüeño, del cual daban cuenta las muestras tanto de una colección de batracios de pantanos escoceses, jarrones de la Dinastía Ming o diminutas cabezas de "jíbaros".

A la vez, esos espacios celebrados como templos del saber proporcionaban implementos para sustentar las teorías de los estudiosos de todas las disciplinas científicas, incluidas, como no, la antropología. En los años setenta, y con más ímpetu, en los noventa del siglo XX, se erosionó, aunque sin romperse completamente, la imagen de los museos como reservorios patrimoniales de la cultura clásica y del exotismo de los "otros", los no occidentales. La museología crítica, anclada en las teorías posmodernas, impulsó una revolución muy potente en especial en el mundo anglosajón[27]. En lentas oleadas, se readaptó en otros espacios académicos, pero no siempre alcanzó la museografía, dejando un regusto a poco[28].

La reflexión sobre el papel de los museos nos permitiría aprehender la enorme responsabilidad de estos poderosos instrumentos de representación, que en el caso de las poblaciones de ayer y hoy tienen una inmensa tarea política[29]. Los museos centran su hegemonía en ser árbitros científicos y en brindar de manera didáctica una información confusa, ordenándola y clasificándola de acuerdo con parámetros supuestamente objetivos. Pero la neutralidad no es una posibilidad, ya que una y otra vez, al decir, los museos "hacen". Aunque hay excepciones, los museos disponen hábilmente de estrategias para implementar, aún hoy, discursos racistas, clasistas y sexistas, con maniobras expositivas ya desacreditadas en otros sustratos como, por ejemplo, a través de la palabra escrita. Así, a los museos se les permiten lenguajes ya perimidos en los textos (González de Oleaga 2018).

En la impostura de la exposición, la teatralización y comparación de objetos que pueden incluso estar en diferentes espacios y tiempos, o pertenecer a muy diferentes formas de organización social, se otorga una legitimidad a esa materialidad, que quizás esté ausente en la escritura, que requiere siempre

---

27. La compilación de Preziosi y Farago (2004) registra los aspectos fundamentales de tales debates considerando los textos fundantes, con escasa mención a especialistas de habla hispana. Como excepción, García Canclini (2004). Veremos más ejemplos en los siguientes capítulos.

28. Una síntesis en Di Liscia (2022a).

29. La tesis doctoral de Abad García (2022) presenta, desde el análisis de tres grandes museos coloniales de España, Portugal y Francia, los límites de tales desafíos y la intensidad de los debates desde la formación de las colecciones al presente.

de la imaginación. Pero, ¿qué hay de aquellos museos que exponen objetos en pos de su originalidad y origen, transformándose en sitios donde resguardar su esencia? En nuestra sociedad postindustrial, divinizar la permanencia de la tradición parece una ironía. Y, sin embargo, es una de las claves de ciertas exposiciones.

Las piezas expuestas determinan incluso a algunos museos, porque se trata de elementos únicos, con una fuerte carga estética e histórica (o ambas a la vez)[30]. Sin embargo, ¿cuál es la apuesta de los que reúnen la rutina de la vida diaria, es decir, los objetos usados y descartados, obsoletos por su reemplazo tecnológico? En un camino, el basurero; en el otro, el coleccionista y de allí, al curador del museo. Los testimonios materiales antes descartados hoy en día pueden ser también válidos, pero con una pregnancia desigual: los especialistas los valoran, puesto que para antropólogos y etnólogos constituyen la base de sus estudios. Los gobiernos los utilizan, porque a partir de allí pueden instalar apoyo político y gestionar la aglutinación identitaria, pero el público no siempre está cómodo u obligado a visitarlos. Esta es una larga disputa entre la validez y singularidad del arte o de la artesanía, y también, entre objetos cargados de valor estético, de acuerdo con las valoraciones occidentales[31].

---

30. Tal es el caso de ciertas obras de arte, como el Museo Mural Diego Rivera, construido para instalar el gigantesco mural "Sueño de una tarde dominical en la Alameda Central", dado que el terremoto de 1985 en México había derruido el espacio inicial que lo contenía ("Museo Mural Diego Rivera", en: https://inba.gob.mx/recinto/46/museo-mural-diego-rivera, consultada el 20 de septiembre de 2023).

31. Como ejemplo de un cambio de este paradigma, en Estados Unidos, la muestra de la Diker Collection del Metropolitan Museum of Art (MET) propuso una relectura sobre los objetos indígenas, que pasaron de estar en colecciones ahistóricas e impersonales, para incluirse con el nombre de sus autores, admitiendo la significación artística de los productos. Ver: "Historian Ned BlackHawk on Native American Artworks l MetCollects", 2018, en: https://www.metmuseum.org/perspectives/videos/2018/10/metcollects-art-of-native-america, consultada el 26 de marzo de 2024. En Madrid, el Museo Nacional de Antropología también se ha planteado estas cuestiones, integrando en su colección la obra de artistas como Luz Toaquiza, titulada "Cosecha de cebada y pastoreo en minga en los Andes del pueblo Kichwa" (2012), para ejemplificar la forma de trabajo colectiva. En: https://www.cultura.gob.es/mnantropologia/colecciones/fondos-museogr-ficos-y-documentales/nuestra-coleccion/america.html, consultada el 26 de marzo de 2024.

1.2. Pequeña historia sobre patrimonios

Recordemos un hecho significativo: los museos tienen como una de sus principales funciones la defensa del patrimonio local, sea este material o inmaterial, y constituyen sus quehaceres, la salvaguarda de bienes muebles, de edificios incluso, así como la protección de canciones, recetas de cocina e idiomas o "dialectos", entre un conjunto informe y variopinto. Dada la importancia de esta tarea, enfoquemos, por un momento, la historia y las referencias entre patrimonio y museo.

Como es sabido, el museo como institución no existe desde siempre; a pesar de que su nombre está enlazado con la tradición clásica y refiere esencialmente a la valoración del saber, la ciencia y el arte[32]. Surgió luego de la Revolución Francesa, a partir del requerimiento específico de un sector enclavado en la burguesía para proteger los bienes de la nobleza, y hacerlos parte del conjunto de la sociedad en revulsión. Su origen está ligado, indisolublemente, a la defensa patrimonial. En 1790, François-Marie Puthod de Maison-Rouge conformó la Comisión de Monumentos y Comisión de Artes de la Asamblea Nacional, quien resolvió la necesidad de conservación de los monumentos del reino, dado que "el orgullo de ver un patrimonio de familia convertirse en patrimonio nacional lograría lo que no pudo lograr el patriotismo" (Revel 2014: 3). Palacios, como el Louvre o el de Versalles y hasta sillas o pelucas de Luis XVI pasaron a ser parte, ahora, del pueblo, y el Estado revolucionario francés asumió su custodia, primero, y luego su estudio y exposición. Un largo camino, que exploramos en parte en este texto, complejizó la tarea inicial, no solo debido a los cambios políticos en Francia sino por su efecto posterior en el mundo occidental y más allá.

En el siglo XIX, los museos europeos incluyeron, además de las reliquias y antigüedades en manos de los notables, colecciones muy diversas, tanto de sus regiones como de otros continentes: rocas, especímenes de animales o plantas; fósiles y restos humanos. También se hicieron con estatuas, sombreros, ropajes y plumas, colectados para conocer a los más diferentes pero que, colocados estratégicamente en una serie y bajo el común denominador del progreso técnico, demostraban su inferioridad. Los productos reunidos en anaqueles se

---

32. El término surgió en Alejandría hace más de dos mil años, en alusión a un espacio donde convergían disciplinas y cultores de la historia, el teatro, la poesía, la matemática y otras disciplinas artísticas y científicas.

rotularon para evitar la pérdida segura de una sociedad o una cultura, bajo el impacto arrasador y supuestamente bienhechor de la civilización. Se hicieron lugar entre vitrinas y catálogos, la expoliación económica y la subordinación de género, de clase y de razas, unidos al imperialismo bélico y al reparto global. Tanto los objetos así cautivos como sus significados hablaban de la colonización, pero esos gritos no se escucharon hasta que, a finales del siglo XX, otros especialistas vinieron a despertarlos[33].

Las violencias intrínsecas en la captura de los bienes de otros y su transformación en reliquias culturales son, sin duda, paradójicas, pero la reflexión no es siempre bienvenida. El museo mantiene un *locus* cerrado a lo que no sea la defensa a ultranza de, por poner ejemplos conocidos y conflictivos, las maravillosas Cariátides o el frontispicio de la Acrópolis de Atenas en el Museo Británico, que el gobierno griego reclama desde hace decenas de años[34]. O el multicolor Penacho de Moctezuma formado por miríadas de plumas de Quetzal, hoy en el Weltmuseum Wien, que el actual presidente mexicano no ha podido recobrar para su país[35]. Los argumentos de los grandes museos para evitar la devolución de estos objetos, caros para la identidad cultural y nacional, son la defensa patrimonial, el estudio o la preservación de las piezas, a pesar de que, si miramos de cerca, ni Grecia ni México pueden designarse como países descuidados en tal sentido, con significativas tradiciones en pos del conocimiento y de la exposición museal.

Esa negativa afirmaría, entonces, que estatuas y frisos que nacieron con Pericles o tocados elaborados para engrandecer la figura de los monarcas mexicas, estarían mejor protegidos como bienes de toda la humanidad en Londres o en Viena. Y pone el acento en los recursos económicos y culturales de las instituciones museales en las actuales metrópolis del norte de Europa, supuestamente, mejor habilitadas que otras, en el sur o en América. Esta defensa patrimonial disfraza y esconde una colonialidad intrínseca: pensemos si es

---

33. Sobre estas cuestiones no es posible explayarnos mucho más. Las referencias son sin embargo abundantes; dejamos solo algunas de ellas: Bennet (1988) y Ames (1992).

34. "Caryatids and other prisoners of The British Museum", *The Columnist*, 04-05-22, disponible en https://thecolumnist.org/es/caryatids-and-other-prisoners-of-the-british-museum, consultada el 30 de julio de 2023.

35. "Penacho de Moctezuma: cómo terminó en Austria la pieza prehispánica que AMLO reclama al país europeo", en *BBC Mundo*, 23/02/22, disponible en https://www.bbc.com/mundo/noticias-60500638, consultada el 30 de julio de 2023. Ver asimismo: "The Quetzal feather headdress", en *Weltmuseum Wien,* 2012, en: https://www.weltmuseumwien.at/en/exhibitions/the-aztecs/#the-quetzal-feather-headdress, consultada el 20 de octubre de 2023.

factible, al contrario, que un museo griego o mexicano posea sin derecho a reclamo el reloj del Parlamento inglés o la capa de armiño de un monarca de la Casa de Habsburgo. Si asumimos la intervención de los ingleses en las políticas internas de los Balcanes, a finales del siglo XIX, o cómo se conformó el imperio español en América, entendemos que la lógica de la violencia está unida al museo como artefacto de representación. Las posturas neutrales, que habilitan y también disfrazan las políticas de protección, no se pueden escindir de las historias de dominación.

Los ejemplos anteriores son de utilidad para remarcar la referencia obligada al patrimonio museal como designio fundante, unida a la participación de las comunidades (nacionales, regionales o locales) en la construcción y reconstrucción de sus memorias. Si consideramos que el conflicto está intrínsecamente vinculado al traslado compulsivo de objetos (y de personas, como hemos visto), se comprende mejor que las nociones básicas sobre patrimonio deben asumirse hoy bajo formas que incluyan su reformulación en una dinámica permanente[36]. El patrimonio, entendido como elemento social y construcción discursiva, no puede existir sin memoria en acción en el mundo cotidiano. Si la relación con el pasado está marcada por los recuerdos de los grupos sociales que articulan sus identidades en el presente, entonces la memoria y el trabajo de la memoria son propiedades intrínsecas y constitutivas del patrimonio (Sather-Wagstaff 2015).

Como hemos notado, los objetos tienen una biografía, que a su vez informa sobre una serie de relaciones sociales y ambientales, y ese entramado aflora en toda colección, una vez exhibida. Tal sentido no es unívoco porque depende de las experiencias propias de quien observa y de su comunidad. Pero es preciso asumir que alguien, de manera individual o grupal, ha reunido dichos objetos con una intencionalidad precisa, modificada a lo largo del tiempo, y quienes los coleccionaron en décadas pasadas tenían una finalidad que puede diferir de la actual. La marca en el espacio museal no es ingenua ni evidente: cartelas y afiches indican qué son y de dónde provienen los objetos mostrados; las vitrinas y salas clasifican, más allá de la información "objetiva", la consideración y el peso de los organizadores y curadores. Narraciones y puesta en marcha, entonces, no son casuales; obedecen a un sentido y requieren ser interpretadas. Por ello, Sierra Rodríguez (2022) menciona

---

36. Sobre el patrimonio y sus implicancias nacionales y éticas, ver García Canclini (2000), Kingman Garcés (2004), Salgado Gómez (2008).

la "función fedataria" del objeto; al dar fe de este, el especialista le imprime información y sentido.

1.3. Puntualizaciones necesarias

Dado que hemos de volver una y otra vez sobre estos conceptos, conviene aclarar a qué nos referimos cuando hablamos de "museología" y "museografía", puesto que no se trata de sinónimos ni mucho menos. Para los especialistas no sería necesario indicarlo, pero sí para aquellos poco familiarizados con este lenguaje. En principio, museología refiere a las cuestiones que involucran el guion y narración, es decir, lo que se quiere contar, mientras que la museografía define los aspectos estéticos y técnicos que rodean la aparición de los objetos y colecciones en el espacio museal. Una reseña el qué y, la otra, el cómo y dónde; la primera, a los involucramientos teóricos y, la segunda, a los efectos prácticos para llevarla a cabo, sean estas exposiciones de las diferentes colecciones, agrupadas en series, o la confección de elaborados escenarios de representación, como dioramas[37]. Ambas se entrelazan, dado que es imposible referir al fondo sin la forma.

De todas maneras, nada es tan sencillo en el mundo de las enunciaciones, dado que la palabra museografía nació antes que la de museología con distintas derivaciones: en principio se utilizó para mencionar la descripción de los museos, como forma de iniciar la tarea con la búsqueda documental (como la bibliografía). Más adelante, el termino refirió a las técnicas para realizar operaciones museales, con respecto a la planificación y ejecución de los locales del museo, a su conservación, restauración, seguridad y exposición. Y hoy en día, involucra también al arte o técnica de las exposiciones, y se utiliza en sentido amplio, como programa museográfico, que toma en cuenta además a diferentes especialistas más allá de los encargados de museos, como artistas, arquitectos y curadores (Desvallées y Mairesse 2010).

La museología sería, etimológicamente, el estudio del museo, y se engloban bajo este término cuestiones diferentes que a lo largo del tiempo involucraron todo lo relacionado con los museos en sentido muy amplio. En 1981, se

---

37. Las posibilidades son muchas y las actuales tecnologías audiovisuales las incrementan día a día, como vimos en las páginas anteriores. Una historia sobre las posibilidades y alcances "hiperrealista" de los dioramas, por ejemplo, que considera tal instrumento como una especie de "máquina del tiempo" (Staropolsky Safir 2020).

precisó que era el estudio de la historia de los museos, su papel en la sociedad, las formas específicas de investigación y conservación física, actividades y difusión, organización y funcionamiento, arquitectura, espacios, tipología, tipología y deontología[38]. Una definición muy sofisticada y actual indicaría que es la filosofía del campo museal con dos tareas: sirve como metateoría para la ciencia de la documentación concreta y proporciona la regulación ética para todas las instituciones responsables, que le permitan gestionar la construcción de la función documental[39].

El estudio del museo ha cambiado, dado que hoy es posible referir a una "nueva museología". A diferencia de la tradicional, ya no se concentra en la gestión, administración y preservación de las colecciones, sino que dibuja más claramente las contradicciones insertas en las "empresas" museales. En estos trabajos, proponen asumir como parte del museo las tareas empresariales y recreativas disfrazadas en entornos que enfatizaban "el objeto reticente" museal, con la suposición de la distancia cultural y científica[40].

1.4. CULTURA, IDENTIDAD Y FOLKLORE

Los museos tuvieron como misión fundamental resguardar, estudiar, pero también materializar, en las exposiciones, sentimientos que permitiesen a los visitantes observar las bases mismas de su terruño. Recorramos un poco esas nociones siguiendo, también, ciertos axiomas en el ámbito iberoamericano.

Desde finales del siglo XVIII, la crisis política del absolutismo europeo introdujo, al unificar lenguas y territorios, la sospecha entre nuevos pensadores críticos del modelo estatal, del avasallamiento de las formas "naturales" de la nación. Posteriormente, las construcciones nacionalistas surgidas con la impronta industrial defendieron (y a la vez, crearon) atributos inmutables basados, contradictoriamente, en el mundo campesino rural[41].

El estudio de las tradiciones populares fue sistematizado bajo el rótulo de *folk*. El término, conflictivo para los defensores de la cultura autóctona no anglosajona, fue usado por primera vez en 1846 por William Thoms en Gran Bretaña para designar las tradiciones, costumbres y supersticiones de

---

38. Rivière, citado en Desvallées y Mairesse (2010).
39. Deloche, citado en Desvallées y Mairesse (2010).
40. Peter Vergo, citado Macdonald (2006: 2).
41. Ver al respecto Thiesse (2022).

las "clases incultas" en las "naciones civilizadas" (Magrassi y Rocca 1974). Hubo resistencia en utilizar esa palabra y la ciencia que la designaba, pero finalmente se aceptó. Antonio Machado y Álvarez fundó, entre otras sociedades de folklore, la vasco-navarra en 1884, coherente con la insistencia nacionalista euskera (Juaristi 1998). El término se empleó en otros puntos de España, junto a un esqueleto teórico que permitiese comprender en diferentes ámbitos nacionales el basamento de una supuesta esencia, invariable, ahistórica y singularmente propia, contrapuesta con una cultura universal, perteneciente a los sectores con mayores recursos económicos y conformada por valores occidentales.

El folklore ingresó en la agenda española en las primeras décadas del siglo XX y, durante el franquismo, consolidó un tipo muy particular de identidad. Una obra monumental, dirigida entre 1943 y 1944 por uno de los primeros especialistas, tenía como intención profundizar los éxitos alcanzados en Praga y Barcelona por el Congreso de Arte Popular (1928 y 1929 respectivamente) y por ello se recopilaban diversos aspectos del "movimiento folclórico y de las costumbres españolas" con un criterio selectivo elitista y descriptivo (Carreras y Candi 1943: V). Se indicaba que el folklore, término impreciso y raro, subjetivo y antipopular, trataba del conocimiento del pueblo, "pero la versión del saber popular es absurda e incoherente, porque el Pueblo no sabe lo que conoce" (Navascués 1943: 5).

Las disciplinas conformadas científicamente, como la arqueología, numismática, historia y antropología, disponían de instrumentos para correlacionar exactamente el conocimiento del pueblo. Pero este no podía explicar cómo tales saberes, inconscientes, habían llegado hasta allí (Navascués 1943). Por ello, los especialistas de entonces reunían descripciones de aperos utilizados entre los trabajadores rurales, o canciones trasmitidas oralmente; y también enumeraban las curiosidades sobre las viviendas y costumbres en mar y tierra, los bailes y danzas populares, las costumbres religiosas, sin dejar de lado en este compendio de objetos y recuerdos cargados de identidad (campesina?), las piezas de cerámica y vidrio de los distintos puntos de la península[42].

Así, la mayor preocupación de muchos folkloristas "fue durante décadas encontrar lo auténtico en lo popular o tradicional" (Díaz Viana 2007: 23). Determinados estudios localizan una potente vinculación entre el franquismo y

---

42. Ver al respecto Carreras y Candi (1943, 1944a y 1944b).

los estudios folklóricos, dada la búsqueda en ese período de una esencia nacional conservadora, católica y patriarcal[43].

Como indica Williams (1988) a partir de la aplicación neomarxista y gramsciana, el concepto de hegemonía es útil para observar la institución ideológica de tradiciones en diversas sociedades, que dejan así de ser inertes para integrarse en una estructura de dominación más amplia, producto tanto de decisiones políticas como de grupos dirigentes. De acuerdo con otras interpretaciones, el folklore también trata del descubrimiento del poder expresivo de determinadas culturas para cohesionar grupos, que sucede generalmente en momentos de transformación política, dentro del pasado de espacios territoriales en pugna. En tal sentido, serviría para reafirmar y definir identidades, frente a sectores en disputa por el control espacial. Tal cuestión se observó en principio durante el llamado "nacionalismo romántico", pero también en otras afirmaciones subalternas y luchas de minorías, por lo que puede ser tanto una fuerza revolucionaria, como la garantía de estabilidad y continuidad, y estar a favor de la transformación y el cambio como de la permanencia (Bendix y Hasan-Rokem 2012).

En 1985, con la apertura democrática española, distintas comunidades autónomas integraron el término de patrimonio en su legislación, dejando de lado el de folklore por cultura popular, y luego, éstos por patrimonio etnográfico. También determinados mediadores culturales incorporaron cierto sesgo mercantilista para "vender" lo que suponían reductos esenciales de lo único y particular, fueran puentes antiguos, fiestas populares o recetas de cocina conventuales. Se crearon así "exposiciones y museos que se valen de lo etnográfico como pretexto o reclamo para favorecer paseos turísticos por la identidad"[44], y también, como moneda de cambio y mercancía en las reivindicaciones regionalistas o nacionalistas. De esta manera, lo folklórico se exhibe como exótico para reactivar zonas económicamente deprimidas y propiciar el consumo de la nostalgia, transformándola en un producto del mercado.

Al otro lado del Atlántico también tuvo peso el fenómeno folklórico, con la construcción de nacionalidades al margen de la occidentalización que había sido ley hasta principios del siglo XX. Así, ciertos Estado-nación, como el argentino o el mexicano, dejaron de lado emprendimientos cosmopolitas

---

43. El excelente estudio de Schammah Gesser (2014) plantea interesantes conexiones entre etnología, antropología y el modelo reaccionario de esa dictadura.

44. Díaz Viana (2007: 18).

en la educación y en la representación artística y cultural. Ciñéndose a criterios que enmarcaban supuestamente sus bases prístinas, muchos intelectuales lograron incidir en políticas públicas y reivindicaron lenguas, costumbres y música tradicionales así como recetas de la medicina popular, sumándoles también otras que involucraban tanto a las poblaciones originarias como a los habitantes del campo[45]. A mediados del siglo XX, el folklore pasó a ser una referencia obligada ya fuere en importantes espacios museales centrales de México como en otros de orden provincial, en Argentina[46]. Allí, se dibujó un imaginario nacional rural enraizado en el estudio de la cultura de los campesinos y peones, en tiempos de crecimiento urbano y de grandes transformaciones sociales, para evitar su desaparición y olvido, cristalizándose una supuesta esencia nacional.

En ese constructo, es importante indicar ciertos paralelismos que involucran a toda Iberoamérica y que, aún debatidos, siguen en pie. Así, se puso de un lado la historia, la documentación, lo urbano y cosmopolita y por otro, el registro anónimo, ahistórico, ancestral e indocumentado, considerando determinados objetos como símbolos que supuestamente manifestaban la identidad. El sentimiento romántico del folklore, que sirvió para contraponer las inclinaciones universalistas imperantes a finales del XIX, retornó en el XXI de otra manera: dada la globalización y la pérdida de pertenencia, la vida rural, pretendidamente primitiva, adquirió la noción de lo verdadero. A la vez, por el proceso general de urbanización y modernización acelerada, podían consumirse como un producto más, como "identidad", transformándose en un negocio para lograr el desahogo económico o habilitar nuevos perfiles de especialistas[47].

---

45. Para México, un texto que explica la concepción antropológica y las políticas resultantes es el de Aguirre Beltrán (1957). Una síntesis para Argentina en Briones (2005). Sobre cuestiones específicas vinculadas al folklore médico, ver Di Liscia (2002a).

46. El caso de México se detalla en el Capítulo 3. Para Argentina, ver Blasco (2011 y 2013).

47. Frente a esto, la demanda era no retornar a las esencias sino al sentido de la antropología como estudio e interpretación de las sociedades humanas, indicando entonces tanto a sus pares como a mediadores culturales que producían esa mercantilización "no les acompañemos en la empobrecedora trayectoria que va de las gentes a las cosas" (Díaz Viana 2007: 27).

1.5. Etnología y etnografía

Como indicamos en el apartado anterior, el término folklore, utilizado más bien por estudiosos aficionados, fue progresivamente reemplazado por otros de carácter disciplinar y técnico, e impactó en investigaciones de centros y universidades. Este movimiento se inició en el mundo europeo en apoyo al establecimiento de naciones, para apoyar la presencia y asegurar el territorio con derechos ancestrales: el reclamo venía de la mano de la filología, etnografía, historia, arqueología y antropología física[48].

Vayamos a las definiciones: etnografía trata del estudio descriptivo de una sociedad humana particular o el proceso de hacer tal estudio, se basa casi enteramente en el trabajo de campo y requiere un conocimiento profundo del antropólogo en la cultura y la vida cotidiana de las personas que son objeto de su estudio. Ha habido cierta confusión con respecto a los términos etnografía y etnología. Este último, más utilizado en España y Francia, abarca el estudio analítico y comparativo de las culturas en general. En Estados Unidos, se trata del campo académico conocido como antropología cultural y en el ámbito británico, de antropología social.

Sin embargo, se considera que la distinción entre ambos términos existe en teoría y no se vincula a las prácticas de investigación. La etnografía, por su naturaleza intersubjetiva, generalmente contrasta elementos similares o diferentes. Dado que el antropólogo en el trabajo de campo necesariamente conserva ciertos sesgos culturales, sus observaciones y descripciones deben, en cierto grado, ser comparativas[49].

Las comunidades han estado en el foco de los estudios antropológicos porque permitirían, en teoría, un abordaje preciso y exhaustivo del objeto de estudio. En aldeas africanas o comunidades europeas campesinas, para abordar barrios y culturas urbanas, los especialistas ahondaron en el examen en este dispositivo metodológico examinando desde las relaciones personales, los vínculos y el conocimiento interindividual a los lazos de proximidad y otras demarcaciones tanto demográficas como culturales, para analizar la endogamia o la identidad local (Abelés 2015).

---

48. Thiesse (2000).

49. "Ethnography", en *Britannica*, en: https://www.britannica.com/science/ethnography, consultada el 24 de enero de 2024. Traducción nuestra.

Por la disposición de herramientas para colectar, clasificar y describir objetos, además de técnicas para entrevistar y recolectar información, estas disciplinas se convirtieron en auxiliares muy potentes en la conformación de museos y centros de investigación que emergieron para salvaguardar la nación desde sus bordes o para demostrar, materialmente, la superioridad de determinado grupo social, género, religión o nacionalidad. De acuerdo a Kirshenblatt-Gimblett, el criterio de "interés visual" determina lo que puede exhibirse en un museo, sean rocas, trozos de metal o juguetes. Y tal situación a su vez implica una serie de asunciones fundamentales, acerca de la autonomía del artefacto etnográfico, que constituye un objeto creado por los etnógrafos, separado de su entorno original y unido artificialmente en un nuevo tiempo, espacio y lenguaje[50].

A finales del siglo XX, la separación entre teoría y práctica antropológicas registró no pocas revisiones. Así, la intervención de las comunidades en determinados procesos museales aumentó los requerimientos para que los curadores, por ejemplo, se involucraran en la historia, y en las herramientas expositivas (desde los conceptos, objetos, interacciones a los programas y su evaluación). Sthepanie Gibson indicaba al respecto que los profesionales tenían la responsabilidad no solo de documentar históricamente las prácticas sino de encaminarlas hacia los puntos de vista de la comunidad, a lo cual volvemos en el apartado siguiente[51].

1.6. COMUNIDADES Y ESCALAS

Las referencias a comunidades, que son parte central de este texto, requieren también una aclaración. Desde Tönnies (1947), "comunidad" se opuso a "sociedad"; la primera definida desde el interior; centrada en un sistema social rural u opuesto a lo urbano, pre-industrial, artesanal y también, auténtico, orgánico, donde se inicia al individuo en la vida social más duradera. Se trata de un concepto siempre en disputa y, como muchos, de gran complejidad, redefinido por diferentes escuelas sociológicas. Los Estados-nación construyeron a partir de esos andamios sociedades de mayor amplitud, y, a través de la lengua y una historia común, fomentaron "comunidades imaginadas" por

---

50. Kirshenblatt-Gimblett (1991).
51. En Labrum y MacCarthy (2005).

sobre diversidades étnicas y religiosas, aunando voluntades muy diferentes (Anderson 1993).

De acuerdo con Thiesse (2000), está bien establecido actualmente el listado de lo que las naciones deberían tener, como imperativos: ancestros fundadores, una historia que demarque sus vicisitudes a lo largo del tiempo, galería de héroes, lengua, monumentos culturales e históricos, lugares de memoria, un paisaje típico además de otros elementos pintorescos, como gastronomía, costumbres o animales emblemáticos. Las regiones constituyen una demarcación muy particular, dado que la unidad nacional se constituyó sobre ellas, en ocasiones además utilizando la violencia. Posteriormente, se les otorgó legitimidad a través de la "unidad en la diferencia", como partes armónicas de un todo (Thiesse 2022).

En tiempos posmodernos y posindustriales, donde el aislamiento individual es la norma, la palabra "comunidad" encuentra resonancias tranquilizadoras, para el encuentro entre seguridad y libertad (Bauman 2006). Y se agregan a estas nociones, desde los estudios antropológicos, las organizaciones sociales con cierto nivel de autonomía y aislamiento. En América, los términos "comunidades de origen" se aplican tanto a estos grupos en el pasado como a sus descendientes actuales, y refieren a los pueblos indígenas o a otros unidos a nivel local por lazos identitarios basados en la religión y la inmigración (Peers y Brown 2003).

En América, "comunidad" es un concepto además muy complejo, ligado a una visión colonial que en ciertas naciones equivale a una forma de vida colectiva, campesina e indígena (o a las tres a la vez), en oposición a lo "común", perteneciente supuestamente a los individuos que actúan de manera autónoma, como, por ejemplo, votantes o consumidores (Gutiérrez Aguilar 2023).

Los museos nacionales en el espacio iberoamericano siempre tuvieron un papel importante en las políticas públicas dado que, a través la construcción de historias comunes y espacios de legitimación científica, los Estados justificaron su accionar centralizador y depredador, frente a las periferias regionales. En el caso americano, la expansión capitalista para la conquista de recursos naturales y el control de la población incidió en la intención de musealizar las naciones, tomando como base objetos vinculados a héroes y batallas de la independencia colonial[52].

---

52. Sobre tales cuestiones hemos abundado en Di Liscia (2018) en relación con museos históricos nacionales de Uruguay y Di Liscia, González De Oleaga y Bohoslavsky (2010) sobre los de Argentina y Paraguay.

Pero sabemos poco de lo que sucede en otro rango de museos, aquellos regionales y locales, y de su eficacia para impactar en los visitantes. Tampoco los académicos se han dedicado con preferencia a instituciones enclavadas en espacios alejados del gran público. Al fijar la mirada al interior de los museos gestados desde las comunidades, una nueva gradación de análisis puede iluminar otros aspectos del problema de cómo y a quién representar. Una situación problemática, sin duda, dado que sobre las nociones de control territorial se ciñen otras de colonización interna.

Nos interesa, entonces, en este texto, prestar atención a la defendida desideologización de los museos, en su fortaleza como instituciones al margen de las críticas y batallas por el sentido que colman otras formas de expresión cultural y educativa. Por ello, elaboramos un análisis sobre ciertas preguntas claves sobre ese asunto para, luego, describir otras posibilidades expositivas, en una escala reducida.

Pero, permítasenos trabajar desde una aparente contradicción: reducido no significa menor, sino que, como indicó Ginzburg, otra forma de mirar, de calibrar el problema y abordarlo. En un conocido ensayo, este historiador abogaba por una perspectiva de análisis que permitiese un acercamiento epistémico diferente, abductivo, al objeto de estudio, posible solo si se recorre el caso separado del pensamiento inductivo o deductivo. Sin dar cuenta de la estructura completa, pero tampoco sin olvidarla puesto que le otorgaba sentido, se aprehendía el proceso histórico desde la complejidad que imprime al caso lo minúsculo y excepcional (Ginzburg 1994).

De acuerdo con Lepetit, al elegir una escala, seleccionamos también un nivel de análisis de los fenómenos y de la organización espacial, que a su vez se conecta con la naturaleza de las cosas y la estructura del mundo. Según la escala se cambia el nivel de información junto al enfoque, e "indica el campo de referencia en el cual se piensa el objeto. La adopción de la escala es ante todo la adopción de un punto de vista de conocimiento" (Lepetit 2015: 105). Si bien nos hacemos eco de las palabras de Bertrand (2011) sobre la banalización de los estudios microhistóricos, nuestra postura no es parte de una moda historiográfica, sino de un abordaje pasible y diferente para museos enclavados en regiones y localidades cuyos niveles de público, financiamiento y organización no son los de las grandes urbes.

El foco de este texto intenta, con un tono de reflexión crítico, analizar espacios de representación museales, dado que permiten escalar diferentes niveles de análisis para observarlos con mayor profundidad y riqueza conceptual. Respaldados por asociaciones privadas, ayuntamientos, comunidades autónomas o municipios, en ocasiones participan de redes museales más amplias. Aun así, en muchos de ellos, la precariedad e imprevisión suelen ser las normas. Como sucedió con los museos por especialidades, que pasaron de ser de ciencias, artes, antropología, ciencias naturales o historia y arqueología, para serlo de trajes regionales, transportes o del deporte, existen multitud de pequeños museos en cada país, que a su vez crecen día a día, muy diferentes en las estrategias de abordaje que los más destacados y competitivos, pero de significación creciente para las comunidades que les dieron origen o los sostienen (Cerquetti 2011).

Una vez explicados esta serie de conceptos, veamos seguidamente el primer punto de nuestro recorrido, con el abordaje de los ecomuseos.

Capítulo 2
ECOMUSEOS, ESA PROMESA INCUMPLIDA

2.1. Patrimonios y teorías en tiempos revueltos

En los inicios de los años setenta, los museólogos irrumpieron en el escenario primero francés y luego internacional con los ecomuseos, instrumentos supuestamente originales que ponían en tela de juicio la pertinencia del patrimonio "noble", que el Estado había guardado con el mismo cuidado que la aristocracia. Palacios, castillos, amoblamiento y menaje y, sobre todo, las posesiones artísticas de los privilegiados no se discutían, pero sí asumieron un peso importante las de sus sirvientes y obreros.

El proyecto se inició en el seno mismo de los sectores más encumbrados de la etnografía y, desde allí, impulsó un movimiento con cierto peso en América Latina y otros puntos de Europa, incluyendo con el término "eco" a la ecología, ciencia que también se desplegaba por entonces. Se transformó en una impronta potente, dado que el museo se volvía parte del espacio del desarrollo económico local y turístico, como fuente económica insoslayable en áreas que perdían potencialmente otros recursos (la explotación minera o la industria). En estas instancias, el patrimonio, natural o cultural, en manos privadas o públicas, se visualiza como parte del bien común; su responsabilidad no puede ser eludida sino compartida por todos[53].

Detengámonos más de lleno en el surgimiento y desarrollo de los ecomuseos, llegados a revolucionar a la escena museológica y museográfica. En primer lugar, se debió al auge de la investigación científica sobre las sociedades rurales, que en determinados puntos de Europa (sobre todo en los países del Norte y Centro), tenía como antecedente la proliferación de los museos al aire libre iniciados en el tránsito del siglo XIX al XX. En segundo lugar, a los

---

53. Ver Debary (2000) y De Varine-Bohan (2000).

movimientos descolonizadores, que emergieron en África y Asia desde el fin de los años cuarenta hasta los sesenta, con la posterior conformación de nuevas naciones. Estas voces reclamaron equidad y justicia, enmarcadas en la defensa de sus territorios, de la autonomía política y también denunciando imposiciones culturales. Las naciones anteriormente bajo el dominio europeo desarrollaron sus museos bajo sus propias necesidades, reaccionando contra las directrices occidentales.

Y, en tercer lugar, el conjunto de corrientes museológicas también se originó vinculado con los acontecimientos acaecidos en mayo de 1968 en París, relacionados con otros de similar carácter ocurridos en diferentes lugares del mundo. En Berkeley, México y Praga, por nombrar solo algunos centros, surgieron movimientos que cuestionaban reglas y jerarquías imperantes tanto en las sociedades industrializadas como en los Estados democráticos o totalitarios de entonces[54]. Su impacto en los museos no fue muy extenso pero planteó otras demandas y necesidades. Por ejemplo, al calor de la lucha por los derechos civiles de las minorías, emergieron los "museos de barrio" en zonas urbanas deprimidas de Estados Unidos y, en México, la "semana de los museos" de 1964, cuando se fundaron siete museos nacionales innovadores museológica y museográficamente, algunos de los cuales se analizan en el siguiente capítulo[55]. Tal explosión y diversidad pueden explicarse con la significativa afirmación: "Los museos no existen de forma aislada con respecto a lo que sucede en el mundo" (De Varine-Bohan 2007: 20).

A principios de los setenta, el por entonces director del Museo de Brooklyn de Nueva York introdujo alguna de las aristas de la que luego sería una potente noción: la reformulación de las funciones del museo, refiriéndose en general a los que disponían de colecciones de arte de Estados Unidos y Canadá. Cameron indicaba que, al no proporcionar una interpretación significativa de las colecciones, los museos eran, por esa omisión, culpables de tergiversación y distorsión de los hechos, y debían modificar su programación, porque eran imprescindibles para lograr efectivamente la igualdad de oportunidades culturales. De allí, acuñó una interesante propuesta, la de transformar

---

54. Sobre estos aspectos hay una nutrida historiografía. Ver como ejemplo Hobsbawm (1998).

55. Ver asimismo Navajas Corral (2008: 1-3).

en foros para debatir sobre los museos y reformular su elaboración como templos del saber[56].

En el marco de la IX Conferencia General del Consejo Internacional de Museos (ICOM) de 1971, que tuvo lugar en Grenoble, se incorporó la noción de desarrollo a la definición de museo. Sus temas rectores demarcaron tal preocupación, indicando como prioritarias la función social y educativa. Tales ejes emergen en el encuadre de la conferencia, denominada "El museo al servicio del hombre, hoy y mañana", que incluye "El papel educativo de los museos".

En tal sentido, se advierte la influencia del pedagogo brasileño Paulo Freire, dado que De Varine-Bohan, uno de los impulsores de estas nuevas tendencias, cita una de sus obras fundantes, *La educación como práctica de la libertad*, donde se fortalece el concepto de "concienciación colectiva" (De Varine-Bohan 2007: 20-21), entendida como "toma de conciencia de uno mismo y de la cultura propia" (Navajas Corral 2020: 47-48)[57].

Por entonces, América Latina era un campo fértil para los movimientos progresistas y la nueva izquierda, basada, no ya en los modelos soviéticos o totalitarios, sino en la experiencia de la Revolución Cubana y la "construcción del hombre nuevo", ariete ideológico frente al consumo y al capitalismo. En distintas naciones, como Brasil y Chile, surgió una intensa movilización social, acelerada por la represión militar en el contexto general de oposición entre doctrinas capitalistas y comunistas de la Guerra Fría. En 1972, en Santiago de Chile, se organizó la Mesa Redonda "El papel de los museos en América Latina", donde se enunció que: "Los retos del mundo moderno [...] exigen que los museos afronten íntegramente los problemas de la sociedad y que los museólogos adopten una actitud de actores del desarrollo" (De Varine-Bohan 2007: 20).

---

56. "En ausencia del foro, el museo como templo se destaca solo como un obstáculo al cambio. El templo es destruido y las armas de su destrucción son veneradas en el templo del mañana, pero el ayer se pierde. En presencia del foro, el museo sirve como templo, aceptando y la incorporación de las manifestaciones del cambio. Desde el caos y el conflicto del foro de hoy el museo debe construir las colecciones que dirán nosotros mañana quiénes somos y cómo llegamos allí. Después de todo, eso es lo que tratan los museos". Ver Cameron (1972: 24, nuestra traducción).

57. Freire (1971) escribió ese texto en 1965, que resultó uno los más influyentes de su generación sobre la relación entre educación para la liberación y un llamado a la movilización política, cuando Brasil ya había ingresado en el ciclo de dictaduras que luego incendió al resto del Cono Sur.

Un museo en interacción con la sociedad y que se enfrentaba a sus problemáticas era novedoso en el contexto latinoamericano, en "vías de desarrollo". No es casual que el encuentro se realizara en Chile, por entonces convulsionado y abierto a profundas transformaciones, enmarcadas en el "socialismo en democracia" bajo la figura de Salvador Allende[58]. Emana de esta Mesa la Declaración de Santiago de Chile, documento fundamental, donde se incluye el concepto de "museo integral", como vinculación democrática e instrumento de desarrollo territorial y comunitario que especifica la noción de lo ecológico (Navajas Corral 2020: 48-49).

Al otro lado del Atlántico, también en 1972, surgió el ecomuseo, referencia innovadora de la corriente de la nueva museología. Tomaba como bases el territorio, en lugar del edificio como sucedía en los museos tradicionales, la comunidad, en vez de los visitantes, y la globalidad del patrimonio, en lugar de las colecciones, trastocando los ejes habituales de las preocupaciones de los especialistas (De Varine-Bohan 2007).

De esta manera, los inicios de los setenta se registran como la protohistoria de la nueva museología, nacida junto al interés emergente por la recuperación de los patrimonios que antes no había tenido lugar en los museos nacionales o clásicos. Su relevancia está dada por el papel en la identidad y la historia de las comunidades. Al mismo tiempo, el surgimiento y generalización de nuevas preocupaciones, como las medioambientales, son características de los años iniciales. También esta década fue fructífera en lo referido a la organización internacional. En 1977, Jan Jelínek, antropólogo checo, conformó el Comité Internacional para la Museología del ICOM (ICOFOM). En 1985, se organizó en Lisboa el Movimiento Internacional para la Nueva Museología (MINOM). Destaca en esos años la relevancia de las reuniones internacionales realizadas, tras las mencionadas de Grenoble y Santiago de Chile, que concluyeron con las Declaraciones de México en 1982, Quebec en 1984 y Caracas en 1992[59].

Precisamente, fue en uno de estos círculos donde los especialistas definieron la nueva museología, sin que se eliminaran conflictos y desacuerdos. En 1983, con la XIII Conferencia General del ICOM en Londres, algunos participantes, liderados por Pierre Mayrand, solicitaron organizar un grupo de trabajo dentro de la reunión para la reflexión permanente sobre las nacientes museología comunitaria y ecomuseología. La petición fue denegada y los

---

58. Ver al respecto Collier y Sater (1998).
59. Díaz Balerdi (2002) y Navajas Corral (2020).

museólogos, como respuesta, organizaron el I Taller Internacional de Ecomuseos y Nueva Museología en Quebec, del que surgiría la mencionada Declaración de 1984 (Navajas Corral 2020).

En dicho documento se reafirmó la función social del museo sobre todas las demás, además de considerar modificaciones que ya estaban en el aire, pero que quedaron establecidas más firmemente. Entre ellas, que la institución museística dejara de ser estática y cerrada para introducirse en una dinámica comunitaria abierta (Zubiaur Carreño 2003). En relación con este documento, Mayrand menciona la transformación radical que supone la proclamación de la nueva museología, rompedora con el formato tradicional: "[…] el carácter monolítico de los museos, […] la inconsistencia de las reformas que proponen, […] la marginación de las experiencias y posiciones que podrían en cierta forma calificarse de comprometidas" (Mayrand 1985: 201).

En consecuencia, la museología debía actualizarse de acuerdo con las modificaciones del mundo contemporáneo, convirtiéndose así en activa y popular. En la propuesta, se potenciaban y expandían los ecomuseos y museos comunitarios. Sus fundamentos partían de su orientación al desarrollo social, así como de la conformación de una nueva rama de estudio dentro de la museología. La ecomuseología, la museología comunitaria y otras museologías de carácter activo formaban parte de ella, frente a lo que se consideraba pasividad y tradición. También estas nuevas tendencias demostraban lo erróneo de la supuesta neutralidad política, reivindicando por el contrario la politización (Navajas Corral 2020: 54).

En la Declaración de Oaxtepec de 1984, se plasmó la indispensable participación comunitaria tanto en el patrimonio como en los museos y su uso como una herramienta de desarrollo. En el II Taller Internacional de Ecomuseos y Nueva Museología, celebrado en Lisboa en 1985, se efectivizó la Declaración de Quebec y surgió así el MINOM, afirmado a nivel internacional en México y Venezuela. En la de Caracas de 1992, los museos serían uno de los portadores de la identidad popular (Navajas Corral 2008 y 2020).

El artífice principal de la nueva museología fue Georges-Henri Rivière, cuyas ideas sobre museos se expusieron en el *Curso de museología*, recopilación de las clases impartidas en la Universidad de París entre 1970 y 1982 (Rivière 2015)[60]. En las precisiones, tiempo y espacio implicaban diferentes

---

60. Sobre las referencias generales a este museólogo y su acción cultural, véase Abad García (2022).

cuestiones, dado que, en el museo del tiempo, se exponían colecciones de especímenes y de objetos junto a programas audiovisuales representativos, agrupados por periodos cronológicos. El museo del espacio comportaba un conjunto controlado de terrenos continuos o discontinuos, identificados con unidades ecológicas representativas del entorno regional, incluyéndose o no edificios de interés cultural, tomando aquí como base los museos etnológicos al aire libre (Zubiaur Carreño 2003).

Otros teóricos en la formulación fueron Desvallées y Marc Maure. El primero, ya en 1968, había resaltado algunas de las características de las nuevas corrientes, como la función educativa del museo y su valor como instrumento en el desarrollo, incorporando la noción de hogar cultural (Zubiaur Carreño 2003). El segundo definió la nueva corriente como centrada en lo social, tanto a nivel histórico como axiológico, en sintonía comunitaria y evolución continua, incorporando la democracia cultural. Esta museología dialogaba en un "triple paradigma" innovador, pasando del objeto a la noción de patrimonio natural y cultural, del público a una comunidad y de un edificio a un territorio. Además, se enfatizaba la concienciación comunitaria respecto a su patrimonio, concebida como elemento de desarrollo social, cultural y económico, así como la multidisciplinariedad. Esta cuestión dio a luz una nueva concepción de museo, "de puertas abiertas, dinámico y de acción" (Navajas Corral 2008: 4-5).

Es conveniente añadir la falta de consenso completo en la utilización del singular o el plural cuando se habla de la nueva museología (Díaz Balerdi 2002). Y la aclaración de que, aunque no se mencione siempre, debería ir acompañada de una nueva museografía, que facilite las herramientas técnicas para llevar a buen puerto la renovación del relato museal. Veremos ahora en el epígrafe siguiente las nuevas creaciones de esta corriente.

2.2. Instrumentos y materializaciones

Si la nueva museología incluye la teoría del cambio museal del siglo XX, de su aplicación resulta el ecomuseo, término cada vez más empleado pero cuya definición es confusa[61]. Esta concepción tiene otras denominaciones, como

---

61. Quedan fuera de este escrito numerosas publicaciones al respecto, porque se trata de un tema donde la literatura es muy prolífica. Sirvan como ejemplo los estudios de ecomuseos

museo integral, comunitario y sociomuseo. Tal evolución partió de experiencias concretas: en primera instancia, de los museos al aire libre nórdicos que comenzaron a crearse a finales del siglo XIX y principios del XX de diferentes museos mexicanos y de muchos de los parques nacionales franceses. Se trató de una respuesta para revitalizar el museo tradicional, quitándole la rémora estática y vinculándolo a las necesidades del espacio como parte central de la comunidad y su cultura (Navajas Corral 2007, 2008 y 2020).

La enunciación con la partícula "eco" surgió en 1971. En principio, el término solamente comprendía a las instituciones del contexto europeo. La Asamblea General del ICOM puso sobre la mesa la reivindicación del papel de los museos de ciencias naturales para la educación y la ecología. Fue por solicitud del ministro francés de medio ambiente que se acuñó "ecomuseo", para denominar los edificios de los parques naturales regionales del país galo. En 1972 tuvo lugar la primera asamblea de Naciones Unidas sobre medioambiente en Estocolmo y ese mismo año, en una nueva reunión, el ICOM definió oficialmente esta nueva tipología museal a instancias de Rivière, aunque no se trataría de una definición definitiva, porque se modificaría sucesivamente hasta 1980, como veremos más adelante (De Varine-Bohan 2007).

Su paradigma fue el Musée del Homme et de l'Industrie de Le Creusot-Montceau (Francia), creado en 1971 y que en 1974 fue llamado como tal. Dado un proceso acelerado de des-industrialización en esta región francesa, la empresa a cargo de las actividades económicas previas cedió un predio, lo cual llevó a la intervención comunitaria[62].

Sin embargo, este modelo pionero no se ceñía en absoluto a la definición. De Varine, irónicamente, lo denominaba "OMNI" (objeto museológico no identificado), y a la vez, indicaba que era un museo asociativo, sin colecciones ni intención de adquirirlas. A diferencia de los centros de este tipo, se apoyaba en las fuerzas vivas de la población y de la economía locales y trabajaba

---

particulares o de una determinada nacionalidad a partir de la Iª Conferencia Internacional sobre Ecomuseos. Ver Lira, Amoêda, Pinheiro, Davis, Stefano y Corsane (2012).

62. Ver al respecto Musée de l'Homme et de l'Industrie, en: https://www.musee-homme-industrie.fr/, consultada el 25 de enero de 2024. Tal como se indica: "A la fin des années 1960, après le retrait de la famille Schneider et le démantèlement du groupe du même nom, un premier musée associatif y est créé. Il prend par la suite le statut d'écomusée, celui-ci s'étoffant au cours des années de plusieurs autres sites des environs. Actuellement propriété de la Ville du Creusot, le Château de la Verrerie abrite le musée de l'Homme et de l'Industrie, géré par la communauté urbaine Creusot Montceau, et donne à voir et à comprendre la riche histoire d'un territoire résolument tourné vers l'industrie".

estrechamente con los diferentes municipios mediante exposiciones participativas y espacios descentralizados (De Varine-Bohan 2007: 22).

Este museo francés no era desde luego un museo tradicional, pero tampoco un ecomuseo en sentido estricto. No obstante, su éxito mundial, así como el momento y contexto de su creación, lo hicieron muy reconocido y pasó a la historia como el primero de tal categoría. Al incorporar la partícula "eco", parecía referir solo al medio ambiente, lo que generaría confusiones en el futuro:

> A mí, que –casi por casualidad– inventé el vocablo "ecomuseo", su destino me resulta difícilmente comprensible. En cuanto a su contenido, a pesar de los esfuerzos de Georges Henri Rivière por darle una forma y una significación, varía de un sitio al otro, de centro de interpretación a instrumento de desarrollo, de museo-parque a museo artesanal, de conservatorio etnológico a centro de cultura industrial (De Varine-Bohan 1985: 185).

Georges Henri Rivière definió de diferentes maneras esta nueva forma de organización museal, para finalmente indicar que:

> Un ecomuseo es un instrumento que el poder político y la población conciben, fabrican y explotan conjuntamente. El poder, con los expertos, las instalaciones y los recursos que pone a disposición; la población, según sus aspiraciones, sus conocimientos y su idiosincrasia. Un espejo, donde la población se contempla para reconocerse, donde busca la explicación del territorio en el que está enraizada y en el que se sucedieron todos los pueblos que la precedieron, en la continuidad o discontinuidad de las generaciones. Un espejo que la población ofrece a sus huéspedes para hacerse entender mejor, en el respeto de su trabajo, de sus formas de comportamiento y de su intimidad. Una expresión del hombre y de la naturaleza. El hombre es allí interpretado en relación con su ámbito natural, y la naturaleza está presente en su estado salvaje, pero también tal como la sociedad tradicional y la sociedad industrial la transformaran a su imagen. Una expresión del tiempo, cuando la interpretación remonta hasta el momento de la aparición del hombre y se va escalonando a través de los tiempos prehistóricos e históricos para desembocar en el tiempo del hombre de hoy. Con una apertura al mañana, sin por eso arrogarse poderes de decisión, el ecomuseo cumple una función en el campo de la información y del análisis crítico. Veamos sintéticamente cuáles serían: una interpretación del espacio: de espacios privilegiados donde detenerse, donde caminar; un laboratorio, en cuanto contribuye al estudio histórico y contemporáneo de la población y de su entorno y favorece la formación de especialistas en la materia, en colaboración con otras organizaciones de investigación; un conservatorio, en la medida que contribuye a la preservación del

patrimonio natural y cultural de la población y una escuela, en la medida en que asocia la población a sus actividades de estudio y de protección y la incita a tomar mayor conciencia de los problemas que plantea su propio futuro. Este laboratorio, conservatorio y escuela se inspiran en principios comunes. La cultura a la que pertenecen debe ser entendida en su sentido más amplio, y por eso se esfuerzan por hacer conocer su dignidad y su expresión artística, cualquiera sea el estrato social del que emanan esas expresiones. Su diversidad no conoce límites, a tal punto difieren sus elementos de un caso a otro. Su característica es no encerrarse en sí mismos: reciben y dan (Rivière 1985: 182-184)[63].

Así, el ecomuseo se delimitó en oposición a la forma museal tradicional, clásica o normal. Mientras que el primero disponía de un territorio, un patrimonio y una comunidad, arraigado al suelo que le dio origen, el segundo se establecía en un edificio, a través de una colección y un público, contemplando a la vez el desarrollo cultural, la conservación patrimonial, la acogida de turistas y la formación (De Varine-Bohan 2007). Por lo tanto, el ecomuseo constituye una institución museal atemporal, inclusiva, atenta a la comunidad, experimental y comprometida con su desarrollo[64]. Se diferencia de los "otros" (nacionales, de arte…) en la novedosa interpretación del patrimonio, la intervención de la comunidad, la interdisciplinariedad y la voluntad de renovación continua (Muñiz Jaén 1992). Otras enunciaciones apuntaron también a la noción de cooperación del ecomuseo, que resultaría a través de variadas empresas museales adoptadas por las poblaciones.

Pierre Mayrand indica lo que no es esta novedosa institución: no representa a una comunidad en un momento concreto, ni debe realizar una reconstrucción estática del pasado. Tampoco sería un museo impuesto de tipo etnológico o etnográfico, ni un recurso turístico, un zoológico de seres humanos y menos aún, una moda. Y, a continuación, señala lo que es el ecomuseo, construido con la contribución de una población, a partir del territorio por el que esta tiene un sentimiento de pertenencia, basado en un patrimonio vivo, que incluye a los llegados con posterioridad, dado su contribución a la cultura de origen. Provoca respeto entre sus visitantes y la empatía con quienes son diferentes, y tiene como funciones la conservación y la reconstrucción de la memoria (Mayrand 2009). En tal sentido:

---

63. Esta es la referenciada "definición evolutiva" de ecomuseo ofrecida por Rivière. La que aquí se transcribe data de 1980, enunciada inicialmente en 1972.

64. Navajas Corral (2007), Navajas Corral (2012) y Díaz Balerdi (2002) retoman y profundizan estas definiciones.

Definiremos el ecomuseo, que se sitúa en un parque natural, en un barrio urbano, en un medio rural o insular, o en zonas mixtas, como una empresa cultural, utilizando entre otras cosas las funciones del museo dentro de un sistema de interrelaciones territoriales y humanas causadas por la acción museal, con el fin de reforzar y matizar estos vínculos en favor de un desarrollo compartido de los patrimonios comunes, sin distinción de grupos sociales, tanto al beneficio de la comunidad territorial como a las poblaciones próximas y visitantes deseosos de tener acceso a su significado profundo. El ecomuseo puede así considerarse a la vez como filosofía de compartir, como una escuela de sensibilización de un territorio vivo, como una porción no indiferente del planeta: El ecomuseo es la expresión de una población, en un tiempo y un espacio, en relación con un territorio y un patrimonio natural y cultural dado (Mayrand 2009: 20).

En otros estudios, la impronta de la nueva institución va más allá del museo en sí, dado que es una invocación y un nuevo tipo de sensibilidad multidisciplinar frente a problemas existentes, donde el ser humano y su patrimonio están en el centro. Se acopla al territorio porque ése es su campo de acción y tienen cabida los miembros no profesionales de la comunidad –aficionados, amateurs–. Además, se aboga de manera utópica por su des-institucionalización, para que funcione como una organización y hasta un estado mental (Sola 2007: 34). Así se plantea como anti-museo, sin muros; incorporando en continua evolución pasado, presente y futuro. E incluso más allá: "Un ecomuseo es una utopía constante de una comunidad. Es la continua revolución" (Navajas Corral 2008: 8).

El público constituye el eje, dado que este tipo de centro se reconoce en una forma activa de consciencia social, con un mecanismo de autoconocimiento y autorregulación. Forma parte de la comunidad y no ha sido creado para disfrute de quienes vienen de fuera. El ecomuseo, por tanto, no surgió al servicio del turismo, porque la población autóctona constituye su visitante principal. De este modo, el público se confronta con su propia imagen como "performance" de sí mismo (Brulon Soares 2013: 40).

Se pueden datar varias generaciones de ecomuseos en Francia. La primera la conformarían los parques naturales franceses de los cuales un ejemplo sería el Marqueze Ecomusée en Landes, fundado en 1969[65]. El inicio de

---

65. Este ecomuseo se encuentra en el Parc Naturel Régional des Landes de Gascogne y de acuerdo a la información oficial, "C'est l'un des tout premiers écomusées de France. Il a pour mission de conserver, d'étudier et de transmettre le patrimoine de la Grande Lande en reconstituant le cadre de vie de ses habitants au XIXème siècle. Il y a 150 ans, cette société

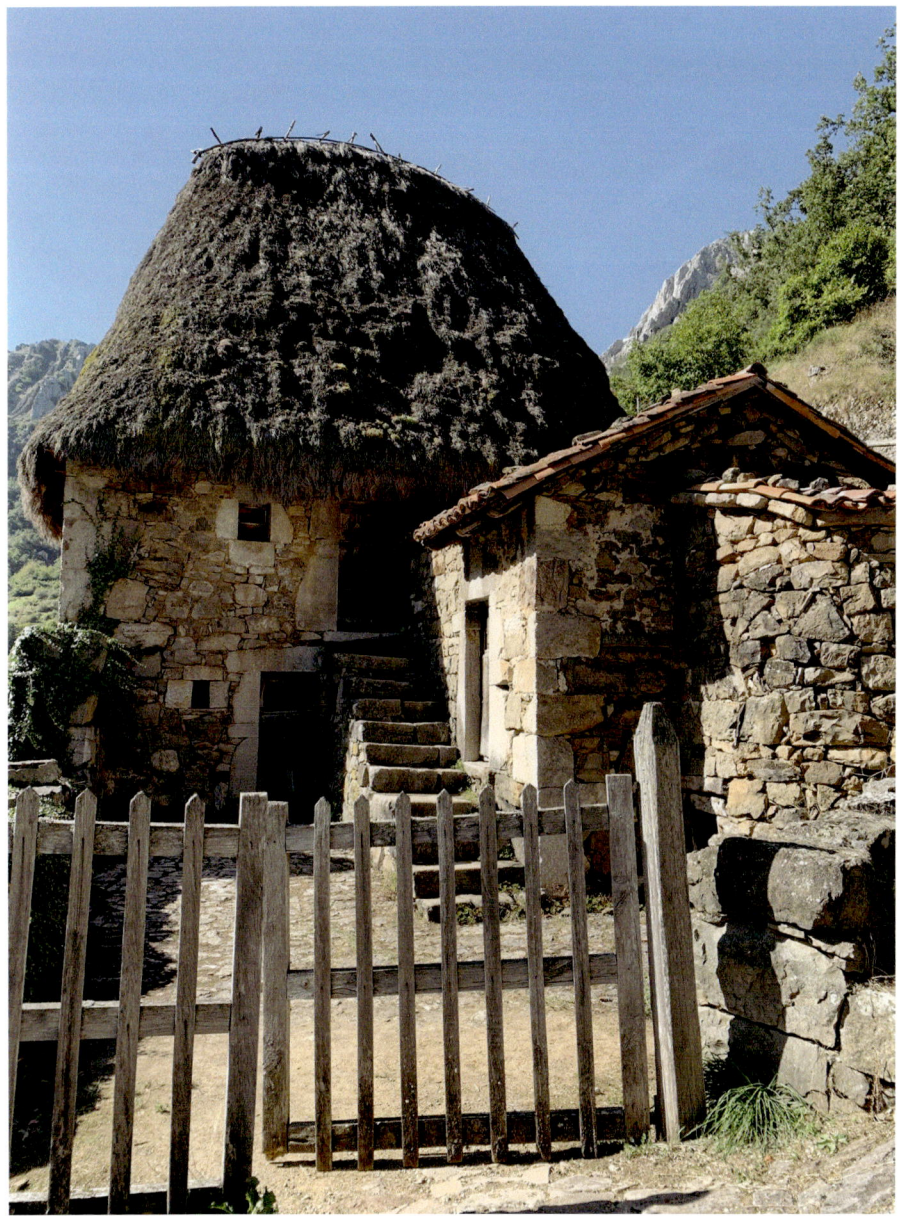

Figura 8. Ecomuseo de Somiedo (Asturias, España). Casa tradicional.
Foto: Eva Sanz Jara, 2020

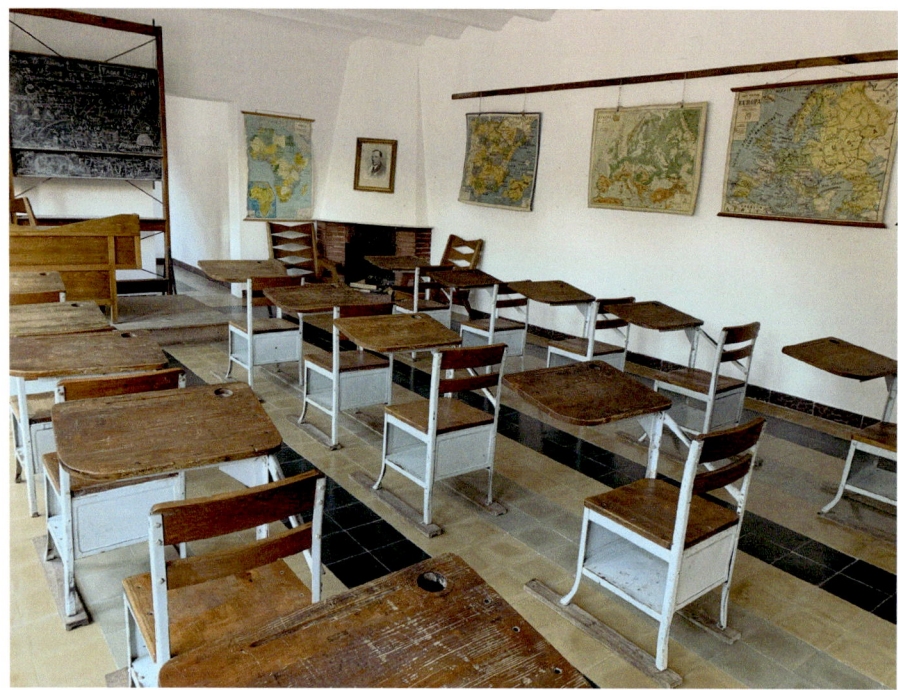

Figura 9. Ecomuseo de Somiedo (Asturias, España). Escuela.
Foto: Eva Sanz Jara, 2020

la segunda estaría marcado por el Museo Creusot-Montceau ya indicado, y la tercera comenzó en la década de 1980, cuando se produce su expansión internacional, más allá de la nación francesa (Díaz Balerdi 2002).

En el siglo XXI se observa la proliferación de estas instituciones, ya que de una veintena de ecomuseos franceses de hace cincuenta años, existen cientos en distintos puntos del globo: doscientos en Italia, más de setenta en España, casi cien en Japón y también ecomuseos en Suecia, Noruega, Mongolia, China, La India y Turquía. En relación con América, De Varine (2020) aborda su análisis en Canadá, en Brasil (Ecomuseu Communautário de Santa Cruz,

_____

originale de bergers-agriculteurs était en telle symbiose avec son environnement, qu'elle disparut lorsque la lande fit place à la forêt. Marquèze raconte l'histoire de ce lien unique entre une société et son environnement, ses conséquences économiques, culturelles ou sociales dans l'un des plus grands musées en plein air de France". Ver: https://www.marqueze.fr/autour-de-l-ecomusee-marqueze.html, consultada el 29 de febrero de 2024.

Ecomuseu da Serra de Ouro Preto, Ecomuseu da Amazônia, Belém) y en México (ecomuseos de Oaxaca y Nayarit). En este último país han dejado muchas veces de denominarse como "eco", para llamarse comunitarios sin más. Los abordaremos con detenimiento a continuación, en el siguiente capítulo.

Un común denominador de los ecomuseos es su papel dentro de la comunidad y el énfasis puesto en el desarrollo sostenible, la conservación, exposición e interpretación de su patrimonio cultural y natural, así como en la investigación (Navajas Corral 2008, 2020; Méndez Lugo 2011b). Entre tantas cuestiones, se destaca la impronta en la cohesión y desarrollo social como fin prioritario del ecomuseo, con una clara responsabilidad en la existencia comunitaria de manera rotunda y dinámica (Moutinho 2010). En esta línea, la Declaración de Córdoba, Argentina, del MINOM de 2017 afirmaba: "La museología que no sirve para la vida, no sirve para nada" (Bartolomé, Casado, Jeria y Zabala 2019).

Dada su expansión global, es difícilmente definible de manera unitaria, teniendo en cuenta la multiplicidad de formas adoptadas. En Europa se observan las más conservadoras y en América Latina las más innovadoras, mientras que en Asia y el Pacífico, los museos experimentan partiendo de sus especificidades. En algunas naciones, se organizó el economuseo, empresa artesanal vinculada con lo museístico, en auge sobre todo en Canadá, que parece ser otra vía de continuación del ecomuseo (Roigé 2007).

En la materialización de esta tipología museística, España se encuentra bastante a la zaga respecto a las corrientes internacionales, dado que muchas de las instituciones no cumplen con los requisitos, como la participación de la comunidad en la gestión, toma de decisiones y beneficios económicos. Algunos de los principales ecomuseos españoles son el de les Valls d'Aneu, Lleida; el de Somiedo y el Ecomuseo Minero Valle de Samuño, ambos en Asturias; el Ecomuseo Molino de los Ojos en Soria; el de Tordehumos en Valladolid; el Ecomuseo del Agua Molino de Benamahoma en Cádiz y el del Río Caicena en Córdoba.

Los párrafos anteriores demuestran las dificultades por reunir una caracterización aplicable a todo lo que se denomina como "ecomuseo". La confusión terminológica con la que abríamos el epígrafe se mantiene, pero queda en nuestras manos observar la intención de gestar una revolución que tuvo efectos imborrables y parecía imparable.

2.3. Gusto a poco

Al inicio del siglo XXI, un estudio minucioso daba cuenta de que todas las expectativas de estas instituciones ecomuseales, nacidas en fábricas abandonadas o creadas con mucho esfuerzo en nuevos entornos urbanos deprimidos, no estaban cumpliendo tal finalidad de preservación y se ceñían sobre ellas las oscuras nubes de la sustentación económica (Delarge, 2000). Un punto importante fue dar primacía en la elaboración de las exposiciones a los expertos, cuya neutralidad estaba asegurada. Porque, si bien habían surgido dentro de dinámicas comunitarias, el turismo puso en revisión los objetivos originarios, fracturando en ocasiones tal solidaridad en pos de la labor de especialistas más que de aficionados.

Esa deriva nostálgica deformaba la realidad y hacía de los ecomuseos santuarios del pasado, incompatibles con el objetivo inicial de dar impulso al desarrollo local. Además, la selección de objetos, relativamente sencilla en los museos nacionales o de arte (dado que se consideraban representativos de una época, y adquirían su valor intrínseco en tal sentido), se volvía difícil, puesto que eran más que abundantes. Sobre todo, las dudas se dirigían a la distinción y resguardo de los bienes muebles tangibles.

Un ejemplo servirá para ilustrar tal cuestión: no quedaban dudas por entonces (y ahora), del imprescindible resguardo del Guernica de Pablo Picasso, sobre el que pivota el Museo Nacional-Centro de Arte Reina Sofía, y debe incluso su formación a esta pintura gigantesca, transformada en hito pictórico y referencial de la lucha antifascista[66]. Pero ¿qué decir de las innumerables viviendas, de las sillas *tonnet,* de los platos de uso diario de una familia, o de las herramientas de labranza de un jardinero del siglo XIX, similares a muchas otras?

En la reflexión sobre la vida útil de las cosas, las preguntas sobre el origen, la factura y trayectorias son todos indicadores culturales que determinan qué pensamos sobre ellas, y los juicios estéticos y políticos van de la mano. El valor de uso tiene relación con su prestigio o como mercancía y es variable de tiempo en tiempo, o de sociedad en sociedad. Las vitrinas de los museos están repletas de objetos presentados como de uso diario o como adornos propios de las élites gobernantes. Y su resguardo patrimonial, huelga decirlo, no es similar. Pero a la vez, en la medida en que se convierten, con la pátina

---

66. *Conociendo a nuestros visitantes* (2013).

del tiempo, en antigüedades aparentes, con valor estético o mercantil[67]. Si se trata de poner en valor el patrimonio tangible, y también el intangible, de la población "del común", ese debate incluye el resguardo de objetos muy variados, con el peligro de que se transformen en un "pariente pobre" del patrimonio (Delarge 2000: 143).

A la vez, asoma otro peligro: el sostén económico de los ecomuseos, sobre todo de aquellos que no disponen de apoyatura estatal nacional, y vegetan o deben adaptarse para subsistir a las normas de circulación y deseos del turismo local y regional. La tranquilizadora idea de que el ecomuseo era un espejo donde la comunidad se autoidentificaba, introdujo el problema de cómo habilitar el reflejo de las múltiples identidades sociales y étnicas, que pueden ser contradictorias entre sí. La movilidad entre campo-ciudad y entre naciones, a veces en contextos de extrema dificultad, así como la hibridación cultural en áreas fragmentadas y territorios cambiantes por el avance capitalista, quiebran las experiencias compartidas de las comunidades y ponen en tela de juicio el papel de las minorías. Por ello, los ecomuseos no siempre tienden a empoderar a las sociedades locales (Dos Santos 2010).

Agreguemos que, a la intención representar la esencialidad del "verdadero" pasado, perdido por los avances de una modernidad arrasadora, se suma la inestabilidad sobre en qué técnicas o costumbres reposar la mirada. Nuevas migraciones traen a ciudades y pueblos un cosmopolitismo que, de no integrarse a los museos, vuelve a parcializar las comunidades, y a centrar las tradiciones en la imposibilidad del ejercicio democrático.

Estas instituciones gestadas para responder, desde ópticas diferentes, sobre la representación de las minorías, no están entonces libres de problemas. Veamos sistemáticamente algunos de ellos.

Primera cuestión: Definiciones y alcances estrictos. El propio término de "ecomuseo" resulta problemático porque da lugar a equívocos, ya que puede restringirse a la ecología y emplearse de manera distorsionada. Ni siquiera el Museo de Le Creusot-Montceau, pionero en recibir tal denominación, siguió las pautas marcadas por sus creadores. Una solución instaurada desde temprano consistió en establecer una diferenciación, para el caso francés, entre "ecomuseo comunitario", que se adaptaría al modelo, y el "ecomuseo institucional", que podría calificarse en la línea de los parques naturales que fueron

---

67. Ver al respecto Kopytoff (1986).

su germen, aún sin la gestión comunitaria que debía teóricamente poseer (Navajas Corral 2020: 100-103). Esta cuestión sin duda complejizó el panorama indicado como completa independencia de los modelos clásicos de museos. Por ello, De Varine-Bohan (2007) recomendó dejar de emplear esta denominación indiscriminadamente y reemplazarla por museo comunitario, del territorio o temático.

Segunda cuestión: Mercado y mensaje. La puesta en práctica del ecomuseo entraña riesgos, como la mercantilización turística de la identidad local y la nacionalización de la institución para subsumir y borrar las reivindicaciones identitarias locales (Mayrand 2009). La expansión del ecomuseo ha tenido algunos efectos negativos, puesto que ha chocado con el turismo y el mercado (Navajas Corral 2020). Para auxiliar la propuesta, se ha escrito mucho para aquellos que emprenden la aventura del ecomuseo, planificando su aparición con años de preparativos, dado que se trata de una propuesta de largo aliento[68]. Pero muchas de estas instituciones carecen de esos tiempos, y están sometidas a las sacudidas económicas y a las necesidades presupuestarias, que hacen imposible una proyección en plazos extensos.

Tercera situación: Autenticidad y esencialismo. La puesta en práctica del modelo ecomuseal puede traer consigo una identificación a esta fórmula salvadora, pero de manera vacía y banal (Sola 2007). En Canadá, por ejemplo, se produjo una mitificación del pasado con orientación micronacionalista en la concepción territorial, así como una tendencia hacia el ensimismamiento y la autocomplacencia. El riesgo es que estos museos se conviertan en nuevas versiones de los de artes y costumbres populares (que revisaremos en siguientes capítulos), perdiendo su sentido original, para anclar su pasado en identidades esencialistas (Díaz Balerdi 2002; Roigé 2007).

Cuarta cuestión: Tradición. La nueva museología no es aplicable a todos los contextos; es posible que quede al margen de centros como el Museo del Prado o del Louvre, grandes atractores del turismo de masas. Los ecomuseos no consiguieron todo el resultado esperado aunque produjeron interferencias en la

---

68. Los dos primeros años se emplearán en los preparativos, los siguientes tres estarán ocupados con la puesta en marcha de los "procesos de implementación". Después, durante los siguientes cinco años se llevará a cabo la consolidación. Por último, en los diez años finales se producirá la importante contribución de la institución al desarrollo local (Mayrand 2009: 39).

museología clásica y se expandieron por el mundo de manera independiente (Navajas Corral 2008, 2020). Una de las cuestiones fundamentales fue la dificultad de transformar las teorías museológicas en prácticas museográficas concretas. A esto se suma la desconfianza de la administración centralizada, ya que muchas veces estas instituciones escapan a su control. En el mismo sentido, debido a la gestión comunitaria que caracteriza al ecomuseo, los profesionales de los museos también son reacios a la pérdida del museo tradicional.

Quinta cuestión: Autonomía o control. Por último, se presenta el peligro de la excesiva ideologización de las experiencias ecomuseológicas, con el control de un partido político o asociación (Navajas Corral 2020). Los principios teóricos de la corriente, como democracia cultural, comunidad y territorio, diálogo entre instituciones y con otros actores y multidisciplinariedad, ya se han generalizado en la museología, "al menos nominalmente" (Arrieta Urtizberea 2008: 13-14). Pero, pese a la expansión y asunción generalizada de los presupuestos teóricos, la puesta en práctica puede haber fallado, sobre todo en la relación con la representación de la comunidad, unida a sus propias redes políticas que pueden tensionar y presionar sobre qué exponer y dejar de lado en las exposiciones museales.

Así, vemos la emergencia en este escenario siempre convulso de otra serie de propuestas, que abrevan sobre todo de las tradiciones anglosajonas, examinadas de manera más extensa (Di Liscia 2022a). Nos interesa incluirlas aquí no solo por sus posturas revulsivas frente a los museos tradicionales, eje de los ecomuseos, sino porque justamente impulsan las voces de los "otros", subsumidos por el progreso y la post-industrialización así como por el avance capitalista.

2.4. UNA NUEVA ESTRELLA EN EL FIRMAMENTO

En 1988, un importante evento académico colocó en el escenario de los estudios museales las temáticas multi e interculturales, donde diversos equipos de países y regiones diferentes pusieron sobre el tapete una profunda crítica sobre el sentido comunitario y el control de instituciones establecidas sobre la representación de sus culturas. Así, se advirtieron la explotación, el capitalismo y el imperialismo en la arquitectura museal de grandes espacios como el Museo del Louvre o el Museo d'Orsay en Paris, o las muestras del Metropolitan

Museum of Art, el Akeley African Hall y el American Museum of Natural History en New York, entre muchas otras. Desde Nueva Zelanda a Canadá, de la India a Japón, e involucrando tensiones de muchas sociedades y culturas "no occidentales", latía persistentemente la necesidad de una revisión profunda en diferentes museos de arte, o de historia de la ciencia[69].

De esta manera, la museología crítica irrumpió en el panorama museológico contestatario frente a la tradición, monopolizado hasta entonces por la nueva museología que hemos revisado en el presente capítulo. Y lo hizo con debates sobre la presencia tenue o directamente la ausencia de las representaciones museales de las minorías (grupos étnicos y religiosos, "razas", disidencias sexuales), así como de las mujeres, que se engloban en las grandes mayorías subalternizadas. También estableció los quiebres por donde emergían la construcción de la historia por consenso (y no el conflicto), o que actuaba desde el pasado fortaleciendo el progreso social en ocasiones con el eco de la nostalgia por lo que no retorna. Por lo tanto, era preciso detonar tales presupuestos, desde un marco cuestionador, colectivo y comunitario[70].

Esta corriente se enmarca en el contexto del revisionismo museal propio de la postmodernidad. Es difícil realizar aquí una síntesis de un movimiento tan complejo y múltiple, iniciado en distintos puntos del mundo occidental a finales del siglo XX, con una revisión que afectó la sociología, historia, antropología, arte, literatura y filosofía y estabilizó un nuevo campo, el de los estudios culturales[71].

Todas estas disciplinas tienen profunda relación con la museología, dado que el significado de las representaciones constituye un aspecto central, insertado en un debate inmerso en la diversidad política y en la interpretación de los objetos de los "otros". Las teorías posmodernas criticaron asunciones sobre la neutralidad, objetividad y ahistoricidad científicas; se trata de una revisión que hizo tambalear el poderoso edificio de la ciencia moderna y permitió cierta apertura política en relación con las colecciones existentes en países colonizadores. Las críticas, por ejemplo en el caso del arte hispánico expuesto en

---

69. Se trató de la conferencia realizada en el Interational Center of the Smithsonian Institution, en 1988, organizada por la Rockefeller Foundation, la Stmithsonian Institution y el National Museum of Natural History. Gran parte de lo debatido allí se publicó en Lavine y Karp (1991), retomado y ampliado en Lavine y Karp (2013).

70. Schlereth (2005).

71. Sobre algunos aspectos referidos a la historiografía postmoderna, ver González de Oleaga (2019).

museos centrales, se concentraron en aspectos como las omisiones e indeterminación de las dimensiones políticas, en la selección de aspectos folklóricos o primitivistas y en la exhibición de un formato determinado por curadores y autoridades de instituciones no hispánicas[72].

También hizo posible debatir sobre la ética de la pertenencia de restos humanos de otras culturas, capturados y exhibidos en las vitrinas, entre muchas otras facetas de lo que es y no es lícito o legítimo mostrar[73].

Según la museología crítica, el museo debería asumir firmemente su impronta social y democrática. Dado que tanto visitantes como especialistas y curadores estamos en proceso de aprender, corresponde acoger miradas polifónicas y exposiciones controvertidas, que sean también interdisciplinarias, contextuales, políticas, reflexivas y emancipadoras. En ellos el trabajo debe establecerse en equipos no jerárquicos que dialoguen con otras instancias culturales y den cabida a la investigación, cuestionando sus muestras con la inclusión de actores muy diversos. Los museos entonces tienen como misión cuestionarse a sí mismos e historiar sus colecciones, respaldando la idea de que los objetos nunca hablan de manera unívoca ni natural, sino que su exposición debe abrir diferentes interpretaciones, sin temer conflictos ni contradicciones (Zubiaur Carreño 2003).

Los principales postulados serían entonces la representación de las culturas minoritarias o periféricas, la exposición y devolución de materiales aborígenes, la subversión anticolonialista, la impugnación de metanarrativas o discursos dominantes, la autorreflexividad y la propuesta de museografías interactivas, entre otras cuestiones centrales. Y, además: "La exacerbación de la subjetividad y la incitación al pensamiento crítico frente a toda doctrina dominante, son los principales rasgos característicos de esta corriente, que no por ello ha dejado de hacer suya la defensa a través de los museos de la igualdad de derechos y oportunidades entre diferentes razas, sexos (u orientaciones sexuales), clases sociales, o procedencias, propias de cualquier museólogo con conciencia social" (Lorente 2006: 30).

Los ensayos realizados en museos de arte de gran alcance, como la Tate Gallery, consideran necesario enunciar su carácter híbrido, y la imposibilidad de que el análisis se pueda gestar solo a través de la museología, la etnografía, la sociología, estética, la teoría del arte y artes visuales, así como la geografía

---

72. Livingston y Beardsley (1991).

73. Reflexiones más radicales sobre el peso de la decolonización y sus alcances en los procesos de musealización en Durán Medraño (2024).

social y las ciencias y tecnología. Se trata de un conjunto de disciplinas que al revisar el rol museal en la configuración de clase y raza, trabajan sobre el supuesto de que lo social no es un lugar, una cosa o un dominio, sino un movimiento provisional de nuevas asociaciones (Dewney, Dibosa y Walsh 2013).

Otros grandes museos en España integran en sus colecciones artísticas problemáticas donde se cuestionan, por ejemplo, los cuadros de castas como símbolos actuales de la sujeción "blanca" hacia personas de otros colectivos, dominadas tanto hoy de la política como antes lo estaban en la sociedad colonial. O revierten la conmemoración de Sevilla de 1992 sobre el descubrimiento de América en un hecho luctuoso, recordando ahora toda una serie de acciones culturales en su contra, reprimidas entonces por la aclamación vencedora del *mainstream* político y cultural español[74].

Nos parece que, si bien los museos artísticos han condensado muchas de esas críticas, estamos lejos de percibir los efectos de las revisiones museológicas en muchos que disponen de colecciones arqueológicas, antropológicas o históricas. En tal sentido, la crítica museográfica avanzó en algunos puntos concretos, tomando como base algunos aspectos detallados anteriormente y otros que enunciaremos en capítulos siguientes. Así, se ponen en entredicho la exposición de restos humanos, considerados las *vedettes* de muestras de museos que esperan capturar visitantes, como sucede en el Museo de Alta Montaña, en una provincia argentina (González de Oleaga 2022). También, las formas de organización de las vitrinas y jerarquías de las muestras en grandes centros de Lisboa, Madrid y París dedicados a las "otras" culturas, los "no occidentales" (Abad García 2022).

---

74. Ver "Dispositivo 92: ¿puede la historia ser rebobinada", que "muestra el arte producido en los años noventa, una época en la que tienen lugar muchos de los cambios que explican el mundo actual. Se hace referencia a la Expo de Sevilla y las operaciones urbanísticas del 92; las denuncias de numerosos grupos ecologistas 92 y el papel crítico ejercido por algunos agentes. También está presente la reivindicación del espacio público, así como reacciones diversas a la celebración del Quinto Centenario. El proyecto Principio Potosí, las repercusiones de la Conferencia de Berlín de 1884, o el proceso de descolonización en distintos países de América Latina, junto a los temas de la identidad y la emigración que aborda el arte contemporáneo salvadoreño están representados en esta parte de la colección. A ellos se une varias obras relacionadas con el zapatismo y los trabajos de una generación de artistas contemporáneos guatemaltecos, profundamente vinculados a su cultura maya", en: Museo Nacional Centro de Arte Reina Sofía, en: https://www.museoreinasofia.es/prensa/nota-de-prensa/dispositivo-92-puede-historia-ser-rebobinada, consultada el 4 de abril de 2024. Muestra visitada el 30 de marzo de 2024.

La morbosidad y el voyerismo por un lado o el fetichismo y el paternalismo, por el otro, siguen siendo los enunciantes para evitar hablar de las relaciones de poder. A uno y otro lado del Atlántico, no se discute si se deben exhibir los cuerpos de pequeños incas en Salta en lujosas neveras vitriadas, porque, ¿qué hay de más real que mostrarlos, y a la vez hablar de sus muertes rituales? O que, para representar a todo un continente, el recurso sean los vistosos disfraces del Carnaval de Oruro, en el Museo de Quai Branly. Reconquistados ahora, con recursos estéticos y con un cuidado lenguaje sobre lo que se puede y no decir, sin embargo, muchos museos continúan exponiendo desde la centralidad cultural de Occidente.

Para sintetizar lo revisado en el capítulo, diremos que, en primer término, indicamos las formulaciones teóricas que sustentaron la nueva museología, contextualizada a partir de los cambios sociales propios de los años sesenta y setenta. Luego, describimos su principal formulación práctica: el ecomuseo. Tras ello, hicimos lo propio con sus diferentes definiciones y descripciones, enunciadas por sus principales teóricos, para después abordar algunas cuestiones prácticas sobre este tipo de instituciones. Finalmente, hemos puesto sobre la mesa algunos planteamientos y límites acerca de los ecomuseos. Cerramos el capítulo tratando la museología crítica, corriente que debate cuestiones urticantes sin resolver en las corrientes existentes hasta su emergencia, particularmente en la nueva museología, referidas a las representaciones multiculturales, la ética democrática y las tareas políticas de los museos. Vamos a retomarlas en los siguientes capítulos. Si bien se trata de sólidas formulaciones teóricas en muchos casos, no tienen siempre registros o aplicaciones en las instituciones como las que analizamos. Numerosos espacios museales persisten en considerar un relato hegemónico, anclados en asumirlo y recrearlo, sin que se admitan dinámicas de transformación significativa en sus muestras.

A continuación, nuestro eje de análisis se centrará en los museos comunitarios vinculados a las sociedades nativas americanas.

Capítulo 3
Y LOS PUEBLOS ORIGINARIOS, ¿DÓNDE ESTÁN?

3.1. Sobre museos y subalternidades

Es muy temprano, y en el Bosque de Chapultepec apenas empieza el tibio otoño. A lo lejos, se divisa el Monolito de Tlaloc, a cuyo traslado se opusieron las comunidades donde estaba enclavado originalmente y que enmarca la entrada del mayor museo con piezas prehispánicas de América[75]. En la vereda para ingresar al inmenso recinto, joya arquitectónica y de cuidada estética, un anciano de rasgos indígenas, con pobres ropas y casi sin calzado, barre con una escoba de su factura las hojas de los centenarios álamos y pinos. Fatigamos las salas, y entre las impresionantes cabezas colosales olmecas y las magníficas estatuas mayas y frisos toltecas, advertimos la distancia entre el resguardo de los objetos del interior, y este esforzado trabajador, descendiente de quienes las realizaron.

Esta situación, que presentamos de manera impresionista, puede observarse también estadísticamente: "Los censos, en su condición actual, han sido suficientes para probar que la población indígena vive sujeta a la discriminación social, de tal suerte que sus condiciones de vida, de salud, escolaridad y laborales, entre otras, son notablemente inferiores si se comparan con las del resto de la población" (Rubio Badán 2014: 44). En las páginas anteriores,

---

75. El monolito, que representa a la deidad azteca del agua, se encontraba ubicado en el pueblo de Coatlinchan a 43 km de la capital, y fue trasladado luego de prometer a la comunidad –estaba renuente a cederlo–, ciertas ventajas modernas (la construcción de una carretera, un centro médico y una escuela). Su llegada, seguida por una multitud, precedió a una tormenta singular en esa zona que estaba en una época de seca y fue interpretada como una reacción divina al movimiento ("El monolito de Tlaloc: ¿Mover esta enorme estatua de piedra incitó la furia del dios azteca?", 2023, https://www.ancient-origins.es/artefactos-otros-artefactos/monolito-tlaloc-008176, consultada el 24 de enero de 2024).

aludimos a una visita realizada en 2001. No es un contraste producto de la casualidad, dada la persistencia de la marginación social y étnica en este y otros países americanos de la población originaria, a pesar de ensalzar una y otra vez que son la base nacional de donde emerge el potencial cultural.

Pero, ¿a quiénes se puede referir como indígenas? Una definición despojada indica que se trata o refiere al pueblo que originalmente vive en un lugar, en oposición a quienes provienen de otros sitios[76]. En América, se trató de un término viciado por la colonización, dado que las naciones cherokee, los siux, quienes hablan mixteco, guaraní o nahua, adoran a la Pachamama o utilizan ponchos de vicuña y remedios de los *kallaguaya* aymara no se percibían originalmente como tales.

Justamente, en el inmenso territorio "descubierto" desde Europa, la uniformidad del término indio, luego nativo e indígena, interpuso ante una miríada de muy diversas sociedades, la misma noción de dominación. Tanto en la primera colonización del siglo XV bajo dominio metropolitano como en el XIX, bajo el control de las élites locales y de nuevos centros de poder occidentales, primó una visión racista y clasista de los pueblos nativos, que subordinó y excluyó a muchos de ellos, y también les imprimió el rótulo del atraso y la segregación. En ciertas naciones, como México, la historia y cultura prehispánicas sirvieron para demarcar las bases identitarias, con políticas públicas de protección, denominadas "indigenistas".

Desde los años setenta del siglo XX, líderes e intelectuales reivindicaron la pertenencia étnica en un escenario progresivamente desencantado con tales medidas, dada la persistencia de la explotación y subordinación de las colectividades y pueblos originarios. La denominación de "indio", como contracara de lo "indígena", fue también una proclama de multitud de organizaciones con distinto éxito, que en la actualidad ha virado a la recuperación de identidades étnicas propias[77].

En el presente, organismos internacionales, como la Comisión Económica para América Latina (CEPAL) de Naciones Unidas, reconocen un techo

---

76. "Indigenous", en: https://dictionary.cambridge.org/dictionary/english/indigenous, consultada el 3 de marzo de 2024.

77. "Indio" fue una resignificación de la adjetivación colonial en la declaración de Domitila Quispe, quien indicó que si bajo esa denominación se los sometía, bajo esa misma se liberarían. Al presente, la autodefinición étnica está, por ejemplo, en quienes a su vez en Ecuador perciben la segregación de blancos y mestizos no como indios o indígenas, sino como *runakuna* (ver Yuquilema Yupanqui 2019).

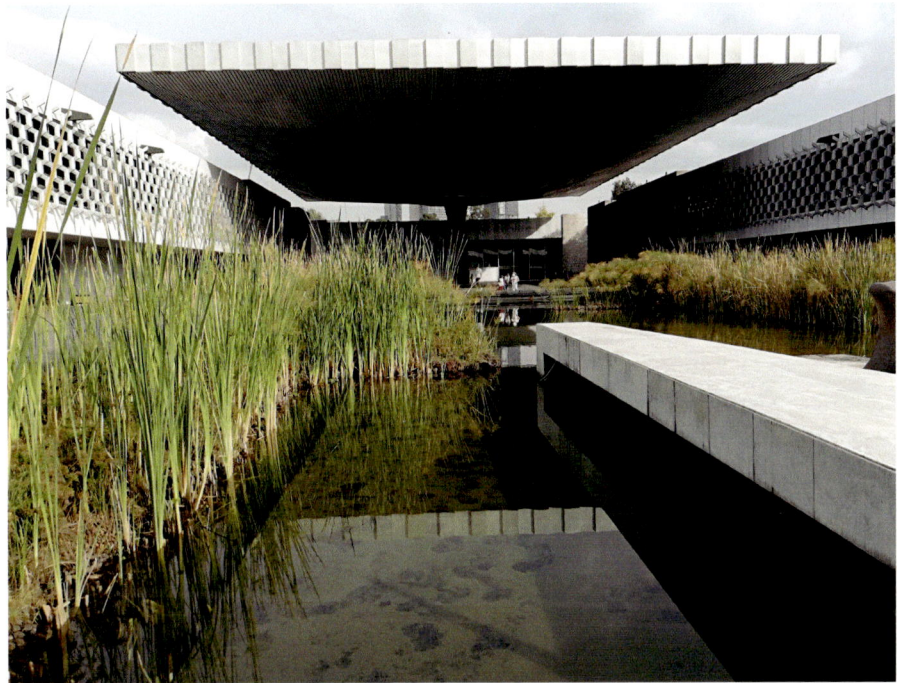

Figura 10. Museo Nacional de Antropología de México, ciudad de México. Exterior.
Foto: María Silvia Di Liscia, 2019

significativo que impide a los integrantes de los pueblos indígenas latinoamericanos el acceso laboral, educativo, sanitario y cultural similar al resto de la ciudadanía, indicando que:

> Las desigualdades que afectan a los pueblos indígenas están directamente vinculadas con el reconocimiento de sus derechos. El camino hacia la garantía de los derechos de los pueblos indígenas se ha orientado principalmente a buscar reconocerlos como sujetos de derechos colectivos, así como a buscar la garantía de sus derechos para ejercer la libre determinación, la propiedad colectiva del territorio y la participación política (Soto de la Rosa 2021: 1).

Veamos la relación de estos asuntos con la representación museal. Los Estados latinoamericanos, en la necesidad de relatos fundantes de sus comunidades de origen, se volcaron a coleccionar, ordenar y sistematizar las piezas de estas sociedades y a mapear y reconocer sus geografías

(Podgorny 2005, Andermann 2007). El conocimiento científico, unido a la expansión de la producción de materias primas, significó la nueva conquista de florestas, montañas, ríos y planicies, con la colonización de territorios y poblaciones[78]. En los márgenes, explotados bajo las nuevas lógicas capitalistas, las figurillas de oro quimbaya, los trajes típicos de las tierras altas chiapanecas, e incluso los cráneos de los caciques tehuelches, pampas y mapuches, tomaron otro lugar.

Convertidos en respetables objetos de museos, se despegaron de su valor como hacedores de jerarquías y dejaron de simbolizar el contacto con los ancestros o las distinciones étnicas. Y, en el caso de los restos humanos, su captura es aún más dolorosa, ya que abandonaron su estatus de individuos[79]. Se expusieron originalmente como parte de un plan nacionalista y cientificista más vasto, donde la expoliación iba de la mano del conocimiento positivista. Así, las pertenencias de los indígenas materializaban la magnificencia del pasado de esas sociedades, ancladas en la no-historia.

En la exposición museal actual, aislados de su contexto original, se insertan otros circuitos de significado: el exotismo, bajo una estética formalizante, desgajada de sus sentidos originales, les permite ser parte de ellos, "petrificando" sus identidades. O, con un dejo de nostalgia, se los enclaustra encuadrados en las costumbres y registros folklóricos, como veremos respecto de la Sala de Etnografía de uno de los centros más destacados en México[80].

La gran revolución de los museos, acaecida en los años setenta del siglo XX, sumó adeptos entre las poblaciones originarias, llevando cierta esperanza de transformación en establecimientos sobre todo estatales, enmohecidos por su impronta identitaria nacional esencialista y bajo los ceñidos lineamientos de la educación patriótica. En distintos puntos de América, y luego en otros continentes colonizados, se despertó una sensibilidad que provenía del campo académico, entre una antropología atenta al peso ideológico occidental y crítica respecto al papel neutral de las ciencias en la modernidad.

---

78. En relación con el proceso de expansión capitalista ver Carmagnani (2011); Leal, Soluri y Padua (2022).

79. Ver un ejemplo en el Museo de Ciencias Naturales, de La Plata (Buenos Aires, Argentina) y sus colecciones sobre esqueletos humanos, que se nutrieron de los prisioneros indígenas que el mismo Museo mantuvo como trabajadores hasta su muerte, para luego engrosar los armarios y vitrinas como representantes de las "razas" extintas (Di Liscia 2002).

80. Museo Nacional de Antropología, México, Etnografía, en: https://mna.inah.gob.mx/colecciones_etnografia_ws.php, consultada el 10 de abril de 2023.

También investigadores y militantes de grupos y asociaciones indígenas, formados bajo lineamientos "indianistas", denunciaron tanto la aculturación forzada y paternalista de los modelos indigenistas generalmente públicos, como la persistencia del despojo económico y la subordinación laboral y cultural en todos los órdenes sociales.

En 1972, Cameron estableció dos tipos de relatos museales: por un lado, el tradicional y sagrado, donde se ficcionalizaba una parte de la realidad, que a su vez se tomaba como modelo comparativo individual, y por otro, el que pensaba al museo como un foro, donde a través del debate, se confrontaban las experiencias. Veinte años después, esas discusiones se atravesaron con otras, propias de la deconstrucción posmoderna, en una sociedad donde el multiculturalismo no podía ser obviado[81]. Parte de estas cuestiones las hemos tratado ya en el capítulo anterior.

La apropiación dejó de ser un hecho natural, legitimado por el conocimiento y salvaguarda de bienes, para plantearse como una deglución impropia. Ames (1992), sugestivamente, retomó el término de "canibalismo", con su carga implícita de salvajismo, y lo aplicó a las vitrinas de los museos. En ese quiebre discursivo y deconstructivo, suministraba como razones el apetito ideológico y los debates sobre repatriación de artefactos y boicots a muestras sucedidas en Canadá. De templos donde admirar el reservorio del pasado e incluso, las bases históricas de las naciones modernas, pasaron a divisarse como campos de batallas de significado. A la vez, se analizaron las formas de coleccionar, dado que, en el siglo XIX, la relación entre los objetos fue de una sola vía: a través de expediciones o viajes por todo el mundo, se dispusieron en centros académicos. En ellos, el sector de especialistas (curadores) se consolidó para generar y suministrar información viable y a la vez, expandir otro conjunto de relaciones dentro de las comunidades de origen, en un nuevo círculo de colonización, esta vez al interior de las regiones (Peers y Brown 2003; Clifford 1997).

Si retomamos ese ejercicio de análisis en uno colonial, como lo es el Museo de América de Madrid (MA), tanto un colgante de oro de Costa Rica, una elaborada pieza textil de camélidos y algodón de Pachacamac o el Códice Tudela, son mucho más que "imparciales" piezas que permiten ampliar nuestros saberes sobre la metalurgia centroamericana, las ofrendas a los dioses incas o los signos pictográficos persistentes en la primera era colonial de la Nueva

---

81. Lavine y Karp 2013.

España. Aislados en una sala, exhibidos como representantes de una época y de una cultura, adquieren en este cuestionamiento, una nueva naturaleza: son trofeos de una conquista violenta sobre territorios y personas allende los mares[82].

Aún aquellos gestionados por las propias comunidades indígenas, como sucede en México, retienen parte de sus problemas sobre de qué manera y cómo se perciben. Rufer (2012, 2018) indicó certeramente que, en la actualidad, los Estados-nación, sobre todo los de América Latina, no son exactamente multiculturales, sino que gestionan la diversidad. En esos entornos de representación compleja, resulta cada vez más difícil tomar una postura de afirmación a las peticiones de autonomía y decisión de quienes han sido tradicionalmente marginados de los sistemas de poder económico y político. A pesar de sostener programas de ampliación ciudadana que incluyen a las comunidades y pueblos originarios, el Estado no resuelve las otras demandas, mucho más intensas y profundas, sobre las carencias socioeconómicas y el avance sin tregua del capitalismo.

En este texto incorporamos en primer lugar a aquellas instituciones conformadas para representar la esencia nacional, considerando a las sociedades originarias parte de su basamento histórico y, luego, a los llamados museos de comunidades, la mayoría de ellos también indígenas. Estos últimos se encuentran en América y también aparecen, por ejemplo, en Australia, donde las poblaciones originarias tienen un considerable peso en las decisiones museales. Surgieron en el marco de las nuevas corrientes de la museología de las décadas finales del pasado siglo, como alternativa crítica a los museos tradicionales de contenido occidental, con gestión y museografía autónomas (Van Geert, Roigé y Canals 2017).

Como punto de partida, abordamos la reacción a la propuesta alternativa museal en América Latina, dada la carga ideológica de carácter nacionalista y homogeneizante que trasmitían sus museos nacionales. Muchas de estas instituciones legitimaron la historia oficial, estableciendo una identidad nacional cristalizada y excluyente de la diversidad cultural, social y étnica (DeCarli 2004).

Para establecer estas formulaciones resulta pertinente centrarnos en México. Como es lógico, no es el único país latinoamericano que ha introducido en sus museos a las poblaciones indígenas, pero posee una tradición

---

82. Un análisis pormenorizado en González de Oleaga y Monge (2007) y Abad García (2022). Ver asimismo: Museo de América, Colección Prehispánica, Piezas destacadas, en: https://www.culturaydeporte.gob.es/museodeamerica/coleccion/america-prehispanica.html, consultada el 9 de abril de 2023.

al respecto particularmente larga, intensa y, en gran medida, diferenciada. El pasado precolombino, si lo ponemos en relación con lo sucedido en otras repúblicas latinoamericanas, se incluyó en los museos mexicanos como parte integrante de la identidad nacional, representativa de los mitos fundacionales del país. Esa configuración patriótica, procedente de la etapa histórica oligárquica, cuando el Estado estuvo bajo el control de Porfirio Díaz y la élite positivista, desembocó luego en el nacionalismo revolucionario (Morales Moreno 2007). Tal museología tenía como objetivo el reflejo de "un imaginario, un patrimonio y una identidad común a todos los mexicanos", mediante el empleo de una museografía de clara orientación estética que "engrandece el pasado –prehispánico– como proyecto nacional"[83].

3.2. DENTRO DE LA NACIÓN

Lo afirmado se plasma de manera muy significativa en el mayor museo antropológico del país, el Museo Nacional de Antropología de México (MNAM), antes elocuentemente denominado Museo Nacional. Este centro fungió como espacio "[…] en donde se preservan los vestigios de un pasado juiciosamente mitológico con objetos cargados simbólicamente de sacralidad"[84]. En consecuencia, el MNAM fue considerado durante mucho tiempo como reflejo de la historia en su totalidad, en una "simbiosis Estado-arqueología-Museo como parte de un proceso ideológico de refundación mítica del Origen", participando en la construcción simbólica de la identidad nacional[85].

Se trata de un espacio grandioso que provoca fuerte impacto visual. El MNAM fue reinaugurado en su emplazamiento actual del Bosque de Chapultepec de la capital mexicana en 1964, en un magnífico edificio construido a tal efecto. El museo fue pionero a nivel arquitectónico y se inspiró en volúmenes y formas mayas[86]. Basándose en las corrientes antropológicas indigenistas vigentes del siglo XX, los organizadores planteaban la integración de las poblaciones originarias, por lo que el museo debía cumplir en su narrativa con la puesta en valor de lo indígena como origen y componente de la nación

83. Pérez Ruiz 2008, citado en Van Geert, Roigé y Canals (2017: 933).
84. Morales Moreno 1994, citado en González Meza (2016: 86).
85. Morales Moreno 1994, citado en González Meza (2012: 60).
86. "Arquitectura y construcción", en: Museo Nacional de Antropología, https://mna.inah.gob.mx/historia_detalle.php?id=2, consultada el 2 de febrero de 2024.

mexicana[87]. El museo depende del Instituto Nacional de Antropología e Historia (INAH), una institución de referencia creada en 1939, central en la formación antropológica e histórica del país y en la gestión de sus principales museos, monumentos y sitios arqueológicos[88].

En la planta baja, el MNAM es pródigo en detallar todo el camino evolutivo de México desde los tiempos prehistóricos hasta el siglo XV, previo a la llegada de los españoles, demostrando los alcances y logros técnicos y culturales de olmecas y mayas, y la grandeza de centros como Teotihuacán y Monte Albán hasta llegar a Tenochtitlán y el gran imperio azteca.

Luego de fatigar salas y salas en la colección "arqueológica", el visitante sube a la primera planta. Sin embargo, allí se encuentra con otra realidad: la muestra se torna estática y ahistórica. Esta es, curiosamente, la forma que el MNAM eligió para hablar de la permanencia indígena. La colección "etnográfica" exhibe tanto los espectaculares bordados de las túnicas chontales como las originales cestas otomíes, entre muchos otros objetos, que se extienden en distintos escenarios donde prima el orden geográfico y cultural. Así, se exponen los "pueblos indios": Gran Nayar, Puréecherio, Otapame, Sierra de Puebla, Oaxaca, Culturas del Golfo de México, pueblos mayas de la llanura y la planicie, pueblos mayas de las montañas; el Noroeste y los nahuas[89].

De la grandiosidad del Calendario Azteca o Piedra del Sol, que culmina con la muestra prehispánica del primer piso, al segundo piso, donde se representan las actuales "culturas" indígenas, media todo un recorrido que caracterizó como innovador a este gran centro cuando se organizó, a mediados de los años sesenta. Es un museo sobre indígenas, pero estos están llamativamente ausentes en el presente, apareciendo como fantasmas o marionetas. Frente a

---

87. Ver Méndez Lugo (2007). Sobre estas cuestiones puede consultarse Sanz Jara y Valle de Frutos (2015) y Sanz Jara (2018).

88. El INAH se fundó a instancias del presidente Lázaro Cárdenas, un gobernante relevante en el contexto del inicio de la implementación del ideario indigenista surgido de la Revolución, con objeto de garantizar la conservación, investigación y difusión del patrimonio cultural mexicano. En relación con sus avatares, gestores y políticas, ver Cottom (2017). La diversidad de disciplinas y aportes en la arqueología, musicología, antropología, lingüística y muchas otras en Ortega Muñoz, García Zúñiga y Hernández García (2021).

89. Ver Museo Nacional de Antropología, Colecciones (en: https://mna.inah.gob.mx/colecciones.php, consultada el 27 de marzo de 2024).

En Van Geert, Roigé y Canals (2017). Rosas Mantecón (2020) indica que el nacionalismo mexicano puso en escena un mundo indígena atemporal y descontextualizado por lo que la perspectiva etnográfica museal se considera una herencia devaluada de la arqueológica.

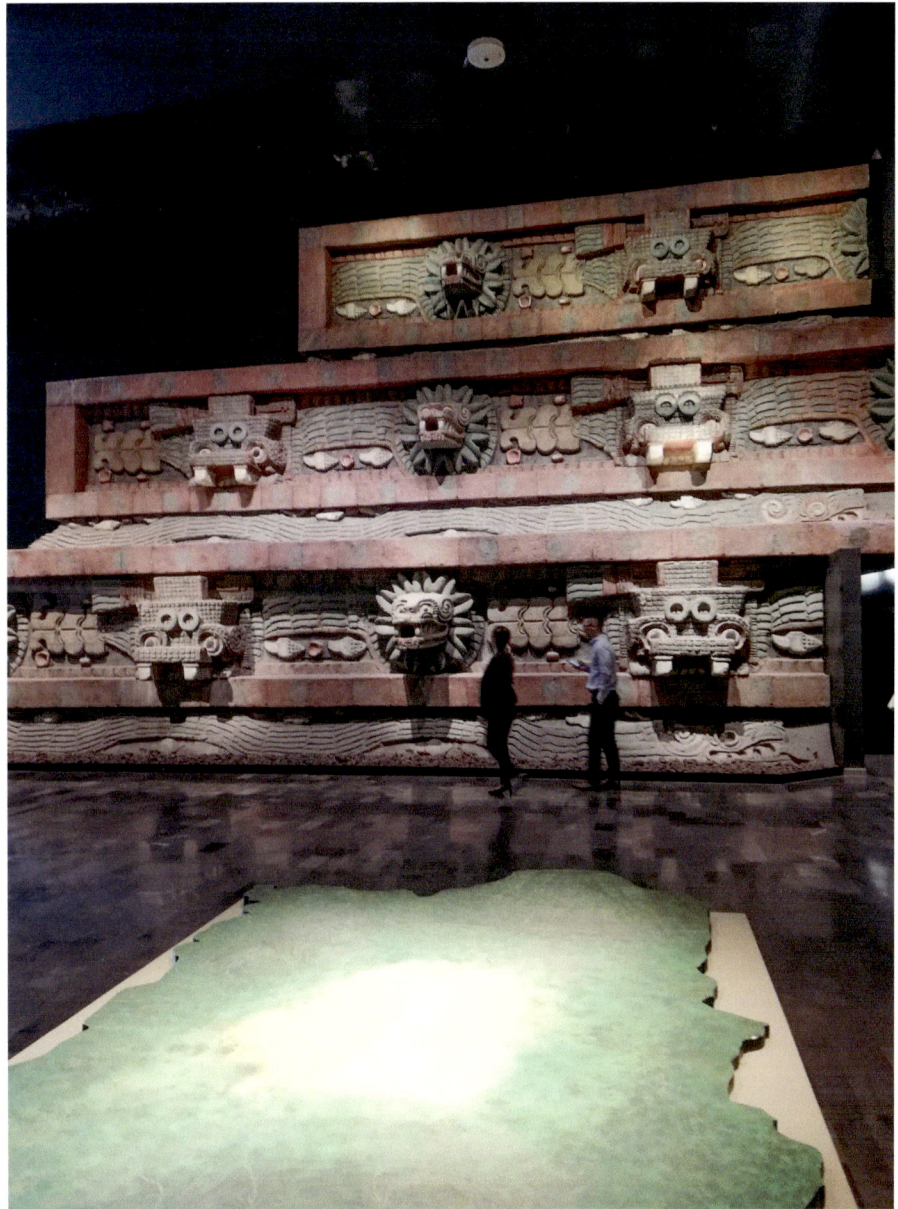

Figura 11. Museo Nacional de Antropología de México, ciudad de México.
Sala Teotihuacán. Foto: María Silvia Di Liscia, 2019

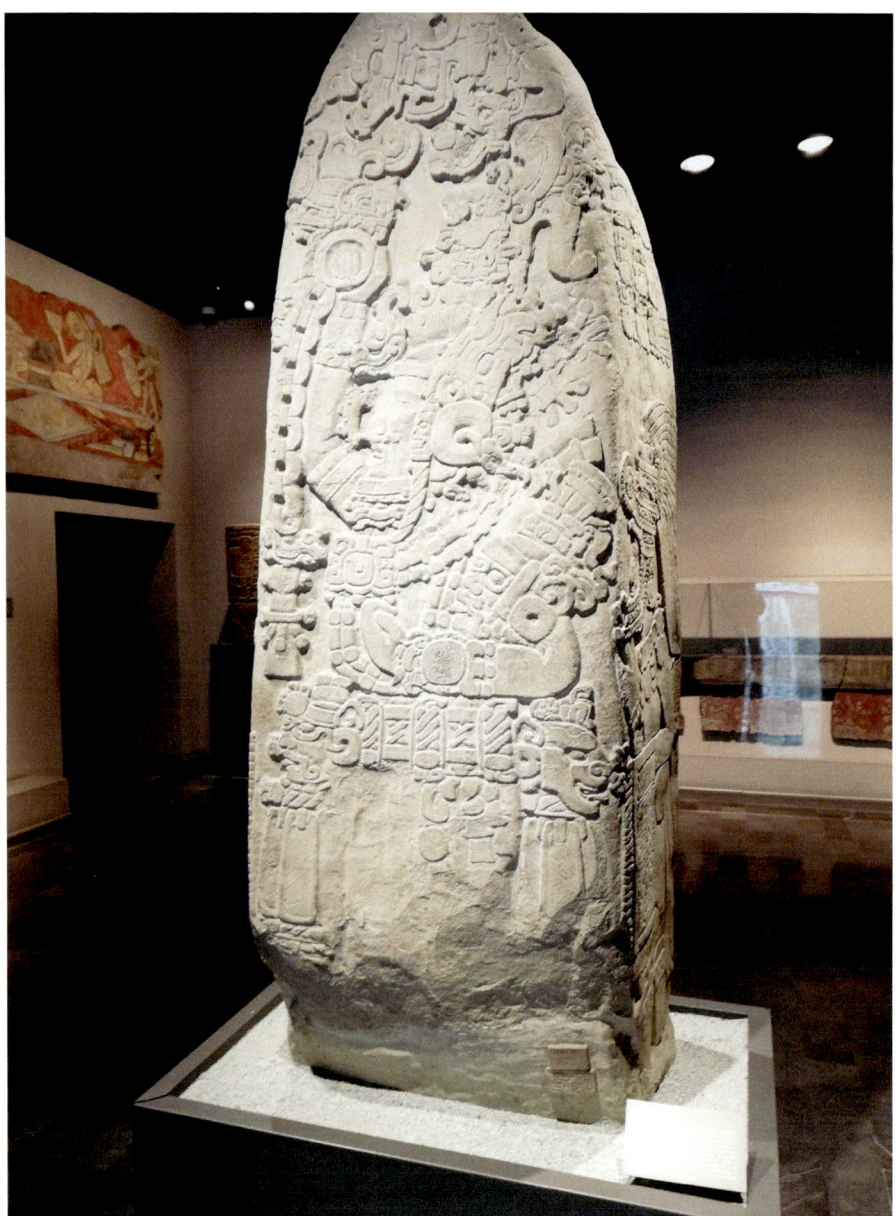

Figura 12. Museo Nacional de Antropología de México, ciudad de México.
Estela de Tikal. Foto: María Silvia Di Liscia, 2019

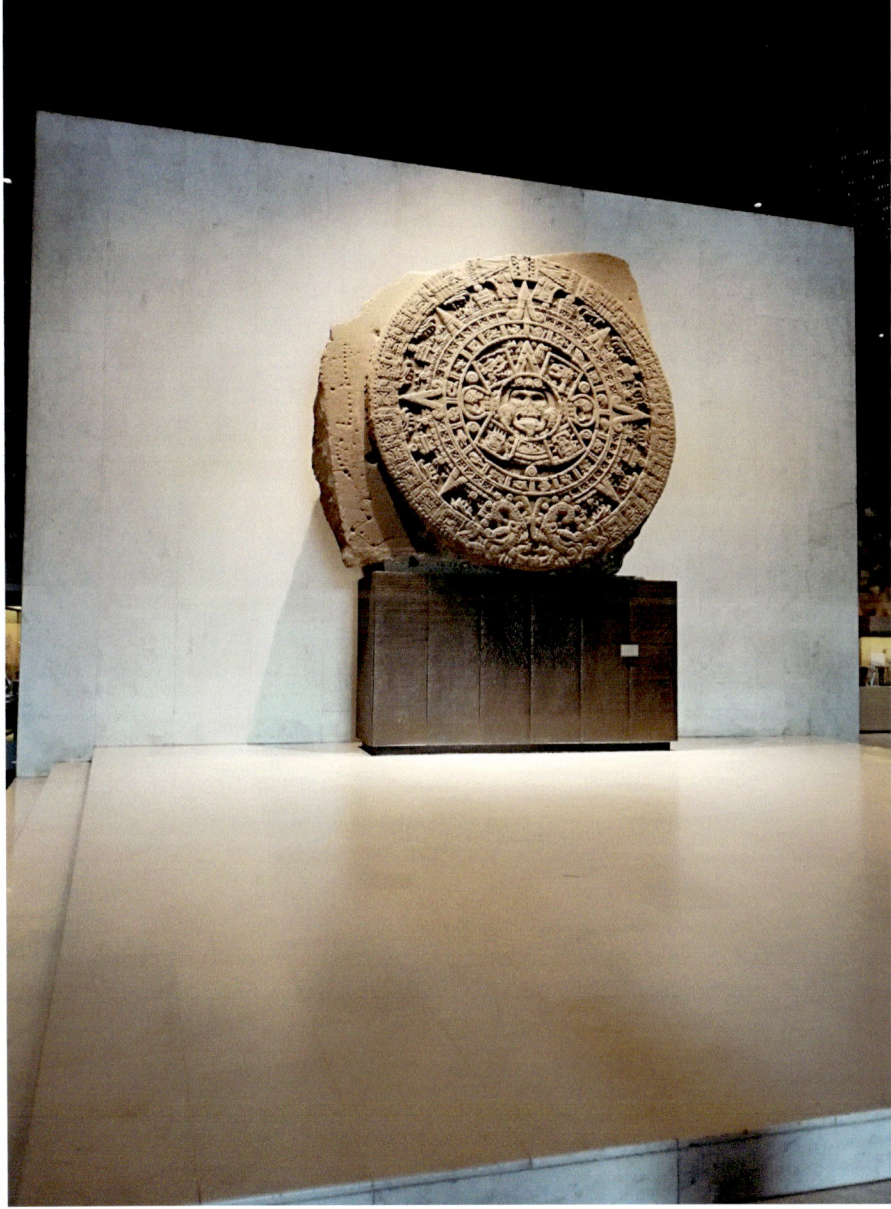

Figura 13. Museo Nacional de Antropología de México, ciudad de México.
Sala Mexica. Foto: María Silvia Di Liscia, 2019

estas sombras, surgió en el ideario nacional mexicano la figura del mestizo, eje central de las políticas indigenistas. Se trata de un estereotipo contradictorio, dado que por un lado requería de los pueblos originarios como basamento cultural inmóvil y cuna nacional, pero, por otro lado, reclamaba la transformación de los indígenas, con la adopción de la lengua y costumbres occidentales, para lograr el ingreso a la modernidad.

La teatralización museal es una forma de evitar la interpretación de ese escenario, tan elaborado y, a la vez, tan vacío. El visitante queda eclipsado y no es capaz de cuestionarlo, frente a la legitimación estatal de la unidad con el pasado prehispánico"[90]. García Canclini había indicado el potente carácter de representación estética del MNAM, afirmando que "el éxito de los museos en México ha radicado en la teatralización de su pasado, una puesta en escena que garantiza una importante aceptación dentro de la población e incluso de la industria del turismo cultural"[91]. El uso de "objetos-evidencia", apoyados por la arquitectura y la plástica, dieron como resultado una museografía colorida, llamativa, auxiliada por el muralismo, con objeto de fomentar el nacionalismo revolucionario[92]. Se trata de un "ritual escenificado", pero en el esplendor de ese altar la deidad ancestral pasa a estar al servicio de la patria.

Y esta ha sido una de las críticas más importantes, emergida desde la misma museología mexicana[93]. Se impide el análisis científico o crítico, forzando a "un uso del patrimonio cultural como forma de control y reproducción de un nacionalismo de Estado […]"[94]. Así, un potente movimiento revisionismo museológico, cuyo basamento estaba en la crisis de 1968 de las ciencias sociales y humanas, atacó particularmente al ideario indigenista patente en la museología nacionalista, proporcionando las bases de otras instancias de representación (Morales Moreno 2007).

Sin embargo, el MNAM no modificó sus salas. A pesar de las críticas realizadas por diferentes y avezados intelectuales durante décadas, la muestra arqueológica de la primera planta, que recorren masivamente los visitantes, enfatiza tanto la carga histórica como identitaria, de la "verdadera"

---

90. Rosas Mantecón (2005: 250), citado en González Meza (2016: 86).

91. García Canclini (1999), citado en Van Geert, Roigé y Canals (2017: 934).

92. Morales Moreno (2008, 2012), Machuca (2014), citados en Van Geert, Canals y González (2018: 190).

93. La referencia al altar es de Octavio Paz, en Brading (2010). Ver Massa Perborell (2007), Rosas Mantecón (2005), Pérez Ruiz (2008), citados en González Meza (2012: 63).

94. Morales Moreno 2007, Pérez Ruiz 2008. Citado en Van Geert, Roigé, Canals (2017: 934).

mexicanidad. Y mantiene sus dioramas y escenarios etnográficos en la segunda planta, exponiendo con un gran despliegue estético, por ejemplo, los trajes de los huicholes pero sin hablar de ellos ni de sus problemas actuales. Con gran perspicacia, Rufer indica que "la eficacia pedagógica del complejo exhibitorio sobre la diversidad de la nación poscolonial descansa en una tecnología visual de la separación: se intenta que lo bello y singular de la pieza que es parte del collage patrimonial no se piense nunca en la proximidad de los sujetos que usan diariamente (y profanan) la pieza exhibida" (2014: 115).

3.3. Escenarios por y para las comunidades indígenas

Muchos grandes museos nacionales de contenido indígena, como es el caso del MNAM, no desaparecieron a consecuencia de los anteriores señalamientos y críticas sobre las representaciones a las que daban lugar. Van a travestirse, podríamos decir, inspirados por las nuevas concepciones políticas de amplitud cultural. La intención de su pluriculturalidad aparta también las "identidades mestizas" (Van Geert, Roigé y Canals 2017: 933), a las que habían respondido hasta ese momento estos museos nacionales. Tal cuestión sucede no solo en México, sino que se trata de un fenómeno internacional. Las respuestas varían dependiendo de las circunstancias de cada país y museo, y también de si estamos frente a diferentes nacionalidades conviviendo dentro de un mismo espacio nacional, minorías étnicas o grupos migrantes[95].

Los museos comunitarios surgieron en distintos lugares del mundo como respuesta a los grandes museos nacionales que ponían en escena la intención nacionalista y hegemónica del poder político, como reacción frente "al centralismo, el burocratismo, la omnipresencia, la espectacularidad y el carácter hegemónico", proponiendo como eje central de funcionamiento la participación de la comunidad (Pérez Ruiz 1998: 100). Los países con fuerte presencia indígena concentraron la presencia de museos comunitarios. Australia y América Latina, particularmente México, suelen proponerse como paradigmas. Vamos a centrarnos en este último, cuyo origen está inserto en una historia común, como veremos a continuación.

---

95. Van Geert, Arrieta y Roigé (2016), Roigé (2007), Van Geert (2015), Van Geert, Canals y González (2018).

Para ello, debemos retrotraernos al capítulo anterior, donde indicábamos la expansión de una nueva museología plasmada en la Mesa Redonda de Santiago de Chile del ICOM de 1972, en la que: "[…] se acuerda desarrollar experiencias de acuerdo con las condiciones económicas, sociales, culturales y políticas de América Latina, al considerar que es el camino más dialéctico hacia el desarrollo y la evolución de los museos para un mejor servicio a la sociedad"[96]. Estas experiencias fueron la base del concepto de "museo integral", con un propósito eminentemente social, que intentaban reformular la "función básica de los museos y ubicar al público dentro de su mundo para que tome conciencia de su problemática como hombre-individuo y hombre-social, de tal manera que la recuperación del patrimonio deberá, ante todo, cumplir una función social" (Dersdepanian 2000: 7).

En el contexto del surgimiento de las corrientes indianistas y los movimientos sociales indígenas que incluyeron reclamos de autonomía, los museos también se incorporaron a la agenda de las demandas del fin de siglo XX[97]. En un escenario de debilidad de los Estados-nación, provocada en México en particular por la situación neoliberal y la crisis económica del sistema público en su conjunto, se puso en duda la legitimidad cultural de los años sesenta, que subsumía las diversidades culturales y lingüísticas a nociones estetizantes, donde los pueblos originarios (y mestizos) quedaban fuera de la modernidad, localizados en la tradición. Como reacción, surgieron los museos comunitarios, al frente de un cuestionamiento multicultural frente la homogeneización.

El punto de partida para el caso mexicano se ubica en la fundación del Museo Nacional de Culturas Populares en 1982, a instancias de Guillermo Bonfil Batalla, antropólogo crítico hacia el indigenismo (Van Geert, Roigé y Canals 2017)[98]. Este proyecto museístico tenía como característica el protagonismo comunitario, para acercar el pueblo a su cultura e incorporar grupos subalternos, "desmonopolizando" un patrimonio que había sido hasta entonces puramente nacional (Van Geert, Canals y González 2018: 188)[99]. El museo se creó con el respaldo institucional del INAH, vinculación luego criticada por las nuevas corrientes de la museología mexicana.

---

96. DeCarli (2004). Citado en Van Geert, Canals y González (2018: 188).

97. Van Geert, Canals y González (2018).

98. Guillermo Bonfil Batalla llegó al escenario de gestión en una época que este centro denomina de crisis y reformulaciones, con cambios administrativos relevantes, la desintegración de departamentos y la proyectada creación de centros regionales (Cottom 2017).

99. Ver Vázquez Olvera (2008), González Meza (2012) y Singer (2004).

En 1983, el INAH puso en marcha el Programa Nacional de Museos Comunitarios y, posteriormente, apoyó los Entornos Comunitarios de Memoria en México, con el objetivo de rescatar las memorias locales, atendiendo a la diversidad cultural (Rufer 2018).

En estas tendencias conviven distintos tipos, partiendo del museo fundado por Bonfil Batalla, así como la Casa del Museo, el Museo en Rieles o los museos escolares y comunitarios[100]. Aunque se trata de experiencias diferentes, reúnen algunos de los principales rasgos de la nueva corriente, como el establecimiento del público en el centro de las exposiciones y el posicionamiento contrario al oficialismo en la presentación del patrimonio, respaldados por el INAH[101].

La llamada "nueva museología mexicana" toma su denominación de la europea, a partir de países de habla francófona y escandinavos. Parte del modelo de ecomuseo teorizado por Hugues de Varine-Bohan y Georges Henri Rivière, analizado en el capítulo anterior, se encuentra en estas formulaciones en torno al protagonismo comunitario (González Meza 2012). Sin embargo, y a pesar de sus contactos, la museología latinoamericana tendría una raíz independiente: "Sostenemos que es autónoma, debido a que nació y se desarrolló en un contexto particular y diferente a Europa y al resto del mundo, además de que elaboró diversas reuniones y documentos que le aportaron un marco teórico-metodológico propio y singular"[102] (Puebla Antequera y Ramírez Mateus 2020).

En particular, estos aportes surgieron en oposición a la museología nacionalista surgida en la primera mitad del XIX con diferentes elementos: la interdisciplinariedad, el conocimiento de las prácticas de otros países, la reflexividad museológica, la integración de ser humano, naturaleza y cultura en el museo y la democratización. La comunidad se coloca en el centro de la institución (Pérez Ruiz 2008).

Sin que haya desaparecido una visión nacional, la nueva museología mexicana catapultó al país a la cúspide de las formulaciones museológicas en el panorama internacional, convirtiéndolo en referente de la renovación museológica. Se trata de museos "sociales", porque la sociedad constituye el

---

100. Para más información sobre estas nuevas formas museísticas, consultar Abraham Jalil (2008) y Ávila Meléndez (2015).

101. DeCarli (2004), Pérez Ruiz (2004, 2008), Méndez Lugo (2011), Van Geert, Canals y González (2008).

102. Sobre estas reuniones, ver Puebla Antequera y Ramírez Mateus (2020).

centro (Van Geert, Roigé y Canals 2017: 934). Este adjetivo indicaba lo que en los años setenta estaba ausente de los museos, percibidos como instancias lejanas a la población no cultivada o a los especialistas. Así, la propia existencia del museo comunitario responde a los deseos de la comunidad en la que se inserta y tiene como razón primordial su resistencia a dinámicas externas que amenazan su reproducción, utilizando similares mecanismos de incorporación[103]. Un aspecto para destacar es su carácter alternativo en relación con discursos pre-establecidos, dado que los museos comunitarios latinoamericanos surgen como herramientas alternativas y opuestas a las narrativas nacionales predominantes (Gamboggi y Melville 2008).

Otra característica es el resguardo patrimonial comunitario:

> Un museo comunitario es un espacio donde la comunidad realiza acciones de adquisición, resguardo, investigación, conservación, catalogación, exhibición y divulgación de su patrimonio cultural y natural, para rescatar y proyectar nuestra identidad fortaleciendo el conocimiento de su proceso histórico a través del espacio y el tiempo. […] Les permite explorar dimensiones tan diversas como sus recursos naturales, sus monumentos históricos, su tradición oral y sus proyectos para el futuro, mientras se estimulan la generación de proyectos de desarrollo basados en un aprovechamiento adecuado de su propio territorio (DeCarli 2004: 64-65)[104].

En estudios realizados en Oaxaca, Camarena y Morales (2009) señalaron que un museo comunitario no tenía que integrar la historia viviente ni constituir un enclave de etnicidad simulada, sino que formaba parte y a su vez, reflejaba esa comunidad. Tampoco estas entidades eran depósitos del pasado, sino instancias que presentaban ante el mundo la historia y cultura de ese entorno. Los museos fortalecían la creación de sujetos colectivos en la comunidad que, reflexiva y críticamente, tomaban conciencia de su pasado y se organizaban para emprender transformaciones. A diferencia del museo tradicional, en el comunitario los objetos no eran el centro, sino que el eje se volcaba a la memoria, fortalecida al recrear y reinterpretar historias significativas, sin consumir identidades impuestas, con independencia de las autoridades centrales y tomando la historia en sus manos para poder modificarla.

---

103. Camarena y Morales (2000). Citado en González Meza (2016: 89).

104. Esta definición surge del Museo Cuitláhuac (Museo Regional Comunitario del Distrito Federal), México: www.cuitlahuac.org, consultada el 22 de febrero de 2024.

Uno de los principales museólogos comunitarios mexicanos, refiriéndose a los de Nayarit, ofrece la siguiente definición:

La museología comunitaria es una disciplina de las ciencias sociales que tiene como propósito fundamental desarrollar un proceso de organización comunitaria en torno a la planeación y operación de espacios educativos y culturales dedicados a la investigación, protección, conservación, valoración y difusión del patrimonio natural y cultural de una comunidad o región determinada, cuya misión es promover e instrumentar procesos de enseñanza-aprendizaje que contribuyan en el desarrollo integral para el mejoramiento de la calidad de vida de la población (Méndez Lugo 2011: 45).

El Museo Comunitario del municipio Francisco I. Madero es un representante de estas tendencias. Se inauguró en el Estado de Coahuila en 1997, bajo el auspicio del INAH y dentro del Programa de Museos Comunitarios. Allí, en la comarca lagunera, cuna de la Revolución Mexicana, el gobierno impulsó a la población local a recoger objetos y luego, con la ayuda de especialistas, se configuraron las muestras, ordenadas en temas como "La Prehistoria", "Revolución", "Reforma agraria" y "Las etnias" (Rufer 2015).

En Teotitlán del Valle, Oaxaca, se erigió el Museo *Balaa Xtee Guech Gulal*, que en idioma zapoteco significa "Casa del pueblo antiguo". Su finalidad es: "Dar a conocer a todos los turistas las riquezas culturales de Teotitlán del Valle". El Museo, dependiente del área de cultura de la misma jurisdicción, tiene cuatro salas permanentes: una, de arqueología, con los vestigios hallados en la región; otra sobre la confección de textiles de Teotitlán; la tercera exhibe fotografías antiguas de danzas y otros objetos. Luego, el visitante puede recorrer la "Sala de costumbres donde se encuentra información de cómo se realiza una boda en nuestra comunidad"[105].

El Museo Comunitario San Andrés Mixquic, en la ciudad de México, cuenta con más de doscientas piezas arqueológicas halladas en la región y donadas por Socorro Bernal Roque, vecina y originaria de la localidad: "Se trata de objetos pertenecientes a las culturas tolteca y teotihuacana. Sobresalen un

---

105. Se inauguró en 1994. De acuerdo con el INAH, el museo se ubicó "en las instalaciones del antiguo mercado municipal. Lo integran una sala arqueológica con piedras talladas y tepalcates, una sala de artesanías y telares y otra sala dedicada a las bodas tradicionales. Coordina un proyecto de videograbación de las costumbres de la comunidad. Organiza festivales y excursiones", "Museo Comunitario Balaa Xtee Guech Gulal", 2022, en: https://sic.cultura.gob.mx/ficha.php?table=museo&table_id=864, consultada el 1 de marzo de 2024.

Chac-Mool, vestigios de un *Teotlachtli,* sellos de barro y de piedra, una serpiente cilíndrica, un *tzompantli,* una culebra anudada y otra de cinto, un calendario que fue ahuecado para transformarlo en pila bautismal"[106]. La estatua que representa un altar de sacrificios constituye una pieza de referencia del período postclásico en relación con la cosmogonía y religión azteca (López Luján y Urcid 2002). El Museo está enclavado en una de las localidades de mayor impacto de las celebraciones del Día de Difuntos, que constituye una fiesta de gran arraigo popular (y turístico también) en todo México.

Diferentes estudios enfatizan que estas instituciones constituyen iniciativas comunitarias que responden a las propias necesidades colectivas. Es la misma comunidad quien desarrolla, dirige y gestiona con sus propios recursos, fortaleciéndola como propietaria[107]. Además, estos establecimientos cumplirían con varias tareas relacionadas con su patrimonio cultural (adquisición, resguardo, investigación, conservación, catalogación, exhibición y divulgación) para el refuerzo identitario y la indagación en la historia propia, involucrándose así en el aumento de la calidad de vida de sus habitantes (Méndez Lugo 2004).

Estos museos no son grandes instituciones ni reclaman para sí sus luces y brillos, por el contrario, aún con su pequeño tamaño y la modestia de sus exposiciones, es su inserción en poblados pobres y apartados lo que contribuye a mejorar la existencia de las personas de la comunidad[108]. Por ello, los participantes "aprenden que son parte de un mismo colectivo" donde se refleja la diversidad cultural, que convierte a los indígenas en sujeto dentro de la institución museística y contribuye al proceso de descolonización de los museos a nivel internacional (Van Geert, Roigé y Canals 2017: 935). De esta manera: "El museo, antiguo instrumento de creación de las identidades nacionales, se convierte en una herramienta política que puede contribuir no solo al desarrollo económico e identitario de dichos pueblos, sino también a la consecución de mayores niveles de autodeterminación" (Van Geert, Canals y González 2018: 198).

En esta base teórica existe cierta influencia de la ecomuseología, a través de tres conceptos básicos: el territorio, el patrimonio y la comunidad.

---

106. "Museo Comunitario de San Andrés Míxquic", en: https://www.cultura.gob.mx/regiones_de_mexico/centro_occidente/detalle_lugar.php?espacio=55820, consultada el 1 de marzo de 2024. Las piezas están indicadas en el nombre *nahualt* original; se trata de esculturas o altares que remiten en general a la tradición azteca.

107. Morales, Camarena y Valeriano (1994). Citado en DeCarli (2004: 64).

108. Camarena y Morales (2009), citado en Van Geert, Canals y González (2018: 191).

Adicionalmente, la investigación participativa que involucra la cultura popular es imprescindible, como también la formación regional, la educación popular y la museografía (Méndez Lugo 2011). En tal sentido, la planificación es un elemento no solo necesario, sino fundamental. Y en su inicio se encuentra la intervención social, para visibilizar el patrimonio. Una vez enunciado este deseo, se identifican la cultura y su entorno. Es esta una tarea sumamente compleja que conlleva convocatoria, sensibilización, operación, seguimiento, junto a investigación, educación, reproducción y fortalecimiento de la identidad de la comunidad. Tras ello, seguiría el proceso de diagnóstico, programación, operación, seguimiento, reprogramación y evaluación[109]. Se hace mucho hincapié en los aspectos de gestión, siempre en manos de las comunidades, lo que constituye una característica diferenciadora.

Asimismo, los museólogos adscriptos a estas tendencias enfatizan las etapas iniciales del museo y su puesta en marcha. Y juega un papel fundamental el promotor, que contribuye decisivamente a diagnosticar la conveniencia y su planificación. Esta figura surge de grupos encargados del gobierno indígena, asociaciones comunales, barrios, organizaciones populares o sindicatos (Camarena y Morales 2006)[110].

Ahora bien, los museos comunitarios no constituyen unidades aisladas unas de otras, sino que desde los propios lineamientos de la museología comunitaria mexicana se llama la atención sobre la conveniencia de formar redes que los vinculen[111]. De esta manera sería posible terminar con "relaciones de subordinación y percepciones de inferioridad", canalizar posibles descontentos en procesos de organización, aumentar la capacidad de autogobierno de las comunidades y brindarles una "herramienta que las comunidades locales pueden apropiarse para enfrentar el futuro" (Camarena y Morales 2009: 127 y 128). Además de esas redes, los museos podrían fortalecerse con distintos niveles de gobierno y grupos de la sociedad civil (Méndez Lugo 2011).

Es claramente México quien va a la cabeza de estos emprendimientos, como se observa en la actual Red de Museos Comunitarios de América, que

---

109. Este proceso también se aborda en Méndez Lugo (2011). Ver asimismo Van Geert, Roigé y Canals (2017); Méndez Lugo (2007).

110. También se centran en estas etapas iniciales Camarena y Morales (2009) y González Meza (2012: 87 y 88).

111. Las principales son la Unión de Museos Comunitarios de Oaxaca (1991), la Unión Nacional de Museos Comunitarios y Ecomuseos (1994) y la Red de Museos Comunitarios de América (2000).

desde hace veinte años realiza actividades en todo el continente, con el sostenimiento de reuniones, congresos y publicaciones[112]. De acuerdo con la página oficial de esta organización, activa hasta 2021, en América del Norte solo se detallaban los de México (trece en Oaxaca y uno en Puebla); ocho en América Central, la mayoría de ellos ubicados en Costa Rica y Guatemala; y solo tres en América del Sur, en Bolivia, Colombia y Venezuela[113].

Así las cosas, ¿qué podría estar mal en estas instituciones? Una de las principales críticas es que la bibliografía sobre los museos comunitarios es en general de carácter esencialista y acrítico, porque mayoritariamente los propios autores se encuentran involucrados en la creación y mantenimiento de estos museos y toman postura sobre tales cuestiones en sus propuestas (Burón Díaz 2012, 2018)[114]. La disputa generada en torno a esta y otras valoraciones se encuentra aún sin cerrar. La desarrollamos a continuación.

3.4. Fricciones y ausencias

Primera cuestión: presencia comunitaria. Una de las principales críticas a la museología comunitaria mexicana versa sobre el protagonismo de la comunidad en la creación y usufructo de los museos, así como en la fidelidad del reflejo en sus historias. Resulta evidente en las instituciones museísticas la presencia de ideas propias de la comunidad científica, así como su intervención en el proceso: "[…] los museos comunitarios no son elaborados únicamente por y para la comunidad, no pueden ser únicamente fieles espejos donde la comunidad se reconoce, no pueden serlo porque adoptan un lenguaje que denota, primero, su hábil apropiación de códigos institucionales tradicionalmente ajenos a ella y, por consiguiente, una participación clara y decisiva de la comunidad científica […]" (Burón Díaz 2018: 216).

---

112. Desde 2010 a 2021, se publicaron dos boletines anuales con noticias de las actividades realizadas por los miembros de la red ("Boletín de la Red de Museos Comunitarios de América", en: https://museoscomunitarios.org/boletines, consultada el 1 de marzo de 2024).

113. "Museos afiliados a la Red de Museos Comunitarios de América", en: https://museoscomunitarios.org/conocelos, consultada el 1 de marzo de 2024.

114. En un sentido parecido, Puebla Antequera y Ramírez Mateus (2020) señalan que, teniendo en consideración la importancia que la museología comunitaria mexicana tiene dentro de la latinoamericana, llama la atención la ausencia de análisis en profundidad y de carácter crítico sobre esta temática.

Dada la dependencia respecto al INAH, en estos museos intervienen especialistas y el Estado. Pero se indica que solo para "complementar el proceso de respaldo" y "proporcionar apoyo" a los museos, enfatizando así el papel complementario de la institución, cuya intervención termina de justificarse con su labor de "protección y conservación del patrimonio cultural", que es su prerrogativa explícita (González Meza 2016: 91). Se afirma el necesario acompañamiento para estos museos, sobre todo en la planificación teórico-metodológica que "promueva, sensibilice y organice a la comunidad" (Méndez Lugo 2007: 49)[115].

Tal cuestión sin duda es problemática respecto a los caminos autónomos de estas instituciones. Resulta paradójico que los museos comunitarios obtengan su legitimidad a partir de la independencia institucional pero desaparezcan sin ese apoyo. Así, estos museos, "[…] nacen legitimándose contra las instituciones culturales, pero están decisivamente apoyados por las mismas"[116]. Esta particularidad se encuentra en la dimensión ética de los museos comunitarios, donde toman parte tanto los especialistas científicos como las comunidades con las que trabajan, y es clave para lograr el equilibrio (Ávila Meléndez 2014).

Segunda cuestión: necesidad. La creación de un museo como respuesta válida para todas las comunidades en cualquier situación resulta también interesante, porque no siempre se trata de un reclamo propio ni su objetivo prioritario. Sin embargo, esta "fijación" entraña el riesgo de reproducir las limitaciones del museo tradicional. Por eso, sería necesario cuestionar el propio concepto de museo, con un espacio-edificio concreto, definido en cierta permanencia temporal, para avanzar sobre el de espacio y experiencia museológica e incluir otros, como los museos al aire libre y formas de exposición semi-permanentes o efímeras. Además, estas experiencias podrían ser reflexivas y de autoobservación, desde una perspectiva crítica (Ávila Meléndez 2014).

Entonces, el debate se enmarca en la rigidez del modelo de museo comunitario y la creencia incuestionada de que sería extrapolable a toda comunidad. Aunque surgió respondiendo a particularidades, quizás no sea posible su adaptación a cualquier necesidad o localidad: "el punto central es preguntarse: ¿todas las comunidades necesitan un museo? O, siendo más específicos, ¿la única forma que una localidad represente y exponga su patrimonio es

---

115. Este proceso también se aborda en Méndez Lugo (2011).
116. Burón (2012), citado en Ávila Meléndez (2014).

mediante el modelo oaxaqueño de museo comunitario?" (Puebla Antequera y Ramírez Mateus 2020: 17).

Tercer asunto: la historia. Otra de las críticas es la negativa a abordar determinados períodos históricos. Así, están ausentes de los museos comunitarios la colonia y el siglo XIX, de manera que las salas mantienen relaciones comunicativas del presente inmediato con un pasado ancestral. Como derivación, se enfatiza la "huella moderna", que consiste en situar en la etapa prehispánica del actual México el inicio de la identidad comunitaria, de la misma manera que lo está la identidad nacional. No puede hablarse de una "raíz indígena", impuesta por la exposición museal patriótica que condicionó una forma de historizar el pasado mexicano de forma vertical, para adoptar otra de carácter supuestamente más horizontal en la toma de decisiones, de acuerdo con usos y costumbres tradicionales (Morales Moreno 2012: 233-235).

Una crítica más remite a la coincidencia de contenido entre los museos tradicionales de corte nacionalista y los comunitarios. Así, emerge una museología comunitaria presa en las "estructuras narrativas imperantes", con museos comunitarios casi "calcados" de los tradicionales (Puebla Antequera y Ramírez Mateus 2020: 17). Según esta interpretación, sería imposible escapar porque los museos son deudores de las categorías de la ciencia occidental, aun cuando reelaboran su identidad y su cultura. Esta crítica estructural está en relación con la impronta de la comunidad científica en los museos comunitarios (Burón Díaz 2012: 185). En tal sentido, también la museología comunitaria se vuelca hacia el nacionalismo estatal que ha querido combatir:

> […] desde sus inicios, el Estado mexicano vio en la museología comunitaria una buena respuesta a su difícil e inabarcable tarea de investigar, conservar y exponer el patrimonio de toda la nación. Esto nos lleva a pensar que parecería ser que estos museos más que una herramienta para la comunidad, resultaron estar más vinculados a una estrategia estatal destinada a cubrir la demanda de custodiar la innumerable cantidad de bienes culturales existentes en México (Puebla Antequera y Ramírez Mateus 2020: 17).

Cuarto aspecto: Gestión, responsabilidad patrimonial y discurso político. En estos museos aparecen memorias colectivas, dinámicas y espacios de sociabilizaciones y significaciones actuales pero el olvido y abandono es también un problema frecuente. Tal cuestión invalidaría los propios museos comunitarios, una vez que se demuestran incapaces de mantenerse en el tiempo. En otros espacios, se han convertido en un beneficio para la comunidad a través de su empleo para fines económicos, turísticos y políticos (Puebla Antequera y Ramírez Mateus 2020). De esta manera, los museos comunitarios "se han vuelto en contra" de la filosofía que los creó, empleándose de modo utilitarista por parte de las propias comunidades, situación que también podría observarse en la arena política, como "marco de negociación entre instituciones y comunidades por el control del patrimonio y la discusión de identidades" (Burón Díaz 2018: 220).

También estos centros están insertos en un entorno que no escapa a las decisiones de otros sobre qué objetos exponer y cuáles ocultar. En un testimonio relevado en un museo comunitario ubicado en la ciudad de México, Rufer consignó las contradicciones entre lo que el museo debe mostrar –antigüedades– y la violencia diaria, que el museo esconde.

> Ya vio…en este país estamos ocupados en sacar lo enterrado porque es nuestra historia, hay que conservar todo, así nos capacitan… Pero enterramos en cualquier basurero a los muertos jóvenes, a toda esa gente que muere por la violencia. Aquí hay desaparecidos, ¿sabe usted? Todos dicen no pues en Mixquic cómo cree…no pues sí, hay algunos. Vinieron a verme familiares, que si poníamos las fotos aunque sea para ayudar. Pero imagínese, los de arriba…me cuelgan. No, no. Esto es un museo dicen… Para la memoria, dicen. Pos sí, es cierto. Un museo. *¿Y qué es un museo?* (Rufer 2018: 157)[117].

Quinta proclama: Independencia y diferencia. Los museos comunitarios insisten en declararse independientes, mientras que resulta evidente el papel de organismos públicos, como el INAH, en su conformación y mantenimiento: "La fundamentación de los museos comunitarios de Oaxaca […] está presidida por una ilustrativa y sorprendente paradoja: la insistencia en recalcar un origen y una gestión totalmente autógenos en dichos museos contrasta con la decisiva labor del INAH tanto en su concepción como en su coordinación" (Burón Díaz 2018: 214). La ausencia de diferencias sustanciales en el relato histórico entre museos comunitarios y tradicionales tiene relación con un aspecto ya denotado, y es que comparten idearios de carácter nacional: "Un hilo temporal y simbólico que une pasado prehispánico (a través de los omnipresentes objetos arqueológicos) y un presente etnográfico (a través de las artesanías e instituciones tradicionales de Oaxaca)" (Burón Díaz 2018: 219).

---

117. Ver asimismo Rufer (2023) (Video).

Esta estructura temporal parte de lo prehispánico y salta a lo contemporáneo, evitando como se indicó siglos enteros, desde la Colonia al México independiente del siglo XIX.

Para finalizar, en este capítulo revisamos parte de la literatura existente sobre museos y pueblos originarios, reflexionando en primer lugar sobre el mismo carácter de los objetos "acaparados" por instituciones fuera de este continente. Luego, nos volcamos a la situación particular de conformación de exposiciones con una escenificación de lo indígena dentro de un marco interpretativo nacionalista. El caso mexicano resulta paradigmático. Un gran museo centrado en las culturas prehispánicas, al mismo tiempo que muestra las culturas contemporáneas como pálidas sombras y oculta las que median entre ellas, representa un ejemplo de la elocuencia patriótica desplegada desde mucho antes de su inauguración, ya en sus formatos anteriores. Y, por último, ya en un escenario neomuseológico, hemos abordado en profundidad los museos comunitarios indígenas, propios de la explosión multicultural, étnica y etnicista de finales del siglo XX.

En la promesa no cumplida de autonomía, autogestión y autodefinición de las identidades en esas instituciones, está la base de la discusión actual que no es solo sobre los museos, sino que se relaciona con el protagonismo de los "otros". Inmersos en naciones que a su vez se incorporan a la periferia del capitalismo, los pueblos originarios no siempre tienen presencia, dado que los caminos de expresión propia les están vedados, o continúan demarcados por especialistas del mismo Estado que atienden a lógicas diferentes. Además, el imperio de un modelo de representación –el museo– quizás no sea imprescindible ni necesario para trasmitir la memoria en todas y cada una de las comunidades. Es el interrogante inicial, por lo tanto, el que abre y cierra esta reflexión.

En el capítulo siguiente, abordamos los museos de pioneros, construidos en espacios supuestamente desiertos, a conquistar, y cuya misión es resguardar el esfuerzo en clave melancólica de una tierra nueva e indómita.

Capítulo 4
MUSEOS DE PIONEROS: NOSTALGIA, TRIUNFO Y RESISTENCIA EN LAS VITRINAS

4.1. La promoción de recuerdos sin fisuras

Los visitantes que se animan a recorrer las extensas llanuras pampeanas o llegan a través de caminos difíciles a la Patagonia argentina, observan, en mapas, guías o por Internet, la escasa oferta turística: alguna que otra estancia promete asado típico y "gauchos" vestidos a la manera tradicional; sobre la costa se pueden avistar pingüinos y focas, o ballenas si es la época, aunque la fauna marina tiene sus propias reglas. Pequeños museos intentan ser parte de la recreación de los que se animan a pasar por el centro argentino hasta las provincias patagónicas. Pero, más allá del turismo, se gestaron para dejar una huella en la historia reciente entre sus congéneres. El Museo de Trelew, el Museo Histórico de Alpachiri y otros muchos más se esfuerzan por exponer objetos de otros tiempos para visitantes y para sí mismos. Estas narraciones, forjadas en parajes alejados de los grandes centros urbanos, reflejan los quehaceres de italianos, españoles, ruso-alemanes o galeses, llegados a "Hacer la América", como si fueran los primeros en pisar esos espacios[118].

Similar situación se observa al otro lado de la Cordillera de los Andes, en la hermosa y lozana tierra del Arauco. Durante siglos, la conquista española no pudo doblegar a los descendientes de los primeros pobladores del sur chileno, estableciendo una frontera en la tierra del *mapudungun*, la lengua de los mapuches. Indómitos y feroces, según los mismos occidentales o más bien

---

118. Para referir al contexto histórico y la geografía de la Pampa, ver Lluch y Salomón Tarquini (2014). En relación con la Patagonia, Bandieri (2005). Una excelente síntesis sobre esta región y en especial, los museos de la Provincia de Río Negro en Piantoni, Morales y Pierucci (2021).

para evitar la cultura *winka* (blanca) y su religión cristiana, se establecieron en verdaderos reinos. Una rica historia testimonia su habilidad como centauros y guerreros y también sabemos de los exquisitos textiles y platería, así como de la complejidad de su medicina "araucana", incluso por quienes los denostaron (Di Liscia 2002a).

Pero esos y otros tantos logros culturales y sociales se opacaron bajo la impronta del avance estatal chileno. Desde el siglo XIX, acompañando la expansión capitalista, extensas estancias con miles de ovejas y aserraderos inmensos se ocuparon de expulsar a los antaño dueños legítimos y de imponer una nueva ley, donde matar el ganado o cortar leña era un crimen. La madera y la lana, nuevos productos para un mercado creciente, impulsaron la colonización, esta vez exitosa, de bosques, estepas, ríos y lagos inmensos, también "desiertos"[119]. Solo en la lejana región del Aysén, puerta de entrada a la Patagonia chilena, tres museos recuerdan la gesta con tintes de aventura exitosa: el Museo de Cochrane, el Museo de los Pioneros de Coyhaique y el Museo Rural Pioneros del Baker.

En otro punto del Cono Sur, en un claro entre espinas de vinales y algarrobas, saturados por el polvo del Chaco paraguayo, emergen el Museo Jacob Unger, el Museo Menno y la Knelselhaus. Junto a otras construcciones de madera típicas de los Alpes, el quiebre al ojo del visitante acostumbrado al paisaje habitual del monte chaqueño es muy notorio. Como otros pioneros, los menonitas demuestran en los museos su pertenencia ancestral, bajo designio divino. Se instalaron en la región más árida de Paraguay en la tercera década del siglo XX, un espacio supuestamente vacío y desértico, negado hasta entonces al mundo occidental por la difícil orografía, escasez de agua y clima tórrido y seco. Allí establecieron un enclave de granjas para la producción láctea gracias tanto a la incapacidad estatal de control como a su propio esfuerzo, con cooperativas y asociaciones civiles muy pujantes. Y por supuesto, su éxito también se debió al apoyo de la población nativa aculturada, a quienes deseaban (y lograron, parcialmente) conquistar por la fe religiosa[120].

En Chile, como en Argentina o Paraguay, los museos recuerdan ese momento de captura territorial por una riada de valerosos pioneros: los acompaña la biblia y la azada, aunque algunos llevan también las armas. No temen tormentas o sequías; recorren miles de kilómetros desde otros continentes o

---

119. Sobre el proceso histórico chileno, ver Collier y Sater (1998).

120. Ver Gossen (2016) sobre el Estado y los menonitas en Paraguay y Kalish (2022) respecto a la relación entre menonitas y pueblos originarios.

ciudades donde ya imperan algunos signos de la civilización (electricidad, incluso ferrocarriles), para llegar donde, según lo que se representa en los relatos y exhibiciones, prima la negación: no hay casas, ni arboles a veces, o si los hay son excesivos (es una selva). No existen la cortesía o las reglas sociales. Es un principio creador, como, si en vez de pioneros, llegaran con mandato divino a ponerlo todo: casas, carreteras, y hasta sillas o carteles. En ese camino, se impusieron normas que borraron y reescribieron el pasado a su manera, luego recreadas en los espacios museales para las nuevas generaciones.

Y en estos esfuerzos loables, a pesar del interés de que se enuncie la asociación y colaboración con diferentes sectores étnicos, y que se nombre a los "antiguos dueños de la tierra", prevalecen otras lógicas expositivas, que mantienen la exclusión y condescendencia (Peers and Brown 2003). Su desarrollo a futuro dependerá de la gestión democrática de las diferencias, entre discursos de la dominación del pasado y equidad en la actualidad. Como indicamos, los artefactos expuestos no son nunca neutrales, su exposición revela siempre un determinado derrotero recorrido y una línea hacia el futuro.

Esta situación, que parece ser parte solo de polvorientas estanterías de pequeñas casas de América del Sur transformadas en museos, sin embargo, también puede verse en pujantes y bien avenidos condados norteamericanos. En Texas y Carolina del Norte, como en otros estados estadounidenses, surgieron como hongos luego de la lluvia los *pioneer museum*. Sugerentes propuestas interactivas para atraer a los turistas ávidos de recreación cultural, haciendo propias del visitante las tradiciones del siglo XIX, enfatizan una identidad blanca y anglosajona, muestra de la conquista de praderas inconmensurables y de la valentía de sus habitantes[121]. Y, por supuesto, esta impronta excede las experiencias americanas, ya que museos similares aparecen en puntos distantes y ajenos, acompañando las gestas e implantación de memorias con alto nivel de conflictividad[122].

---

121. "Pioneer Museum in Fredericksburg, Texas", en: https://www.pioneermuseum.org/, consultada el 3 de noviembre de 2023. Este museo propone al visitante una inmersión en la vida de los inmigrantes alemanes llegados a Texas: "Experience History: Pioneer Museum hosts First Saturday Living History Days on the first Saturday of each month from 10AM - 3PM. Living history interpreters, from the Frontier History Company Foundation, will be on site at Pioneer Museum and the Historic Jail. Handwerkers showcasing various types of handwork projects, like needlepoint, bobbin lace, embroidery, cross stitch, knitting and crochet, will be at Pioneer".

122. Ver The Pioneer Settlement Museum Kibbutz Yifat, de Israel, en: https://www.gemsinisrael.com/the-gems/the-pioneers/the-pioneer-settlement-museum, consultada el 29 de octubre de 2023.

Ahora bien, ¿es posible otro relato? ¿Solo podemos esperar de historiadores y museólogos una síntesis que englobe lo sucedido, de acuerdo con un guion museal generalmente muy recortado en un período, y que el museo se dedique a rescatar fotografías, mobiliarios o implementos diarios de los colonos? La función patrimonial no es despreciable, pero no debería ser la única misión, para evitar que esos espacios se conviertan en reductos melancólicos. Si es posible trazar otro camino, que demuestre más allá del recuerdo teñido a veces de amargura o de la colección de piezas sin sentido, las posibilidades de estos instrumentos de representación se visibilizarían en toda su potencia.

Veamos seguidamente en primer lugar lo sucedido frente a espacios museales elaborados en localidades cuya finalidad es sostener un discurso histórico del progreso y la conquista del espacio occidental, que escapa a las crisis y al presente.

La palabra proviene del francés (*pionnier*) y puede definir a: "1. Persona que inicia la exploración de nuevas tierras, 2. Persona que da los primeros pasos en alguna actividad humana, 3. Grupo de organismos animales o vegetales que inicia la colonización de un nuevo territorio"[123]. Como vemos, el concepto está unido a la búsqueda e iniciativa, tanto de espacios como elementos técnicos y científicos, indicando a los que empiezan o son los primeros (muy usual la indicación de "pioneros" en la medicina o en los estudios de género, como en otras tantas actividades humanas). Y la referencia tercera se utiliza (el diccionario es preciso), para referir en la biología a aquellos que salen de su zona de confort ecológico, llevados generalmente por mutaciones o estrés, hacia otras regiones: allí se "coloniza", no se "explora", dos verbos que hablan de la dominación y el conocimiento. Pero en nuestra versión, ambas cuestiones se entremezclan, porque el conocimiento significó, en el siglo XIX, el control espacial para la ciencia occidental. Y los museos, como indicamos, fueron instrumentos de ese proyecto a lo largo y a lo ancho de Europa y América.

En este apartado, prestamos atención a las instalaciones de muestras en diferentes ámbitos y regiones de Paraguay, Argentina y Chile. No es este un análisis exhaustivo de todas y cada una de las instituciones que, con un sentido similar, encontramos en esas naciones, sino de aquellas que se corresponden de una u otra manera con esta tipología, que se nutre de la añoranza, y también

---

123. Diccionario de la Real Academia Española, en: https://dle.rae.es/pionero, consultada el 3 de noviembre de 2023.

alienta a identidades a veces con un remanente negativo, justamente, por su silencio y cierre hacia otras miradas.

También ponemos en consideración cómo es posible generar formas originales para hacer frente a los conflictos que son parte inescindible del pasado. Incluso, de qué manera hacer de esas apuestas una sacudida potente, a la luz de la ironía, para integrar en el espacio museal también otros procesos históricos, no solo ni únicamente locales. El convite a las comunidades respectivas lleva también a reflexionar sobre el juego importante del dentro-fuera, que tiene la intención de promover mayor integración de los especialistas en la exposición visual (museógrafos, antropólogos e historiadores, arqueólogos y muchos más) con quienes asumen su gestión, ya sea funcionarios o asociaciones de apoyo, y, además, sumarles los visitantes, generalmente miembros de la misma comunidad, que gesta su museo. Sigamos entonces esos dos caminos, el primero ciertamente más habitual que el segundo.

4.2. Desde el centro de Europa

El pasado de los museos paraguayos está teñido por el expolio y la imposibilidad, al menos en el siglo XIX y parte del XX, pero, como sucede en el estudio de otras cuestiones de Paraguay, resulta difícil encontrar archivos y documentación[124]. Los primeros intentos de reunir colecciones se llevaron a cabo antes de la Guerra de la Triple Alianza, pero gran parte de los objetos terminaron fuera del país luego de la contienda, que destruyó recursos y población[125].

La capacitación profesional y aspectos generales de gestión museal no tienen prácticamente desarrollo en el país. Hay 31 museos en Paraguay, que se pueden considerar activos y pujantes, sostenidos por fundaciones y asociaciones privadas la mayoría de ellos, dado el papel secundario del sistema estatal en aspectos educativos y culturales, entre los cuales se incluye el Museo Ferheim, perteneciente a los menonitas[126].

---

124. Sobre el contexto general de este país poco analizado por la historiografía, ver Rivarola (1993).

125. Silvia Rey, "Sobre el origen de las colecciones y los museos en Paraguay", 28/05/23, en: https://www.elnacional.com.py/cultura/2023/05/28/sobre-el-origen-de-las-colecciones-y-los-museos-en-paraguay/, consultada el 20 de octubre de 2023.

126. Cumple un papel fundamental el ICOM y días específicos, como el Día Internacional de Museos, donde se concentran muchas de las actividades museales sobre todo

Las instituciones públicas tienen a cargo siete museos históricos, sobre todo en Asunción[127], de los cuales conocemos más a fondo el de la Casa de Independencia, donde se intentó definir a la comunidad nacional surgida de la independencia del poder español (Di Liscia, González de Oleaga y Bohoslavsky 2010). Tal y como se señala en el museo, el pueblo paraguayo surgido del mestizaje de españoles e indígenas sufrió durante trescientos años la dominación colonial, a la que pusieron fin los patriotas. En un acto de valentía, declararon la independencia sin derramamiento de sangre y sin el concurso de caudillos o libertadores. La declaración de la independencia se presenta como acontecimiento origen de una comunidad nacional poco cohesionada y definida, seleccionando lo cotidiano para presentar el contexto y el espacio urbano. Los próceres, en este registro, optaron por la declaración como una opción moral, más que social, económica o política, con una escenografía museal que apelaría a sus orígenes europeos. La religión católica aparece como un elemento central en la vida cotidiana de los protagonistas.

Fuera de las elites citadinas y educadas, no se registran otros actores; este museo invisibiliza la mayoría de la población. Tal vez no hayan tenido un papel importante en el acontecimiento, pero ni siquiera se menciona su silencio o indiferencia. No tienen lugar los indígenas civilizados o reducidos por las órdenes religiosas y, si bien se reconoce su adoctrinamiento religioso, se valora positivamente la defensa del indígena de la crueldad de los bandeirantes brasileños. Tampoco se indica nada en relación con los distintos grupos nativos que en ese momento poblaban el territorio y que siguen haciéndolo dos siglos después. Ese silencio sorprende dada la mayoría de población nativa y mestiza, hablantes por ejemplo del guaraní y otras lenguas reconocidas oficialmente[128].

El territorio paraguayo se divide a grandes rasgos en la región oriental y occidental. En la primera, de larga colonización colonial a la vera del río Paraguay, por sobre el dominio de los pueblos de habla guaraní, se encuentran las ciudades más importantes. Existía una frondosa selva subtropical, hoy

artísticas (en: "Los Museos se Muestran", 13/05/23, https://www.elnacional.com.py/agenda-cultural/2023/05/13/los-museos-se-muestran-en-fundacion-texo-para-el-arte-contemporaneo/, consultada el 20 de octubre de 2023).

127. Gloria Muñoz Yegros, "Museos del Paraguay", en: https://cultura.gov.py/museos-del-paraguay/, consultada el 20 de octubre de 2023.

128. El Censo Indígena realizado recientemente recoge 140 206 personas autorreconocidas en más de seis grupos lingüísticos diferentes, de un total 1 670 495 de la población paraguaya en 2022 (ver: *Censo Indígena* 2022 y *Resultados Preliminares* 2022).

prácticamente destruida por sucesivas siembras de soja y maíz. La segunda es la región occidental y pertenece al Chaco árido, macroárea que comprende secciones de varios países del Cono Sur: parte de Paraguay, Norte de Argentina y el Oriente de Bolivia.

Con una difícil hidrografía y escasos recursos para los blancos, el territorio estaba habitado por comunidades toba, pilagá, enlhet y nivaclé, entre otros pobladores originarios que también se encuentran en el norte argentino y el oriente boliviano. Eficaces cazadores recolectores, adaptados a duras condiciones climáticas, como altas temperaturas y dependencia estacional de fauna y flora, lograron sobrevivir y medrar durante siglos, hasta principios del siglo XX, cuando perdieron paulatinamente su autonomía. Las comunidades se degradaron y perdieron cohesión ya sea por el traslado compulsivo para el trabajo en ingenios y quebrachales de las regiones vecinas o porque en las tierras donde obtenían caza, madera, frutos y agua, se instalaron colonos menonitas, comunidad anabaptista. Entre 1927 y 1947, se fundaron las tres colonias: Menno Colony, Ferheim y Neuland, cuyos respectivos centros son Loma Plata, Filadelfia y Neu Halbstad. En esos poblados se construyeron museos históricos, de los cuales se analizaron el Museo Jacob Unger[129], el Museo Menno y la Knelsenhaus (González de Oleaga 2009).

Al llegar entonces a Filadelfia, luego de recorrer polvorientos caminos, se puede visitar el primero de ellos, el Museo Jacob Unger. En sus recoletas salas, al margen de la sistematización museográfica o de una estética cuidada, se despliegan arados, máquinas de coser y fotografías de los pobladores venidos de ultramar. Conforman la escenografía para representar el trabajo esforzado y extraer singulares recursos económicos a través de la conquista (¿pacífica?) de un territorio concebido como indómito. Los pueblos indígenas se presentan en ese derrotero de éxitos económicos y misional como inmóviles figuras, pasivas y, también, infantiles, frente al avance occidental[130].

En la planta inferior, construida en madera, se disponen los implementos de los colonos para trabajar la tierra, con cartelas poco cuidadas, en general escritas en alemán y traducidas en español, que no tienen el afán de suministrar datos técnicos sino otorgar validez al objeto en tanto su utilidad. Las vitrinas muestran una aglomeración de herramientas para labrar la tierra

---

129. En la actualidad, se añadió "Museo Científico", dado que incluye animales embalsamados y una muestra sobre el ecosistema chaqueño en general. Una descripción y análisis pormenorizado de la original en González de Oleaga y Bohoslavsky (2011).

130. Ver al respecto *Tierra y territorio* (2016).

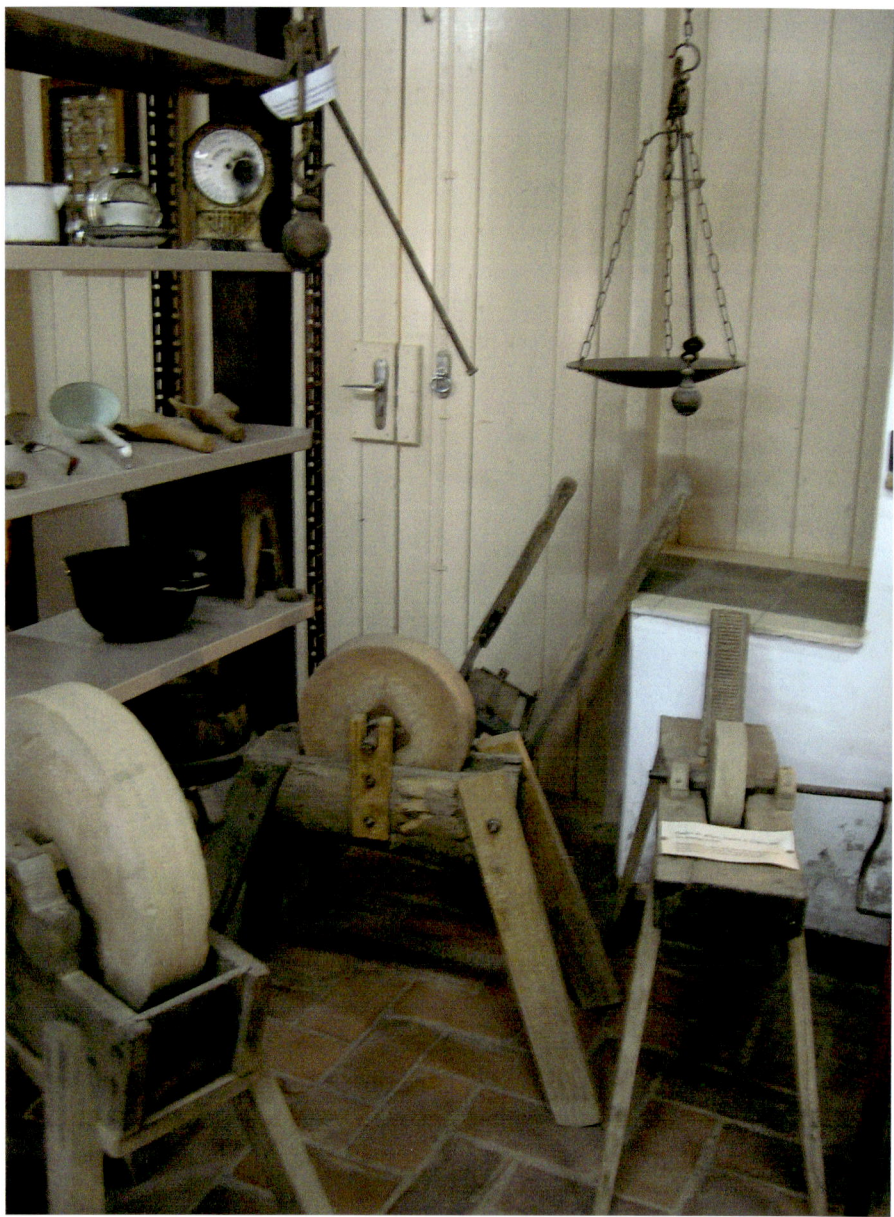

Figura 14. Museo Jacob Unger, Colonia Filadelfia (Paraguay), Sala de exposición.
Foto: María Silvia Di Liscia, 2007

y obtener agua; motores, relojes y cuchillos utilizados para domesticar las salvajes tierras chaqueñas. Por ejemplo, una cartela indicaba "Elementos del equipamiento original que los inmigrantes recibieron al embarcarse hacia el Paraguay", en donde se disponían tanto teteras, molinillos, ollas y sartenes como baldes y recipientes de hojalata, evidentemente utilizados una y otra vez. Y, más allá, navajas y máquinas de afeitar de hierro con platos y jarras de porcelana, dinero y monedas, tampoco originarios de la región, enmarcados todos en la rutina de las familias y en el esfuerzo por doblegar el ambiente ("Esta jarra fue canjeada en 1921 por cereales, años [*sic*] de extrema necesidad y hambre").

La parte superior del museo exhibía objetos vinculados a un conflicto muy importante, la Guerra del Chaco, que enfrentó a bolivianos y paraguayos entre 1932 y 1935. Los menonitas, ajenos completamente al uso de armas o consignas bélicas por su religión, sin embargo, resguardaron armas, fotografías y hasta restos humanos. E, incluso, los resignificaron en tono pacífico, dado que construyeron con materiales de algunos de ellos otros que necesitaban para subsistir: una batidora de manteca hecha con la chatarra abandonada en el campo de batalla, o balas vacías de los cañones fundidas como campanitas para el ganado.

Este museo, ganado a la nostalgia, es un símbolo claro del dominio occidental, pero no por el fusil o la espada, dado que los menonitas le dan la espalda a la violencia, sino por la palabra y la misión religiosa. Los visitantes son sobre todo los mismos habitantes de las colonias y si bien estos museos no ingresan en el escenario museográfico actual como parte de la renovación estética en todos los sentidos, tienen una gestión cuidada; los pioneros de ayer y los de hoy, los sostienen para reafirmarse en la fe y sin descartar la certidumbre del éxito actual de sus empresas.

4.3. Gringos, gallegos y rusos en las llanuras argentinas

En el quehacer de la construcción nacional argentina, los museos de artes, ciencias e históricos y arqueológicos cohesionaron las identidades de pobladores venidos de distintos puntos del mundo. Los símbolos y canciones patrias enseñados en las escuelas ayudaron a crear una sensación de unidad frente a la heterogeneidad de, como se decía entonces, razas y lenguas. Las colecciones de los primeros museos sumaron a manera de fetiches banderas, sables, capotes militares, pianos y miriñaques de los patricios y de los generales de la

Independencia, que se constituyeron en el patrimonio nacional. Como sucedió en Versalles luego de la Revolución Francesa, a finales del siglo XIX, el Museo Histórico Nacional sito en Buenos Aires, tenía bajo resguardo similares reliquias pertenecientes los notables, protegidas para la posteridad (Di Liscia, Bohoslavsky y González de Oleaga 2010).

A lo largo del XX, se sumaron otros espacios museales para evitar que las hordas de inmigrantes (deseados y temidos), irrumpieran y vulneraran la fragilidad del sentimiento nacional. Criterios esencialistas y folklóricos se tradujeron en la erección de museos para recoger las bases de una cultura también patriótica, perteneciente a los gauchos y a la población rural argentina: las boleadoras, ponchos, los baldes y las bateas de los campos, ya sin utilizar, quedaron entonces expuestos como restos de una "tradición" entrevista y construida por las élites centrales y provinciales (Blasco 2013).

La gestión museal sufrió modificaciones desde entonces al presente, aunque las transformaciones propias del sistema político significaron idas y vueltas permanentes en la capacitación del personal, la profesionalización y la tarea museográfica en general (Castilla 2017, Blasco 2022). Es difícil establecer en la actualidad la cantidad y tipo de museos argentinos, dados las jurisdicciones, ámbitos de desarrollo, tipologías y colecciones variopintas. En 1974, se citaba a 400 museos de diverso tipo (*Museología Argentina* 1975), que en 2013 sumaban más del doble, 1 034 (Lobato 2022). Se citan 26 museos nacionales ubicados en los grandes centros urbanos, manifiestamente diferentes de los de rango menor, tanto a nivel presupuestario como en recursos humanos e infraestructura. Por ejemplo, en la La Pampa, una de las 43 jurisdicciones provinciales, hay 54 museos y 2 colecciones, la mayoría sostenidas por el esfuerzo municipal.

Ahora bien, ¿qué sucedió en provincias del interior argentino, y más precisamente en el centro del país? La expansión de la frontera productiva argentina, a finales del siglo XIX, significó arrasar con gran parte de las poblaciones originarias, a través de una campaña militar que dio muerte, exilió o re-ubicó como servidores semi-esclavos a los antiguos dueños de las tierras. La denominación de "desierto" para referir a ese ejercicio bélico otorgó legitimidad al dominio: los espacios capturados a sangre y fuego se suponían yermos, o bien abandonados, sin población. La incorporación de fértiles llanuras y estepas surcadas por los vientos se hizo a través del ferrocarril, instrumento esencial de dominación capitalista. Al extender los rieles, se redujeron los bosques nativos, con la ampliación de campos con trigo, maíz y alfalfa, y más y más cabezas de ganado vacuno.

El progreso, en fin, se enseñoreó de las tierras, impulsando el traslado de miles y miles de inmigrantes desde Ultramar, y toda una miríada de localidades surgieron a la vera del ferrocarril. A mediados de los Treinta del siglo XX, ese sueño se interrumpió, aunque sin quebrarse totalmente. Pero en los Noventa, las pequeñas localidades surgidas en la fiebre económica modernizadora se quedaron sin trenes. Por ejemplo, en el centro de Argentina, y fruto de nuevas políticas de signo neoliberal, los pueblos perdieron aceleradamente población, y tuvieron que readaptar su circulación y transporte a nuevas realidades. Así, se abandonaron las estaciones, que constituían el nervio central de esas pequeñas comunidades, y muchas se reconfiguraron como museos.

En nuestros trabajos (Di Liscia 2022b) llama la atención la preocupación local por una narrativa museal que convoque a las nuevas generaciones. Y a través de ese relato, los descendientes de los inmigrantes de hace un siglo intenten una nueva transmisión de sus memorias. La organización inicial de estos emprendimientos, muchos con no más de treinta años, se corresponde con municipios con bajo presupuesto o asociaciones que unen voluntades, pero escaso apoyo privado. Estos ambientes, preñados por una visión afirmativa del *Far West*, son también ideológicamente activos y parecen agobiados con la carga de presentar la dominación con la redención de la ciencia y la tecnología.

En las muestras se exhiben uniformes militares, o rémington –todos ellos, símbolos de la conquista militar decimonónica–, con los restos de "culturas indígenas", que se fueron colectando en las arenas donde hubo batallas, sin que el visitante perciba conflicto alguno. A través de las exposiciones, al reescribir el pasado de manera amigable, militares e indígenas se "encuentran", en una confraternización difícil de interpretar al lado de la guerra y la expoliación, que, a la vez, se conoce y registra en los textos. Los pioneros, italianos (gringos o tanos), españoles (gallegos) o rusos (en realidad, alemanes del río Volga), de acuerdo con el argot, hacedores de estos museos comunitarios, no necesariamente participaron de manera directa de estos escenarios violentos, pero luego, con los arados y las azadas, dibujaron un nuevo paisaje, el de la agricultura y la ganadería. Su llegada obedece a la lógica de la construcción del Estado-nación argentino, enraizado en el racismo decimonónico contra la población nativa y que luego demonizó a los recién llegados que no estaban dispuestos a la obediencia, el trabajo o a otras virtudes burguesas[131].

---

131. Ver al respecto Scarzanella (2002).

El reconocimiento a los pueblos originarios, que aparece hoy en día en las palabras de muchos de los responsables de los museos, no siempre se refleja en las exposiciones. No se trata de objetos de las denominadas, genéricamente, "altas civilizaciones indígenas", es decir, sociedades con sofisticación social y creatividad en muchas áreas (cerámica, textil, metalurgia y muchas más), valorados desde nuestra propia visión occidental. Se trata de objetos incómodos, como trozos de vasijas o puntas de proyectiles y raederas, que solo los arqueólogos pueden reconocer y nominar, y a menudo carecen de contexto por haber sido colectados por aficionados. En las entrevistas, los curadores que intentaron incorporarlos no tienen en claro cómo y dónde exponerlos. El público, a la vez, los observa de manera indiferente.

Entonces, ¿dónde exponerlos? ¿Al inicio, antes de la llegada triunfal de la civilización? O, simplemente, olvidarlos en un armario, hasta que otras manos les den un lugar, lo cual suele ser lo más común[132]. Tal cuestión significaría intervenir en la cimentación política de la historia, que por supuesto no es solo acontecimientos hilvanados en una cronología, para preguntarse sobre el lugar de sus hacedores, en el presente. Como la construcción del patrimonio es dinámico, no existe al margen de los conflictos, ya sean de clase o de pertenencia étnica, y por supuesto, está enraizada con la actualidad. En este caso, la activación patrimonial, generalmente a cargo de los organismos políticos y culturales que gestionan la memoria histórica, corresponde a quienes tienen la palabra (Rosas Mantecón 2020).

Quijada (2012) indicó que varios museos de la Provincia de Buenos Aires, generalmente de pequeño porte, y ubicados en lo que consideró una línea de frontera entre blancos e indios, planteaban la conquista de ese desierto a través de un enfoque culturalista, estetizante e historizante. También, esta historiadora indicaba con otra tipología aquellos que reúnen piezas heterogéneas, que llamó museos *pot-pourri*[133].

---

132. En diferentes trabajos realizados en el Museo de Historia Natural, el Museo de Parque Luro y en otros de localidades pequeñas de La Pampa, como Alpachiri, Riglos, Toay y Winifreda, los encargados de los museos demostraron esta incomodidad (en Di Liscia 2022a y 2022b).

133. Relevó los de Olavarría, Los Toldos, 9 de Julio, Tapalqué y Trenque Lauquen, ubicados en la línea de fortines que demarcaron el territorio autónomo indígena durante gran parte del siglo XIX. Sobre la constitución de las colecciones museales en museos bonaerenses, ver Pupio (2022).

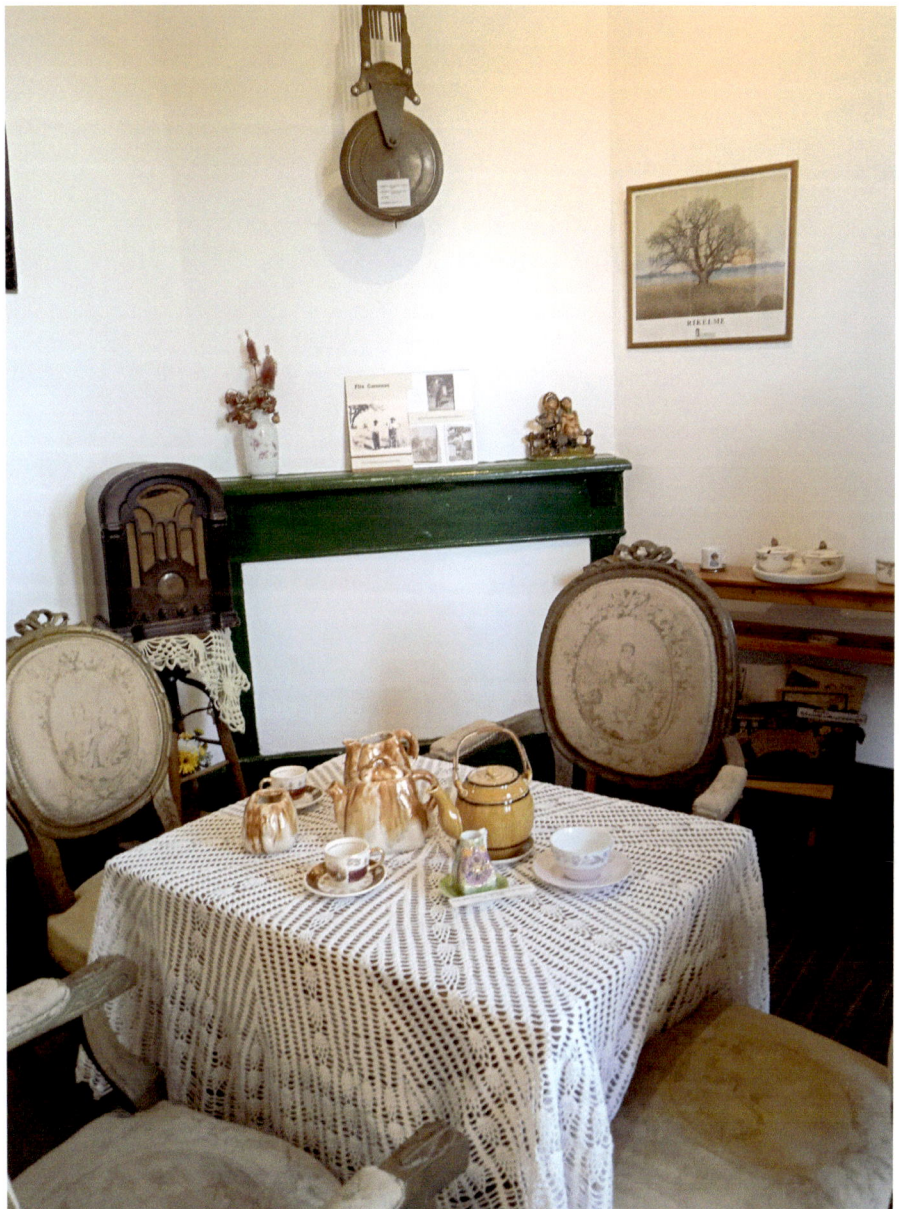

Figura 15. Museo Histórico de Alpachiri, La Pampa (Argentina), Sala de exposición.
Foto: María Silvia Di Liscia, 2022

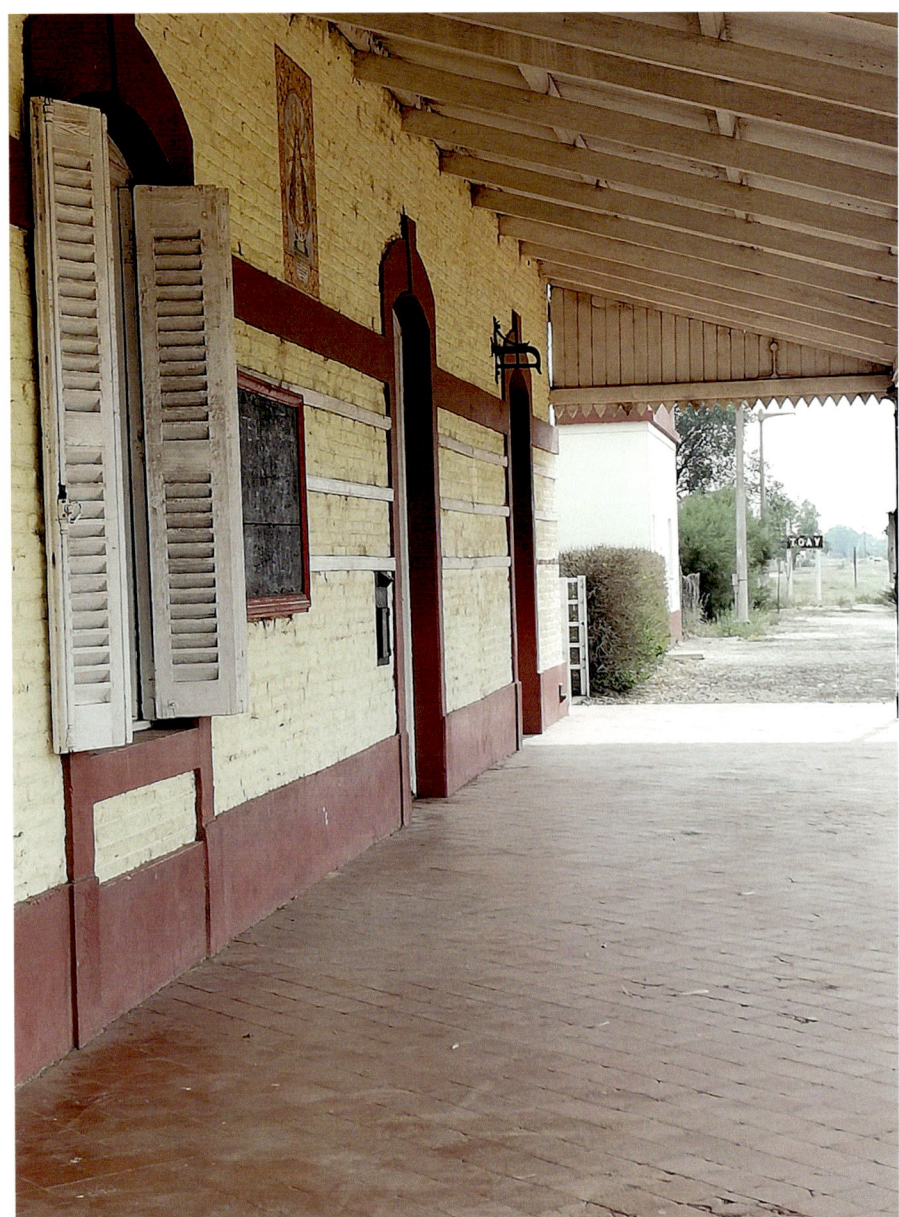

Figura 16. Museo del Pueblo de Toay, La Pampa (Argentina), Exterior.
Foto: María Silvia Di Liscia, 2020

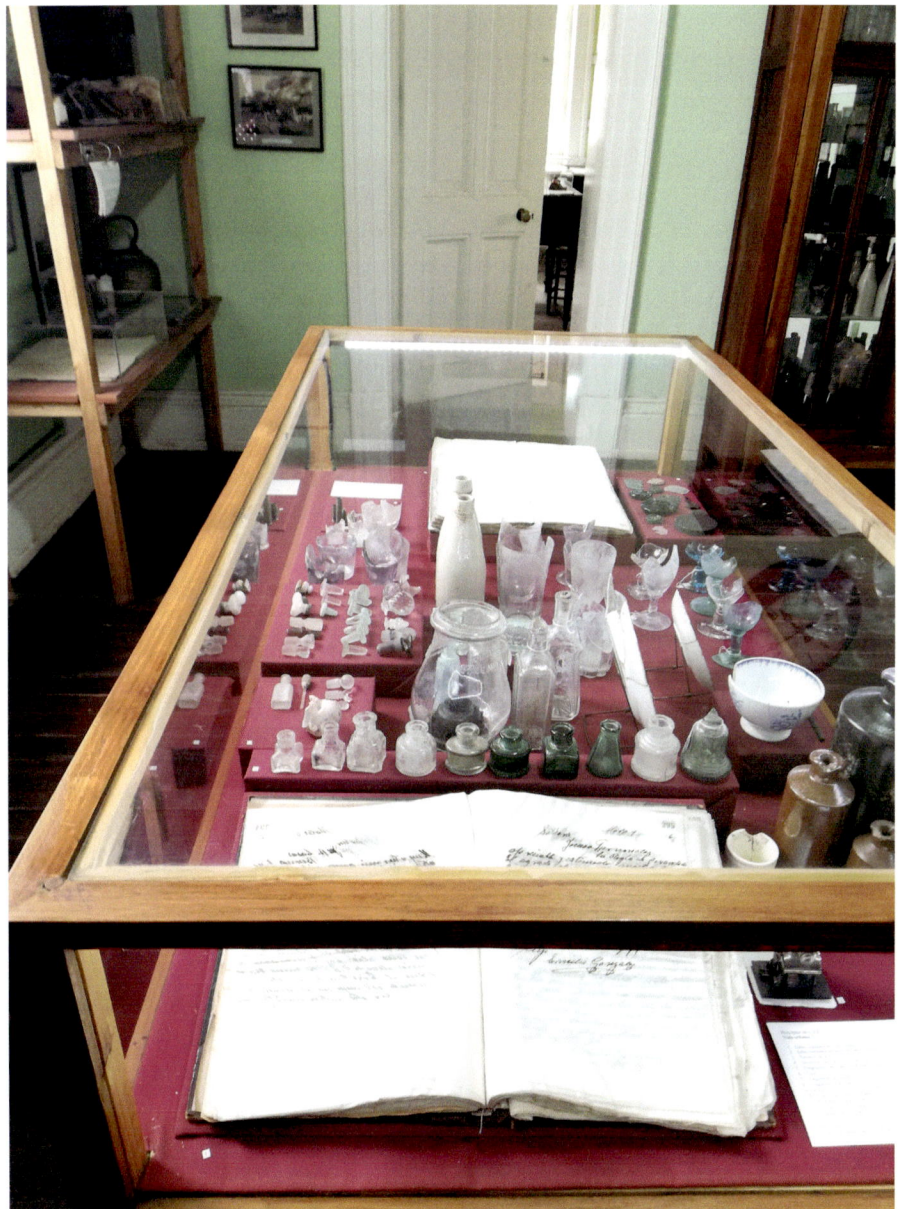

Figura 17. Museo del Pueblo de Toay, La Pampa (Argentina), Interior.
Foto: María Silvia Di Liscia, 2020

En los recorridos de las instituciones que observamos en La Pampa, predomina al igual que en Buenos Aires el lenguaje de una gesta del progreso, iniciada cuando se pueblan las tierras y se funda el centro urbano, marca clave de la llegada y el establecimiento definitivo. La mayoría se organizó en torno al circuito ferroviario desde y hacia los puertos de embarque de cereales y carnes. Los gestores de estos centros locales, ubicados en antiguas estaciones, no se preguntan por qué el ferrocarril fue reemplazado por las carreteras, y esa cuestión es una de las ausencias más notorias. A partir de un proyecto neoliberal que privatizó las líneas estatales, a finales del siglo XX, las nuevas empresas dejaron de lado el traslado de pasajeros y se concentraron en cargas y, luego, el sistema entero viró hacia la concentración de transporte automotor, más oneroso y con otras lógicas de circulación. Durante varias décadas, esos pujantes espacios quedaron vacíos y solo algunos pudieron recuperarse con no poco esfuerzo público. Cuando interrogamos a algunos pobladores sobre las razones de existencia de museos en ex estaciones, algunos indicaron que la partida final del tren era una señal más de mejora. Pero las estaciones abandonadas hablan del despojo y de pérdidas, no solo porque los pueblos se animaban a la llegada y partida del tren, sino porque ese mismo ferrocarril indicaba en sus historias el inicio de la población[134].

Generalmente, se alude a los héroes de esa impronta, dado que tales apellidos son parte del presente de localidades fundadas hace no más de un siglo. Fotografías de las calles y comercios centenarios se colocan como símbolos de esos instantes, y también actas o documentos que acreditan históricamente tales afanes. A esa certidumbre se añaden, a veces desordenadamente y sin criterio museográfico, las donaciones de las familias: una batidora antigua con la que se fabricaba mantequilla, una vitrola, muebles y enseres, libros y trajes traídos desde Europa para replicar aquí las rutinas. En estas comunidades pequeñas, se celebran fiestas con música y recetas ruso-alemanas, asturianas o cántabras, del Piamonte y también del País Vasco, a los dos lados del Pirineo. Se trata de regiones deprimidas en el pasado siglo que expulsaron decenas de miles, pero cuyos descendientes se encuentran todo el tiempo bajo el espejo ausente de ese "viejo" mundo. Sus enseres se transforman en reliquias a resguardar por toda la comunidad; de espaldas al presente.

Y tanto festividades como objetos revelan además de una nostalgia inherente al tiempo pasado, una presencia inquieta sobre otras culturas y

---

134. Hemos analizado de lleno estos temas en Di Liscia (2022b).

sociedades. ¿Se trata de la incomodidad de estar donde se supone había otros? ¿Habilita un cierto orgullo de pertenencia étnica extra-americana, en un país que mantiene aún un relato de auto-reconocimiento europeo? Sin duda, el "progreso" habilita en los relatos museales la llegada y permanencia de los nuevos (ahora ya experimentados) pobladores. Pero es un arma de doble filo: tanto permitió esa certidumbre siembras y cosechas en tierras donde, supuestamente, no había nada ni nadie, como viene a recordar la pérdida de su uso y sentido, en tiempos de cambio: solo queda recolectarlos, resguardarlos indefinidamente en los museos.

La pregunta, que muchos organizadores de estos espacios se hacen, es para quiénes, porque las generaciones más jóvenes son renuentes a visitarlos. Y entonces el camino para atraer visitantes, sobre todo de las nuevas generaciones, sería remozarlos, hacerlos atractivos, más generosos en sus luminarias y vistosos, con vitrinas, gigantografías y pantallas, cuando el significado no parece cambiar, porque el patrimonio sin memoria ni reflexión continúa siendo un sinsentido.

4.4. A LA CONQUISTA DEL SUR: LAS EXPOSICIONES DE LOS GALESES

Puerto Madryn, agosto de 2015. Esperando el autobús que nos lleva al aeropuerto, advertimos en el vidrio de la puerta del hotel de esta ciudad patagónica una serie de saludos en distintos idiomas y empezamos a traducir: inglés, francés y, luego, gaélico. Ni *mapudumgum* o italiano, entre otras muchas posibilidades de las naciones y pueblos de Chubut donde los galeses son una selecta minoría, ¿por qué entonces ese interés por registrar una lengua ya muy poco utilizada en las Islas Británicas? Es que en estas identidades patagónicas se juegan extraños designios y al asumirlos se ponen en tela de juicio otras cuestiones, como el lugar de anteriores dueños de la tierra y de las nuevas migraciones trasandinas.

El Museo Histórico Regional Galés de Gaiman y el de Pueblo de Luis de Trelew, ambos en la estepa al Sur argentino, recuperan el folklore de esa comunidad. Los relatos parten desde la pérdida y el esfuerzo, entrecruzándose con la persecución en Gran Bretaña y el traslado a la Patagonia. Este inmenso territorio austral, con una costa marítima oriental seca y ventosa, rica en fauna marina y pastos para los camélidos nativos, estuvo habitado desde milenios por yaganes y alakaluf en el extremo sur y al norte por tehuelches –los supuestos gigantes entrevistos desde las naves–. Dispone al interior de espacios más

115

acogedores, sobre todo en valles de los ríos. Los españoles establecieron en el siglo XVIII fuertes y puertos en algunos puntos estratégicos, pero gran parte era una incógnita para el mundo occidental, que intuía increíbles riquezas en estas tierras indómitas, exploradas por aventureros intrépidos, emprendedores y buscadores de fortuna. O, también, la libertad para practicar sus creencias, como sucedió con los colonos galeses, llegados en 1865 a Chubut, que se instalaron primero en la costa y luego a pocos kilómetros del interior.

Como indicaba Vezub (2020), gran parte del relato oficial ha plasmado la identidad territorial desde el esfuerzo y la conquista pacífica de este grupo desplazado de su patria. Incluso se conmemora el día de su llegada en un espacio específico, el Museo del Desembarco, en coincidencia con los inicios de la historia de la Provincia de Chubut. En estos debates, los indígenas aparecen divididos como "argentinos" (tehuelches) y "chilenos" (mapuche), cuestión que satura las nociones de identidad nacional hasta el presente.

Los tehuelches apoyaron con alimentos y otros sustentos a los colonos galeses en las primeras décadas, sin lo cual hubiesen perecido por las condiciones desfavorables, aunque veinte años después, la conquista y expansión militar produjo un "desencuentro" de culturas que habían compartido espacios y rutinas, tal y como estudió la misma historiografía galesa (Vezub 2020).

En los lugares donde se conmemora la gesta de estos pioneros, una museografía modesta acompaña el desarrollo de las narraciones, a pesar de que muchos han intentado modificar exteriormente las formas tradicionales en que exponían los artículos más destacables del viaje y de la conquista (también pacífica) con la siembra, la ganadería y las actividades industriales que "civilizan" el espacio. Pero la narración continúa siendo la de las formas de domeñar el espacio circundante, con el trabajo manual y el uso de técnicas desconocidas en el mundo americano[135].

El Museo Histórico Regional Galés se localiza en Gaiman, una localidad pintoresca a la vera del río Chubut, celebrada actualmente por el turismo como representación la prístina cultura galesa, con su repostería típica y casas de té con porcelana inglesa. En una antigua estación del ferrocarril, como en los casos de La Pampa, se recuerda la impronta de estos pobladores trasplantados y se olvida por qué los rieles no llevan más trenes: "En 1961 el tren fue clausurado y la vieja estación de Gaiman se transformó en museo histórico,

---

135. Como indica Schama (1996), el paisaje está unido ideológicamente a significaciones de identidad y nacionalidad, enfatizados primero por la literatura y las representaciones artísticas, para fortalecer determinados imaginarios sociales.

sostenido por la Asociación de Educación y Cultura Galesa. El primer desembarco de galeses en el Golfo Nuevo fue en el año 1865. Los objetos que trajeron durante ese viaje icónico y los siguientes forman parte de la cultura de Gaiman y de la colección del museo. El patrimonio se enriquece con fotografías de los pioneros, planos de la colonia galesa, títulos de compañías mercantiles y el mobiliario de la casa de Lewis Jones, uno de los personajes relevantes del inicio de esta colonia"[136]. Gaiman es un topónimo indígena y significa piedra de afilar. También se indica que: "La construcción de paredes de ladrillo y techo de chapa conserva su esencia original sin muchos cambios, lo que permite adentrarse en un mundo de gente pionera, conocer su historia y estilo de vida y percibir el coraje y la bravura de antaño con los que enfrentaron a nuevas tierras en el hemisferio sur, buscando un lugar deshabitado donde echar raíces y conservar su propia cultura. Hoy en día los llamados "pueblos auténticos, resguardan y afianzan sus raíces, su identidad, su idiosincrasia, sus costumbres, su estilo de vida, su idioma, es decir, hay un esfuerzo conjunto de la comunidad y el municipio por conservar el patrimonio cultural"[137].

En estos textos se plasma lo que se indicó ya hace tiempo (ver González de Oleaga, Bohoslavsky y Di Liscia 2010, González de Oleaga y Bohoslavsky 2011) sobre cómo los museos forjados por comunidades étnicas religiosas cristalizan un relato histórico triunfante, que implica el control de la geografía amenazante y pone en un lugar subordinado a los pueblos originarios, a quienes se somete no por la violencia, sino con la palabra divina. A las sillas, jarras y tantos objetos más, reliquias utilizadas en esa impronta, se agregan fotografías de los esforzados pioneros, de sus viviendas y actividades, como forma de imprimirle realidad a esa conquista. En las cartelas se mantiene la lengua (ya fuere alemán o galés), que habla del orgullo actual de esa pertenencia.

Similar situación puede observarse en el Museo Regional Pueblo de Luis en Trelew, en una ex estación ferroviaria que en 1889 unía el valle del río Chubut con el Golfo Nuevo. En 1969 fue declarado Monumento Histórico Nacional y desde 1984 funciona como museo; en sus salas se expone un

---

136. "Museo Histórico Regional de Gaiman", en: https://www.interpatagonia.com/gaiman/museo-historico-regional-gaiman.html, consultada el 4 de noviembre de 2023. También se publicita en Museo Tehuelche de reciente formación, que viene a presentar la "otra" población de la región.

137. "Museo Histórico Regional de Gaiman", en: https://www.interpatagonia.com/gaiman/museo-historico-regional-gaiman.html, consultada el 4 de noviembre de 2023.

guion ya tradicional en el poblamiento, que incorpora a los pueblos originarios, la llegada de los inmigrantes galeses y exposición de herramientas utilizadas en las labores de campo[138]. En este y otros casos, se prefiere la comodidad del relato originario. Como Vezub (2020) afirma, el museo da la espalda a conflictos contemporáneos, por ejemplo, a lo sucedido con la masacre de Trelew en 1972, un acontecimiento clave en la vida nacional[139]. La narración se congela en el pasado, sin que se considere a otras identidades o trabajos. Como indicamos (González de Oleaga, Bohoslavsky y Di Liscia 2010), Trelew tiene una mayoría creciente de la población dedicada a servicios y los trabajadores estatales están incrementándose, así como los recién llegados de países limítrofes. ¿Por qué entonces limitarse a contar la impronta de los galeses, cuando muchos más entonces y ahora llegan a esos rincones patagónicos?

Esos y otros interrogantes también saturan otros museos de pioneros, dedicados a exponer no solo objetos del pasado, sino a narrarlos bajo la impronta del encuentro, el acuerdo y el esfuerzo conjunto. Al tomar el té en Gaiman o descansar imaginando a los inmigrantes y su trabajo en Trelew, estos museos invitan que estructuremos representaciones desde la labor, la cortesía, el acuerdo y la armonía…Y dejar de lado la incomodidad de la violencia, aunque sea parte de ese y otros momentos de la historia latinoamericana.

4.5. La ocupación del Aysén y las representaciones en los museos chilenos

Chile es una nación con ciertas paradojas en relación con las exposiciones museales: por un lado, porque gestó ya en 1830 instituciones nacionales de cuño tradicional y patriótico, de manera paralela a la construcción estatal conservadora. Un ejemplo es el Museo de Historia Natural, que en 1880 se denominó

---

138. "Punto 15 – Museo Regional Pueblo de Luis", en: https://trelewpatagonia.gov.ar/circuito-historico/museo-regional-pueblo-de-luis/, consultada el 4 de noviembre de 2023.

139. En 1972, durante la dictadura del General Agustín Lanusse, 25 presos políticos huyeron del Penal de Rawson e intentaron tomar un avión en Trelew rumbo a Chile. La huida finalizó con la tortura y fusilamiento de la mayoría, hecho por el cual en 2012 se juzgó a los responsables. Un centro de documentación y memoria recuerda los acontecimientos luctosos (ver: "Centro Cultural por la memoria de Trelew", en: https://sitiosdememoria.org/es/institucion/centro-cultural-por-la-memoria-de-trelew/, consultada el 1 de noviembre de 2023.

Museo Histórico Nacional (*Los Museos en Chile*, 1984). Por otro lado, también acogió uno de los más importantes movimientos de renovación museal en los sesenta y setenta del siglo XX, apoyado por organizaciones internacionales patrocinadas por la UNESCO. Chile se sumó con el Comité Nacional Chileno de Museos al ICOM y, de allí, como hemos visto, a la promesa de los ecomuseos, de larga trayectoria europea y corto empeño en el Cono Sur, instrumentando además centros de formación específica para impulsar los cambios museísticos (Azócar 2008).

El golpe militar de Augusto Pinochet barrió con esos y otros logros sociales y culturales, aunque el número de museos no decreció, porque también el régimen requería de ese instrumento para validar sus logros antidemocráticos. Así, en 1975, había 68 museos que casi diez años después sumaban 127, la mayoría organizados por municipalidades (29) o particulares, confesiones religiosas, las Fuerzas Armadas y otras entidades. Las colecciones se clasificaban en arqueológicas, históricas, etnográficas, de bellas artes, folklore y artesanías, ciencias naturales, tecnológicas, religiosas, aunque la mayor parte caían en la de "mixtos". En un minucioso informe recabado por UNESCO, se indicaba que la mayoría de las piezas carecía de catálogo, y la presentación era pobre, en salas atiborradas de objetos y espacios inadecuados (*Los Museos en Chile* 1984).

Años después, esa inestabilidad y desorganización continuaba, dado que el Estado desconocía a ciencia cierta cuántos museos había ("unos doscientos"), de los cuales la DIBAM (Dirección de Bibliotecas, Archivos y Museos), entidad centralizadora, gestionaba 25 (Trampe 2001). Dentro de los desafíos al ingresar al siglo XXI, se detallaban distintos problemas, como los guiones museales y escenografías poco creativas. Además, las cartelas y otros textos debían realizarse de manera sencilla, puesto que la "comprensión lectora de casi la mitad de la población […] no alcanza niveles que le permitan hacer inferencias simples a partir de lo leído" (Valdés 2001: 36). Otros muchos espacios de exposición históricos surgieron luego de la dictadura, demostrando la necesidad de la memoria y la justicia en relación con la representación traumática de períodos oscuros de la historia chilena[140].

Los museos de pioneros analizados en este apartado forman parte de la región de Aysén, relativamente autónoma respecto al Estado chileno hasta 1881,

---

140. Ver como ejemplo el Museo de la Memoria y los Derechos Humanos, y otros sitios en: https://www.cipdh.gob.ar/memorias-situadas/lugar-de-memoria/museo-de-la-memoria-y-los-derechos-humanos/, consultada el 3 de noviembre de 2023.

cuando el ejército avanzó una frontera abierta durante siglos al sur del río Bío Bío, que había mantenido a la población de origen español y a la indígena en fluido contacto. Los mapuche, grupo étnico con una rica historia propia, que apoyó en las guerras de la independencia a los criollos, perdió sus tierras, rematadas a colonos chilenos y extranjeros. Se los obligó a sumarse a la cultura occidental, lengua y religión incluidas (Bengoa 1996). Pero los mapuche no eran los únicos: el Estado y los particulares avanzaron sobre territorios de tehuelches, yaganes y alacaluf, a quienes también se recluyó en misiones y reducciones, bajo el imperio de militares y religiosos.

La región del Aysén del General Carlos Ibáñez del Campo, tal es su denominación completa, constituye una de las trece regiones de Chile y se encuentra en la Patagonia. Es un área con clima frío y húmedo, circundada por volcanes, fiordos, lagos y ríos, como el Baker, donde proliferan los bosques de cipreses, lengas y cohiues (*Atlas* 2005). Se trata sin duda de un territorio de riquezas insospechadas, poblado por argentinos previo a un laudo limítrofe que determinó su pertenencia a Chile, y escasamente atractivo para la masiva instalación de inmigrantes de Ultramar, a pesar de los incentivos oficiales[141].

En 1903, el gobierno impulsó concesiones de estas tierras "salvajes", bajo compromiso de llevarlas al progreso, con la apertura de caminos y la instalación familias anglosajonas, lo cual impulsó a muchos aventureros. Uno de ellos, Carlos Von Flack, estableció la Compañía Explotadora del Río Baker y despojó a pobladores extranjeros y chilenos de tierras y recursos. La llegada de otras empresas estimuló la ganadería ovina, la exportación de cueros y la explotación maderera en estos espacios vírgenes para la mirada occidental; en los años Veinte, solo tres de ellas tenían concesiones de cientos de miles de hectáreas e importantes beneficios (Ibáñez Santa María 1972-1973). No se trató de áreas completamente despobladas, aunque hasta la actualidad la densidad demográfica es relativamente baja y hay pocos centros urbanos.

En estos espacios dominados por los vientos y el frío, dos de los museos llevan con orgullo en su nombre el de pionero. Como indicó González de Oleaga (2018), la denominación no es casual, porque define el museo y le

---

141. Sobre la elección de determinadas naciones sobre otras para la migración no es posible detenerse aquí, salvo indicar que Argentina es uno de los países con mayor incidencia de la población extranjera en la etapa de las migraciones masivas y Chile recibió en ese mismo momento una cuota relativamente pequeña de alemanes, rusos, palestinos y judíos (Solimano y Tockman 2006).

proporciona coherencia frente a sí y los demás, forma parte de la semántica de interpretación respecto a la cual cobra sentido y se expresa hacia fuera. Uno de los más antiguos de esta zona es el Museo Cochrane, organizado en 1985 en una colección resguardada por la escuela local y que se compone por un lado de los restos de los pobladores europeos e incluye a los indígenas. Así, el museo:

> Viaja por las memorias del poblamiento de la zona del río Baker a través de bordados, objetos cotidianos, culinarios y fotografías históricas de nuestros colonos, así como nuestros tesoros arqueológicos, de Cochrane, legado de nuestros ancestros tehuelches (su) finalidad es rendir homenaje a quienes sembraron la identidad del poblamiento humano de la Cuenca del Río Baker. Las colecciones del museo fueron donadas en su mayoría por una generación de cochraninos: mujeres y hombres hijos de los primeros pobladores. Contiene objetos históricos, electrónicos, arqueológicos y de historia natural[142].

La integración de los pueblos originarios obedece a una nueva sensibilidad, que ya hemos analizado en los capítulos anteriores. Pero, en este caso, se mencionan en el pasado, como parte de la arqueología; sus restos son tesoros y base de una población que se encuentra también entre quienes llegaron luego. La armonización, al menos en la presentación, es difícil, dado que unos se hicieron con un territorio que no estaba desnudo ni despoblado. Pero el museo (¡no solo el de Cochrane!) tiende a re-definir esos bordes ásperos y a centrarse en el discurso multicultural para borrar las dificultades.

Similar situación se puede observar en el Museo de los Pioneros de la Municipalidad de Coylaiquen. Fundado en 2004 a través del rescate patrimonial realizado por vecinos de diferentes localidades y parajes, su finalidad era demostrar que "Balmaceda no es solo aeropuerto". Llama la atención esta justificación para un emprendimiento municipal que incorpora la parafernalia cultural usual, ya que el edificio del museo tanto tiene una vitrina para artesanos, como es el lugar de la biblioteca, talleres y bailes. Una narración focalizada en el temple y la valía de los primeros pobladores legitima la creación en la adversidad de los elementos en ese viaje esforzado, de manera tal que la exposición de los objetos "promueven un reconocimiento a los que llegaron

---

142. "Museo de Cochrane", en https://www.redmuseosaysen.cl/museocochrane, consultada el 3 de noviembre de 2023.

primero, con el fin de que las generaciones venideras puedan conocer, ver y comprender las huellas de sus antecesores"[143].

Entre las imágenes, aparecen los consabidos objetos que en Argentina o en Paraguay nutren similares espacios museales, con exposiciones abarrotadas cuyo objetivo no es representar sino resguardar sin más, impidiendo de esa manera la desaparición (y muerte) de un pasado que se supone el basamento comunitario[144]. Y no solo es el esfuerzo de los arrieros, de los esquiladores de ovejas o sus familias viviendo con estrecheces y dificultades, lo que en realidad se está mostrando, sino, a la vez, su permanencia en el presente. Con el pretexto de cristalizar un pasado, deteniéndolo en el museo, emergen las divisiones de trabajo por género (ollas o tablas de lavar, separados de rastrillos o ruedas de carretas), que comparten el espacio con imágenes religiosas que ya no tienen espacio en otros edificios, o artesanías locales, expuestas todas ellas de manera poco profesional.

Un ejemplo diferente en varios sentidos lo proporciona el Museo Rural Pioneros del Baker, fundado en 2013, más tardíamente que los otros dos y bajo otra lógica expositiva. El lugar elegido es la casa de Eduard Lancaster, administrador de la estancia Baker, emblemático inmueble de madera localizado a 30 km de Cochrane[145]. Este sitio, enclavado en una vivienda construida entre 1930-1940, fue organizado como museo a través de la labor de expertos.

En las cuidadas muestras, se distinguen similares objetos que los del resto de los museos de pioneros analizados, que no tuvieron la ventaja de la museografía profesional para exponerlos. Como en los otros casos, aparecen fotografías de paisajes, pero cuidadosamente seleccionadas; una piel de zorro sobre un sillón tapizado no está amontonada con otras, sino seleccionada para ser parte de la teatralización de una vivienda cómoda y reformada. En una vitrina moderna, el color de los documentos es el mismo que el de la pintura de la pared; troncos cortados de manera artística o una balanza son indicadores del trabajo sobre una naturaleza indómita que acogen al visitante con una estética indudable. Como en otros casos analizados (González de Oleaga y Di

---

143. "Museo de los Pioneros", en: https://www.redmuseosaysen.cl/museopioneros, consultada el 3 de noviembre de 2023.

144. "Nuevo museo de los Pioneros, Balmaceda", Video, 4.04. Red de Museos del Aysén, en: https://www.redmuseosaysen.cl/museopioneros, YouTube, consultada el 3 de noviembre de 2023. En el video se menciona la guarda de restos de tehuelches, como "nuestros antepasados".

145. "Museo Rural Pioneros del Baker", en: https://www.registromuseoschile.cl/663/w3-article-117269.html, consultada el 1 de noviembre de 2023.

Liscia 2023), este tipo de exposición obedece al deseo de brindar (se) una justificación a la explotación económica que dio origen a determinadas empresas. Pasado un tiempo, consideran deseable proponer a la comunidad su propia lectura del proceso[146].

Hasta aquí, entonces, las nostalgias y triunfos de los pioneros, relatadas en un haz de historias museales, que, con menor o mayor fortuna, exponen de qué manera conquistar la hostilidad de la naturaleza para el bienestar o –también– la aventura que espanta la rutina. Pero, ¿son estas las únicas opciones? Proseguiremos con otras, donde las exhibiciones pretenden sacudir las conciencias de los visitantes, animándonos a la reflexión.

4.6. ¿Museos irónicos? Un ejemplo y muchas posibilidades

El Museo del Puerto de Ingeniero White (MPIW), ubicado cerca de un puente, en la zona portuaria, dispone de un edificio propio, de chapa y madera, que funcionó como Resguardo de Aduana del puerto de la empresa inglesa Ferrocarril del Sud desde 1907[147].

La historia de este poblado es parte del proceso nacional de incorporación de trabajadores inmigrantes al concierto nacional en las áreas portuarias y agrícolas más ricas, como lo era esta porción de la Provincia de Buenos Aires (ver al respecto Palacio 2013). El poblado, unido a la ciudad más importante del Sur bonaerense, sufrió los embates de diferentes crisis desde el siglo XX al XXI, con el impacto neoliberal y el abandono de muchas áreas antes pujantes de la actividad económica hasta quedarse sin salida al mar.

---

146. Viajeros y emprendedores como Lucas Bridge han dado cuenta de tales ventajas, no exentas de sinsabores (ver: "Informe sobre el problema de la colonización de la zona del Río Baker", Carlos Oportus Mena, Ministerio de Fomento, 1928; accesible en: http://www.memoriachilena.cl/, consultada el 1 de noviembre de 2023).

147. El Museo del Puerto de Ingeniero White, 2012, en: https://www.bahia.gob.ar/museodelpuerto/#%3C/p%3E-%3Ch5%3E%C3%A1reas%3C/h5%3E-%3Cp%3E, consultada el 4 de septiembre de 2023. Su primer director fue Reynaldo Merlino (1987-2003), luego Sergio Raimondi (2003-2011), Aldo Montesinos (2011-2012), Leandro Beier (2012-2018) y desde 2019 al presente, Lucía Bianco, con quien realizamos la visita. Actualmente, depende de la Municipalidad de Bahía Blanca y se encuentra en la localidad de Ingeniero White, al Sur de la Provincia de Buenos Aires (Calle Guillermo Torres y Cárrega).

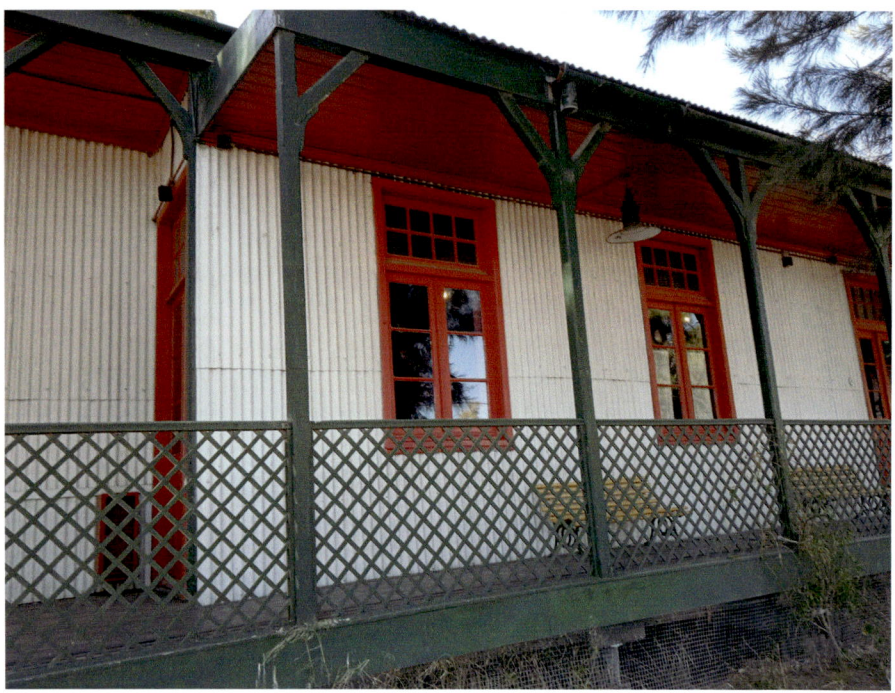

Figura 18. Museo del Puerto de Ingeniero White, Bahía Blanca (Argentina),
Exterior. Foto: María Silvia Di Liscia, 2023

María Alejandra Pupio, arqueóloga, encargada de interesantes proyectos como Arqueología en Cruce[148], nos indica cómo fue la gestación de este Museo. Dado que el edificio estaba en 1987 completamente abandonado, en ruinas –ya se había iniciado un proceso de des-industrialización muy potente en Bahía Blanca–, tanto Reynaldo Merlino como ella, por entonces estudiante y guía, no tenían espacios para trabajar, por lo que decidieron que el Museo podía muy bien empezar en las cocinas de los vecinos. Y hasta que se inició la reconstrucción arquitectónica del sitio, ese fue el proyecto: hablar, tomar mate, comer y compartir con quienes estaban en los barrios deprimidos, ya fuese obreros, inmigrantes, amas de casa…[149] El Museo había tenido

---

148. "Arqueología en cruce", en: http://www.arqueologiaencruce.uns.edu.ar/wordpress/wordpress/, consultada el 4 de septiembre de 2023.

149. María Alejandra Pupio, comunicación personal.

una intencionalidad diferente, dado que surgió después de los festejos del centenario de la fundación de Ingeniero White a partir de un proyecto inicialmente conformado por los notables de la localidad, como sociedades y clubes. Esto le otorgó cierto sesgo elitista, pero luego se fue abriendo a nuevas instancias, a partir de material heterogéneo y de una vocación crítica del grupo de trabajo (Fressoli 2013).

Uno de sus directores, el poeta Sergio Raimondi, indicó que, para darle forma a la narración museal, se realizaron entrevistas a distintos sectores de trabajadores y vecinos, compiladas en un archivo oral de relatos. De esta manera, el museo se constituye en un entramado con la comunidad, asistiendo tanto a los aspectos estéticos como sociales de los objetos expuestos, y obligando al espectador a la continua reflexión sobre la historia y el presente (Longoni 2019).

La visita se inicia en el espacio común de la "cocina". En un entorno acogedor y colorido en rojos y amarillos, se ubican una decena de mesas pequeñas con manteles de plástico y sillas de madera. Hay colgados repasadores o trapos de cocina, donados por vecinos y vecinas, como testimonio de los distintos proyectos del MPIW a lo largo del tiempo. Alrededor, la muestra suma antiguos hornos a leña, ollas, cucharones y jarras enlozadas y muchos más objetos de cocinas populares, en un abigarrado y a la vez cálido recuerdo de hogares de antaño. Son también los de hoy porque el MPIW intensifica la noción del presente a través de un compromiso firme con la comunidad y sus problemas en el entorno[150]. Así, un pizarrón inscribe las actividades del centro los domingos, por ejemplo, cuando el grupo que sostiene el MPIW sirve bebidas a los visitantes ocasionales, en una mesa que al momento de la visita registraba pequeños libros, folletos anarquistas y otros souvenirs que pueden adquirirse.

En un folleto, fotografías de distintas instalaciones y marcas del museo, así como de las visitas, proporcionan ese abanico visual que está entre las paredes: un pescador repara unas redes –expuestas en el techo de una sala–, una mujer revuelve un guisado, otra revela en un pizarrón pequeño "Hoy ningún Shhhh: Mujeres que hablan de todo". Más allá, abuelo y nieto montan un barrilete, un acordeonista, gatos, botes, fotos del antiguo barrio, un carnet y un

---

150. Lucía Bianco, su directora, comentó que las mujeres que sirven el chocolate los domingos salieron en defensa del espacio, con sus delantales y a cortar la ruta, cuando, en 2017, se intentó acotar su presupuesto y personal (Lucía Bianco, 24 de agosto de 2023, comunicación personal).

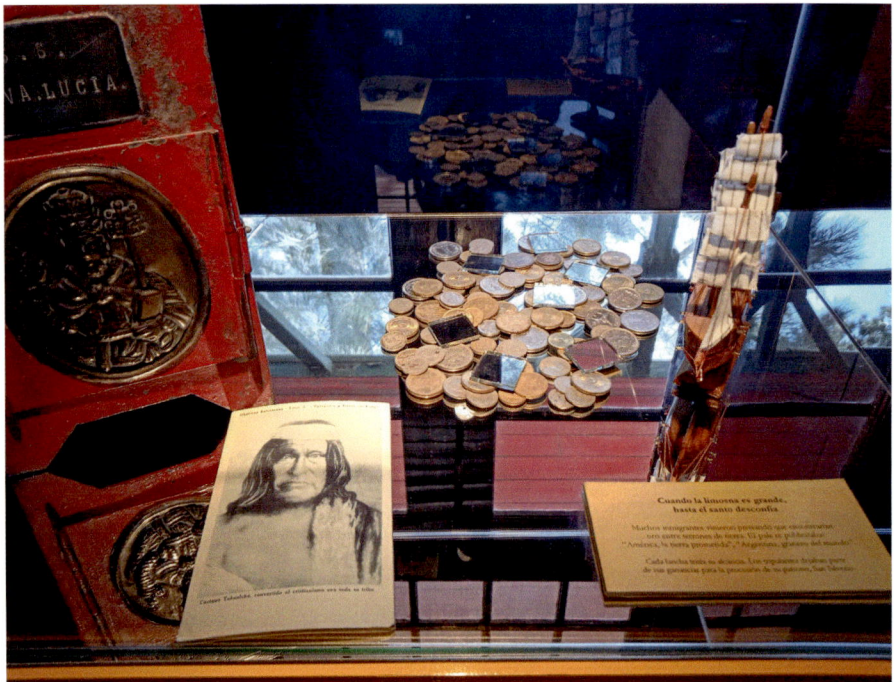

Figura 19. Museo del Puerto de Ingeniero White, Bahía Blanca (Argentina), Interior.
Foto: María Silvia Di Liscia, 2023

estatuto de un sindicato, una espumadera, un pequeño muñeco del Duce, trabajadores montando el museo y otros visitantes en las muestras[151]. Entre medio, los bordados maravillosos de casas, árboles, barcos y otros muchos más escenarios y piezas que son su santo y seña[152].

La visita a este sector se inicia por una puerta a la derecha, que contiene algunas de las diez salas disponibles (además, existe un área de servicios y administración). Sin poder abordar la riqueza de la propuesta, nos dirigimos

---

151. Museo del Puerto de Ingeniero White, Folleto, agosto 2023.

152. El Museo ganó, con la postulación de los bordados en miniatura, el primer premio entre museos municipales y privados de todo el país de la convocatoria del Ministerio de Cultura de la Nación, que "reconoce las buenas prácticas enfocadas en la democratización y accesibilidad del patrimonio" (en: "Premios RMA", 17 de agosto de 2023, Museo del Puerto de Ingeniero White, 1999, en: https://museodelpuerto.wordpress.com/, consultada el 4 de septiembre de 2023).

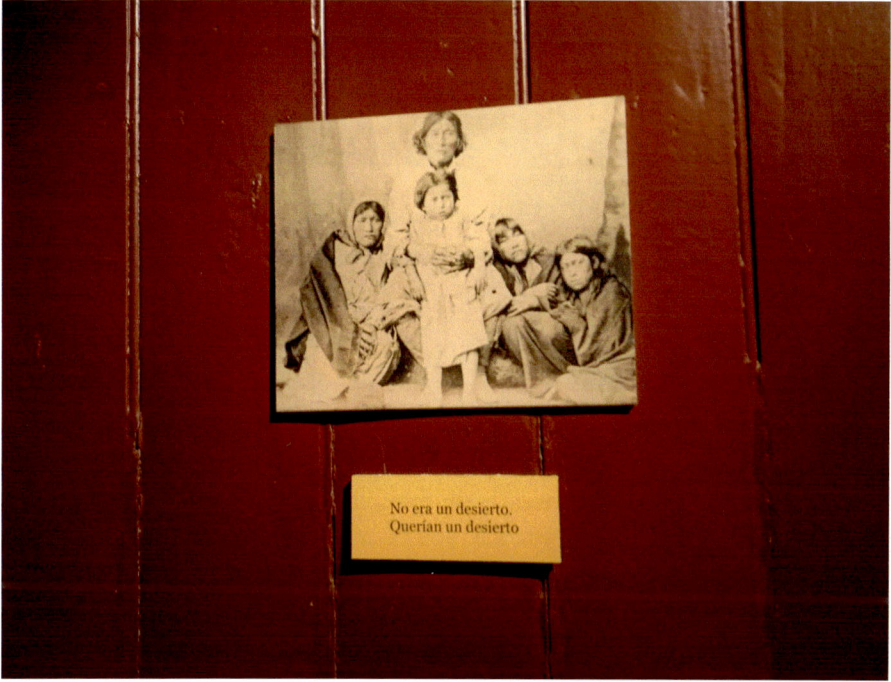

Figura 20. Museo del Puerto de Ingeniero White, Bahía Blanca (Argentina), Interior.
Foto: María Silvia Di Liscia, 2023

solo a algunos elementos que nos parecieron claves, porque constituyen algunos de los encuadres de una visión irónica y posmoderna del significado de los museos en las últimas tendencias, de los cuales hay realmente pocos avances efectivos[153]. Las partes a las que queremos referir son: 1. El fundador; 2. El capitalismo, 3. La manzana, 4. El pizarrón.

El fundador: Entre redes de pescar y detrás de un anodino mostrador, un cuadro llama la atención al iniciar el recorrido: el del fundador de la localidad, Guillermo White. No asombra la imagen tradicional de un varón vestido a la usanza del siglo XIX, con su bigote y mirada fija, sino un pequeño recuadro que indica: "No era inglés. Y fue en un brindis". Solo esa frase, y ya se abre un universo de significantes. Cuando consultamos, sale la historia a relucir. La

---

153. Ver Di Liscia (2022b).

directora nos comenta que es un disparador que alienta a preguntarse sobre las referencias y la identidad de la localidad, toda vez que en el hálito del inicio se incluían una serie de mitos: se trataba de un extranjero, venido a conquistar con el ferrocarril tierras salvajes. En el relato emergen sin embargo otras connotaciones: White era argentino, descendiente de irlandeses y un ingeniero recibido en la Universidad de Buenos Aires, que en realidad poco tuvo que ver con el proceso de creación de la localidad. El nombre fue sugerido por Julio A. Roca[154] en una fiesta cuando se inauguraron los ferrocarriles, donde sí tuvo un papel protagónico. Al mudar el relato heroico del inicio del pueblo, el MPIW pretende plantear la documentación histórica, el "dato" crudo de quién y cuándo. Con ello, enlaza saber científico y, a la vez, desplaza a los mitos de origen con un sustento documental.

El capitalismo: Entre dos Salas, en un pequeño salón, una vitrina también reducida y alta expone una fotografía de frente de un guerrero Tehuelche, perteneciente a las Misiones Salesianas que reza abajo, en pequeñísimas letras: "Cacique tehuelche convertido al cristianismo junto a toda su tribu". Acompaña a la foto una alcancía de hierro, con una imagen de un santo, pintada de rojo, y junto a un barco de madera, una pequeña pila de monedas con minúsculos espejos. La cartela indica: "Cuando la limosna es grande, hasta el Santo desconfía. Muchos inmigrantes vinieron pensando que encontrarían oro entre terrones de tierra. El país se publicitaba: América, la tierra prometida. Argentina, el Granero del mundo. Cada lancha tenía una alcancía. Los tripulantes dejaban partes de sus ganancias para la procesión de su patrono, San Silveiro". Todos estos elementos, como indicamos, están contenidos en un conjunto que invita a reflexionar sobre el proceso general que supone a unos el traslado con la promesa de una vida mejor, junto a otros, obligados a dejar sus tierras y su cultura. La religión es la clave de ajuste entre ambos procesos para permitir la transformación capitalista. Con la alcancía, y una reducida la explicación, el museo nos devuelve la mirada sobre el resultado para los inmigrantes de ese viaje allende los mares, para intuir los sufrimientos y no siempre el resultado halagüeño de las promesas.

---

154. Roca fue presidente argentino en dos oportunidades (1880-1886 y 1898-1904), y uno de los principales impulsores del proyecto oligárquico modernizador y conservador en Argentina.

La manzana: en la Sala de acceso a la principal zona del MPIW, frente a hornacinas donde se colocaron imágenes de santos y vírgenes pintadas en vivos colores, se colgaron con finos hilos manzanas verdes, que interrumpen la muestra, vinculada a una explicación general sobre las labores y la inmigración. No hay ninguna pista, por lo que inducen a pedir aclaraciones. Ante la consulta, la guía nos indica que las manzanas son, para muchos de nosotros, una fruta conocida, nutritiva y salutífera: tanto las rojas, dulces y jugosas; como las verdes y ácidas. Entonces, ahí está la clave: el MPIW aborda historias en dos sentidos al mismo tiempo; en la exposición no solo debemos encontrar una visión festiva del pasado sino su contraparte incómoda: las sucesivas crisis, el despliegue de la violencia…todo eso estará ante nuestros ojos.

El pizarrón: En una de las salas, se escenificó un salón de clases del siglo XX, común tanto en las grandes como pequeñas ciudades argentinas, pero también en otras de distintos puntos del globo. Bancos de madera con tinteros, un escritorio para el lugar de la maestra, y al costado, en una gran pizarra, se escribe con tiza la siguiente sentencia: "La letra con sangre entra". Esta fuerte aseveración apunta a la imposición educativa y a la represión utilizada en muchas de las aulas, donde el castigo era la norma. Hacia atrás, se visualizan otros elementos de esa pedagogía eficaz en la socialización de niños y niñas: el género. En una vitrina, separados en dos grandes bloques, juguetes y juegos sindicados para unos y otras. Así, los estereotipos de lo femenino y masculino emergen desde su generación en el ámbito familiar, a su reproducción y anclaje, en las escuelas, llevando al visitante a la reflexión: ¿por qué las niñas solo pueden acunar bebés y solo los varones patear un balón? El MPIW involucra una temática candente, la constitución y reproducción del patriarcado, sin utilizar directamente la explicación sobre la subordinación femenina o los valores masculinos.

Ejemplos de ese tipo de encuentros están a lo largo de la visita[155], pero la aproximación no se hace solo a partir del encuentro patrimonial o del recuerdo y la nostalgia por lo perdido, sino impulsando al espectador a su creatividad y, sobre todo, al pensamiento crítico. Por eso consideramos que el MPIW es

---

155. En muchos casos, con cartelas amarillas que no explican los objetos sino que irrumpen en medio de la serie (ejemplo: "No era un desierto. Querían un desierto", en relación con una fotografía de Inacayal y su familia, aludiendo a la Conquista al Desierto y el genocidio resultante).

irónico: no adoctrinar en un sentido u otro, sino pretender actores pensantes y no sujetos pasivos entre quienes paseen por sus salas. La apuesta es potente y no se logra con los recursos audiovisuales *a la page* (pantallas táctiles, por ejemplo), sino, con una inteligente estética, fuertemente política, pero, a la vez, modesta. El museo "sabe" que no es neutral, pero también que tiene un lugar en el decir en la historia de Ingeniero White y que, en sucesivos giros, requiere para eso mencionar hacia atrás lo sucedido en la región, en el país y en el mundo. En el entramado, también el relato ubica el pasado de los sectores populares (inmigrantes, trabajadores) y subalternizados (indígenas), de sus represiones y genocidios, así como de las luchas y triunfos. Para esta impronta, la memoria y el presente son significativamente importantes, puesto que las ganancias y pérdidas se explican a través de las salas solo si esa especie de "viaje" al recuerdo permite insertarlo en el hoy, más allá del patrimonio a proteger. De aquí que riqueza y valor como recurso no sea solo didáctico, sino político.

En este y otros museos, las comunidades locales representan el centro del asunto: en el MPIW, la propuesta se inclina una y otra vez a bucear, no hacia el pasado (solamente), sino a encontrar las líneas de fricción y acuerdo con lo que sucede en lo cotidiano y su impacto social. Esa no es una tarea fácil, porque si bien las experiencias son enriquecedoras, requieren de una particular sensibilidad, tanto de los gestores y hacedores como de la participación del entorno, frecuentemente deprimido a nivel socioeconómico. Es preciso considerar ese aspecto de manera central, y adecuar las exposiciones a las constantes demandas, que obedecen incluso a situaciones puntuales y a sectores muy diversos de un amplio abanico social[156]. Las operaciones formales de coleccionar, identificar, realizar un montaje y catalogar no son ajenas a las de la intervención de la sociedad. Ambos entramados se encuentran en sintonía, como una apuesta alternativa de invención colectiva[157].

También en Argentina, las comunidades salen en defensa de su patrimonio, aupadas en una sensación de pérdida ya irreparable: pasado el ciclo de

---

156. Bianco (2022) señala que la "experiencia colectiva de trabajo" no indica sólo al equipo de trabajo actual, sino también a anteriores, donde las personas de la gestión fueron modificándose, pero con la continuidad del proyecto. Y, además, articuladas con la comunidad, en especial con la Asociación Amigas del Museo que tiene un papel dinámico central.

157. Longoni (2019) argumenta que estas formas de exposición donde se incluye de manera problemática el arte y la historia aparecen también en otros de América Latina, como el Museo Salinas del artista Vicente Razo en México y el Museo Travesti del Perú.

crecimiento y expansión supuestamente imparable, donde sobre todo los obreros tenían la expectativa de vivienda, salud y trabajo, a los horizontes neoliberales de finales del siglo XX, que van entre el desencanto y la desesperación (ver al respecto Lobato 2020). En el Museo de Berisso (La Plata), el archivo, la biblioteca y luego el espacio de exposición asumió una lógica también de la resistencia a un modelo socioeconómico restrictivo inmerso en el neoliberalismo. Y, además, indica la autora que la seducción de estos espacios donde en principio asistía para localizar información para sus investigaciones, cedieron su lugar a los objetos que representan el trabajo, el esfuerzo, las luchas, en resumen, los sueños de transformación del futuro, en un nuevo museo. Este es un desafío al que los historiadores en realidad estamos poco acostumbrados, puesto que trabajamos con y para los documentos, escondidos de la realidad y del presente. Pero al salir de esa especie de obligación en pos de la verdad escrita, podemos abrirnos a un juego de riqueza insospechada sobre el impacto de los hechos sobre las personas, y a la vez, sus capacidades para hacer frente a las imposiciones.

Tal cuestión, en especial, aparece en el escenario planteado por Campi (2023), respecto al Museo Ferroviario de Tafí Viejo, en el Norte argentino (Tucumán). En esta experiencia compartida, aún no finalizada como espacio expositivo, están las semillas de multitud de propuestas y alientos hacia nuevos horizontes. Y, creemos, esta apuesta no es solo de los académicos, sino que debe reunir a los integrantes de aquella comunidad, en pie de lucha frente a otras demandas, porque solo así será un fruto significativo de ese proceso de recordar, tan caro a nuestra cultura.

Al retomar los hilos de este capítulo sobre museos de pioneros, hemos centrado la discusión en diferentes espacios al interior de Argentina, Chile y Paraguay, todos ellos con marcado sentido periférico y bajo la impronta de la colonización occidental. Tanto con la imposición de la cruz como por el arado o los rebaños, la conquista supuestamente pacífica de tierras ignotas en el siglo XIX se impuso en el relato de los centros museales contemporáneos, generalmente modestos y de escaso presupuesto. En muy pocos de ellos es posible registrar una voz disonante, que abre a los visitantes otras posibilidades de relatos históricos donde asoma el conflicto y se alude directamente a las víctimas, así como al pasado de las comunidades inmersas en procesos más amplios, tanto del pasado como del presente.

En el capítulo siguiente, abordamos en el caso español en especial los museos emergidos desde los márgenes y bajo el sustento de otra narrativa esencialista: la del folklore.

Capítulo 5
ESPAÑA: DERIVAS FOLKLÓRICAS Y ETNOLÓGICAS

5.1. Antropologías de lo ajeno

Desde su origen disciplinar, los estudios antropológicos acogieron a los "otros", ya fuera en tono evolucionista o funcional-estructuralista, para demostrar comparativamente el progreso occidental y legitimar la dominación colonial sobre conjuntos sociales subalternizados. En los años sesenta, hicieron implosión diferentes movimientos antirracistas, de minorías étnicas, de organizaciones feministas y homosexuales, entre otros, que se unieron a la discusión sobre la descolonización de Asia y África. Se incorporaron a un candente clima de novedades que impactó sobre la representación de la otredad y hemos recogido en capítulos anteriores.

España no formó parte central de esos debates, dado el peso de la censura y represión de la dictadura franquista durante ese período y su influencia ideológica posterior (Schammah Gesser 2011). La marginación de siglos pasados, en virtud de la religión o etnicidad (y que dividió entre "castellanos" y moros, gitanos o judíos), se modificó por la de nuevos "otros", en especial, los inmigrantes de África, Cercano Oriente y América Latina. De acuerdo con Rein y Weisz (2011), hay pocas naciones como la española, donde la pasión por definir su "esencia" desbordó los intercambios intelectuales desde la generación de 1898 en adelante e impulsó diferencias a veces irreconciliables entre nacionalistas, nacional-regionalistas, cívico-liberales, conservadores y católicos.

Ahora bien, los museos decimonónicos se nutrieron del carácter explicativo de la diferencia y subordinación de lo no-occidental, demostrándolo en exposiciones y vitrinas que llevaban tras de sí también la impronta de lo

133

exótico[158]. Y tales nociones permearon los museos de toda Iberoamérica desde el siglo XIX a parte del XX, para fortalecer tanto la ciencia como la supuesta identidad nacional a través de los objetos[159].

Venidos de otros espacios, vasos rituales para las libaciones diplomáticas[160], o las figuras Byeri de los Fang[161], constituyen en el museo series tipificadas para su estudio (lo prehispánico, lo africano). También, en una jerarquía que eleva lo propio frente a lo de los extraños, museólogos y curadores reordenaron historias e hicieron coincidir lugares distantes, con el artificio del aparato museal[162].

En el ámbito peninsular, una cuestión que salta a la vista fueron las dificultades de las instituciones de tipo antropológico y etnológico por hacerse un lugar original en el sobrepoblado escenario museístico. Los museos españoles parecen ser de escasa referencia internacional, a diferencia de los ecomuseos francófonos o los comunitarios de México, y si bien tienen en general una cuidada presentación estética, las narraciones a que hacen lugar cristalizan muchas veces nociones lejanas al pluralismo. Además, se encuentran muy por debajo de los intereses y visitas de otros centros, como los de arte.

Como ejemplos de instituciones abocadas a las disciplinas que nos ocupan, de orden nacional, se encuentran el Museo Nacional de Antropología (MNA) y el Museo de América (MA), ambos en Madrid y que constituyen espacios de gran envergadura. Uno de ellos se encuentra en las inmediaciones de la Estación de Atocha, cercano al principal circuito museal de la capital española, pero marginal al turismo nacional y extranjero. El otro está localizado

---

158. Se trata de un tema muy estudiado sobre todo en el ámbito anglosajón y en relación con los museos científicos tanto de ciencias naturales como sociales. Ver al respecto Macdonald (2006).

159. Es un proceso que aún continúa, como hemos desarrollado en Di Liscia, González de Oleaga y Bohoslavsky (2010).

160. Ver como ejemplo "Kero en forma de cabeza de jaguar", en Museo de América, https://www.cultura.gob.es/museodeamerica/coleccion/america-prehispanica/kero-jaguar.html, consultada el 26 de enero de 2024.

161. "Colecciones africanas", en: Museo Nacional de Antropología, en: https://www.cultura.gob.es/mnantropologia/colecciones/fondos-museogr-ficos-y-documentales/nuestra-coleccion/africa.html, consultada el 26 de enero de 2024.

162. Tal coincidencia a la vez tiene en sí la noción de los "pueblos sin historia", denominados desde una visión occidental, que se complementa con la idea que Fabian (2002) desarrolló a partir de la noción de la no existencia del tiempo para los "otros" en determinadas escuelas de antropología.

en un espacio mucho más aislado, cerca de la Ciudad Universitaria, en un edificio de estilo historicista con una torre inspirada en una iglesia neo-barroca[163].

El MNA, primer museo de antropología español, fue en sus inicios un museo privado, propiedad del médico Pedro González de Velasco. Se fundó en 1875 en el mismo edificio que hoy lo aloja, con el nombre de Museo Anatómico, dedicado a colecciones vinculadas con la antropología médica y física[164]. En 1940, el museo cambió su denominación por la de Museo Nacional de Etnología; su director, José Pérez de Barradas, indicó profusamente que la institución debía fomentar el orgullo español con el conocimiento de su imperio, tanto a través de navegantes como conquistadores y misioneros. Así, las colecciones siguieron un criterio evolucionista ascendente, desde el salvajismo a la barbarie y civilización (Villa González 2022).

Desde 1965 a 1986, bajo la dirección primero del antropólogo Claudio Esteva Fabregat y luego de otros especialistas, se rompió con esta lógica bajo una vocación estructural y universalista. A mediados de los Ochenta, se organizó a través de áreas geográficas, disposición que continúa presentando hasta hoy. Así, se superaría la dicotomía entre lo propio y lo ajeno, difundiendo valores plurales culturales (Villa González 2022). La muestra actual se aboca a la antropología cultural[165]. En su difusión, se indica que:

---

163. Sobre el Museo de América, véase: Cabello Carro (1993), Cabello Carro, García Sáiz, Sánchez Garrido, Rovira Llorens y Jiménez Villalba (1994), Robledo Sanz (2017), Betrisey Nadali (2015), Delgado Ruiz (1995), Krizmanics (2018), Sanz Jara (2018), Sanz Jara y Simón Ruiz (2023) y, específicamente, González de Oleaga y Monge (2007); González de Oleaga (2009) y González de Oleaga (2016), donde se indica que el tono general de las muestras se dirige a mostrar la persistencia del dominio colonial hispano sobre América, basada en instrumentos científicos, geográficos y lingüísticos emanados de la metrópoli, y se evaden el dinamismo y la historicidad americana antes y después del control europeo.

164. En relación con Museo Nacional de Antropología, véase: Sánchez Gómez (2014), Romero de Tejada (2012, 2008), Alonso Pajuelo (2018), Montechiare (2017, 2018), Carretero Pérez (1994), Sáez Lara (2016, 2019). Ver asimismo Abad García (2022).

165. La exposición permanente del MNA se divide en 5 salas: Los "orígenes del museo" está siendo remodelada en profundidad, para incluir "todas las páginas de la historia del museo" (https://www.culturaydeporte.gob.es/mnantropologia/museo/museo.html, consultada el 20 de diciembre de 2023); Filipinas; Religiones orientales; África; y América. En lo tocante a esta última (https://www.culturaydeporte.gob.es/mnantropologia/visita/exposicion-permanente.html, consultada el 20 de diciembre de 2023), denominada también Abya Yala en la exposición, cuatro son las áreas temáticas: Vestido, Ocio, Religión y Modo de vida.

Hoy en día, sin abandonar su identidad, el museo ha evolucionado hasta convertirse en una institución cuya principal finalidad es la difusión de los valores de la diversidad cultural y el respeto que merece. Sin ir más lejos, la exposición permanente del museo está orientada a ofrecerte una visión global de las culturas de diferentes pueblos del mundo para que puedas apreciar cómo esa diversidad cultural nos enriquece. Verás que los grupos culturales están organizados por continentes y, dentro de cada uno de ellos, las diferentes manifestaciones se ordenan según un mismo esquema o patrón de contextos funcionales que se repite en cada sala[166].

El MA, único en España dedicado a América en su especificidad, fue creado al finalizar la Guerra Civil en 1941, con vocación de reunir las colecciones públicas americanas existentes en España. Sin embargo, no contó con un edificio propio, sino que ocupó parte del Museo Arqueológico Nacional hasta 1965, cuando se inauguró la institución museológica en su edificio actual. A mediados de la década de los Ochenta, el museo cerró para una profunda reforma de su exposición, reabriendo en 1995, a pesar de que la previsión era que lo hubiera hecho en 1992, con motivo de la celebración del V Centenario del llamado Descubrimiento de América[167]. Ese fue un hecho urticante para muchos movimientos étnicos latinoamericanos, muy debatido también en el ámbito académico (Rein y Weisz 2011).

Los estudios más críticos sobre ambos museos enfatizaban entre uno de sus problemas la escasa mención al pasado incómodo, con la conquista y colonización, y por supuesto, como indicamos, la esclavitud. Las colecciones provienen de áreas en América, Asia y África controladas por España desde el siglo XV[168]. En la actualidad, a través de exhibiciones no permanentes o

---

166. Museo Nacional de Antropología, en: https://www.cultura.gob.es/mnantropologia/museo/museo.html, consultada el 20 de diciembre de 2023. Sobre estudios específicos al respecto, ver Alonso Pajuelo (2018); Montechiare (2017, 2018), Prieto Arratibel (2018).

167. La muestra está sistematizada en cinco áreas: "El conocimiento de América", "La realidad de América", "La sociedad", "La religión" y "La comunicación". El objetivo de esta exposición, según se explicita en su página web es: "Desde un enfoque antropológico, el recorrido intenta mostrar la fascinante realidad americana y adentrarnos en su diversidad cultural y social" (Museo de América, en: https://www.culturaydeporte.gob.es/museodeamerica/exposiciones/exposicion-permanente.html, consultada el 20 de diciembre de 2023). En relación con estudios sobre este espacio museal, ver Abad García (2022).

168. Delgado Ruiz (1995), González de Oleaga y Monge (2007), González de Oleaga, Bohoslavsky y Di Liscia (2011), González de Oleaga (2016), Krizmanics (2018); Sanz Jara y Simón Ruiz (2023).

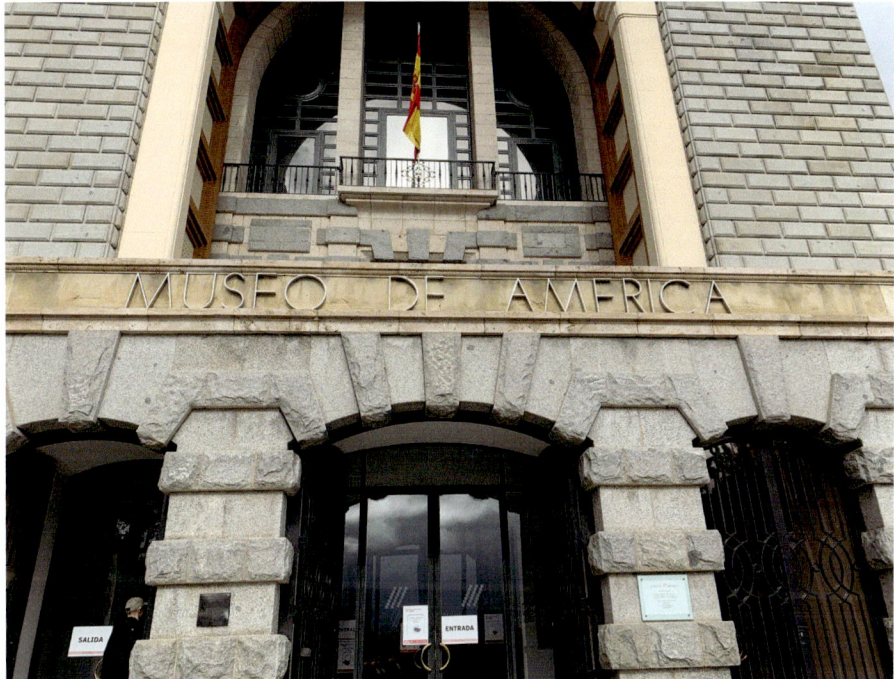

Figura 21. Museo de América, Madrid (España). Fachada. Foto: Eva Sanz Jara, 2021

recorridos guiados, ambos museos dan cuenta de la captura y venta de personas[169]. Además de los anteriores, otra institución que indicaba la ajenidad era el Museo de África, posteriormente desaparecido; esta temática se incluye en la actualidad en un museo privado, de titularidad eclesiástica y carácter misional[170].

---

169. Ya hemos mencionado la muestra en el MNA en la introducción, y agregamos aquí el recorrido realizado en febrero 2024 de "Presencia Afrodescendiente" en el MA. A través de la descripción de mediadores culturales, los visitantes se acercan a una selección de piezas y escenarios definidos con anterioridad, como los cuadros, biombos y figuras de cera donde están presentes o puede intuirse a esclavos, pero también a personas de "color". Ver asimismo Museo de América, en: https://www.cultura.gob.es/museodeamerica/exposiciones/2021-itinerarios/rastro-afrodescendiente.html, consultada el 17 de febrero de 2024.

170. Museo Africano Mundo Negro de Madrid, fundado en 1985 (https://www.casafrica.es/es/redes/museo-africano-mundo-negro-de-madrid, consultada el 12 de abril de 2024). Más información en Abad García (2022).

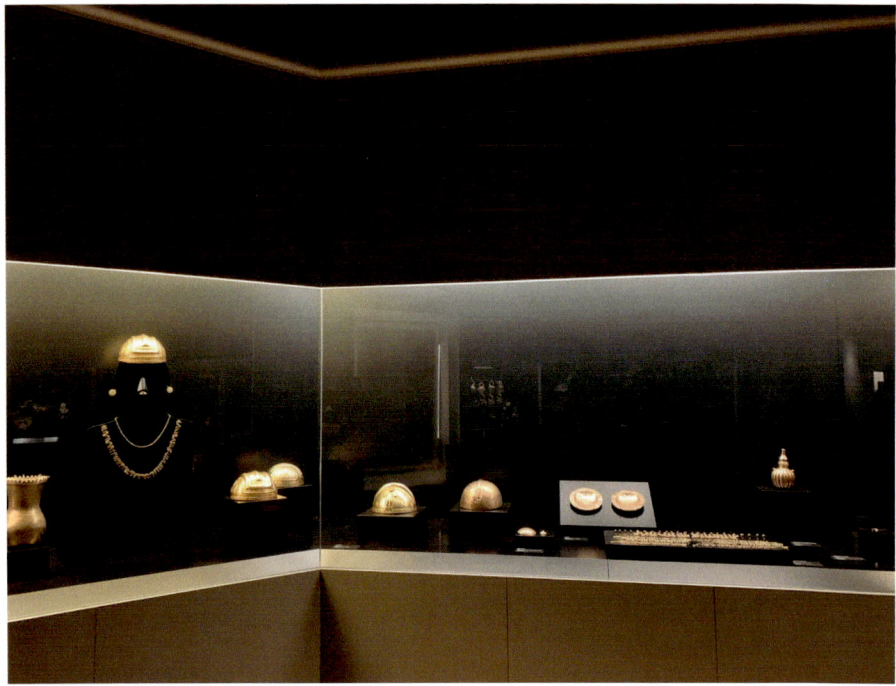

Figura 22. Museo de América, Madrid (España). Tesoro de los Quimbayas.
Foto: Eva Sanz Jara, 2021

Aunque todos estos espacios registran desde luego el pasado de determinadas colecciones, la denominación de la especialidad arqueológica o histórica indica otros objetos y exposiciones que atan los nudos históricos de la Península desde el paleolítico hasta aproximadamente el siglo XVI[171]. Es significativo que el MNA refiera a la "antropología" mientras que los nombres de "folklore", "artes, costumbres y tradiciones populares" así como "etnografía" se utilizan en los museos dependientes de las comunidades autonómicas, ejes de los próximos apartados. Y la función identitaria, tan cara al origen y financiamiento del Estado, no siempre está presente en el apoyo del público[172].

---

171. Tal es el caso del Museo Nacional de Arqueología, al que hemos hecho referencia en capítulos anteriores.

172. Ver al respecto López Alvarez (2022).

5.2. ETNOGRAFÍAS DE LO PROPIO EN LAS COMUNIDADES

A nivel jurisdiccional, existen en España en la actualidad diecisiete comunidades con cincuenta provincias y dos ciudades autónomas. Su historia más cercana obedece a la transición democrática y la salida al régimen dictatorial, dado que, en 1975, el ordenamiento territorial significó acuerdos políticos con grupos de diferentes regiones. Algunos de los principales hitos de esos años son las primeras elecciones generales en 1977, la promulgación de la Constitución en 1978 y varios de los Estatutos de Autonomía en 1979, que permitieron las primeras elecciones autonómicas entre 1980 y 1982. Así, la transición democrática con la implantación de una monarquía parlamentaria significó también la simultánea creación de las autonomías, en un Estado que se aclama como plurinacional y acoge las diferencias regionales[173].

De acuerdo con Juaristi, las élites del tardofranquismo primero y luego otros sectores políticos más progresistas fraguaron las identidades contemporáneas y el Estado autonómico. España ha sido siempre un espacio de identidades territoriales e incluso comarcales marcadas, aunque de manera desigual. Las identificaciones más pregnantes se localizan en las áreas donde además del castellano persistieron otras lenguas, como el gallego, el euskera o el catalán (Juaristi 2011).

Muchas de estas comunidades reivindicaron su idioma, cultura e historia, en oposición al centralismo del espacio capitalino, la Comunidad de Madrid. Las disputas se mantienen hasta el presente, e involucran aspectos determinantes de la vida económica y política que hacen dudar de la pertenencia nacional de parte de la población, cuyas vinculaciones se ciñen mucho más a las regiones y localidades[174]. Pero las identidades se presentan como múltiples y

---

173. Una reflexión inicial a nivel político, a pocos años de iniciado el proceso, es la de Montero y Torcal (1990). Como obra de referencia del período, Juliá (2017).

174. Sobre las disparidades regionales a nivel económico es complicado avanzar en un texto de estas características. Algunos índices permiten observarlas, como el Producto Bruto Interno (PBI) por habitante de cada comunidad autónoma, cuyo crecimiento fue de 2,39% en los últimos 45 años pasando de algo más de 414 millones de euros en 1975 a 1,1 billones en 2019. Murcia, La Rioja y Canarias son las comunidades autónomas donde más ha aumentado el PIB en media anual, mientras que Asturias, el País Vasco y Cantabria han registrado el menor avance. Entre 1978-2020, se incrementó a más de la media nacional en un 1,75%. Por encima de ese porcentaje, se sitúan Extremadura, Galicia, Castilla y León, La Rioja y Aragón, que superan el 2%. Por el contrario, los menores avances se han registrado en Baleares, Canarias, Cantabria y Asturias. Por lo que se refiere al desempleo, Extremadura y Andalucía son las dos

fluidas, dado que es posible a la vez "ser" español, y aragonés; de Vizcaya e iberoamericano, cuestión muy analizada en relación con el acceso y el dominio lingüístico, pero no tanto con los espacios de exposición. Esa es una clave de interpretación sobre la multiplicación de instituciones museales en casi cada comunidad autónoma, replicándose en provincias y jurisdicciones menores (alcaldías). Si bien algunas de ellas surgieron antes de la organización comunitaria, su impulso y desarrollo posteriores sugieren un interés en la impronta regional y local.

En cada autonomía española se encuentra un museo de carácter regional, como si fuera imprescindible su acompañamiento en el recorrido cultural turístico y a la vez, prueba certera de la existencia real de esa identidad. Tal es el caso del Museo Etnográfico de Cantabria, del Museo Etnográfico de La Rioja, del Museo de Zaragoza, del Museo Etnológico de Navarra Julio Caro Baroja (Estella), del Museo Etnográfico Extremeño González Santana (sito en Olivenza, Badajoz), el Museo Etnológico de Muro en Mallorca (Baleares) y el Museo de Historia y Antropología de Tenerife (Canarias). Además del Museo de la Sociedad Vasca y la Ciudadanía (en San Sebastián), el Museo Etnológico y de las Culturas del Mundo (Barcelona), el Museo de la Huerta, en Alcantarilla (Murcia), el Muséu del Pueblu d'Asturies (Gijón), el Museo de Artes y Costumbres Populares de Sevilla, el Museo do Pobo Galego (Santiago de Compostela), el Museo d'Etnología de Valencia y el Museo Etnográfico de Zamora, por mencionar varios de los más destacados, situados en diferentes comunidades. En ellos, se despliegan algunas de las nociones de defensa patrimonial notadas anteriormente en relación con instituciones de otras áreas americanas y en su denominación incorporan nociones de las especialidades que hoy en día, han suplantado la de folklore[175].

La etnología, el pueblo y la etnografía están tanto en los nombres como en las menciones específicas a la especialidad de estos centros. Aunque no podamos describirlos todos, vamos a acercarnos a algunos de ellos, que se encuentran en Cataluña, Galicia, Asturias, Zamora, Valencia, Murcia y Sevilla. Estos museos se sustentan en general a partir de la noción de la diferencia

---

regiones con una mayor tasa de paro y muy superior a la media nacional, mientras que el País Vasco y Aragón presentan menor tasa de desempleo (Mínguez Fuentes 2021).

175. Sobre algunos de estos museos regionales, véase: Cátedra Tomás y Barañano (2005), Roigé i Ventura (2015), Arrieta Urtizberea (2012, 2015), Díaz Balerdi (2012), Barragán Jané (2015), Gómez Pellón (1995), López Álvarez (2022-2020), Grau Lobo (2015), Delgado Méndez (2008).

identitaria regional y como consecuencia de esta misión, se enmarcan los objetivos museísticos regionales y provinciales de emprendimientos surgidos desde el siglo XX a principios del XXI. Aunque algunos anteceden la organización autonómica, sus muestras tienen la impronta de resguardar el patrimonio material e inmaterial de las comunidades, más que demostrar la hispanidad de sus habitantes. La particularidad del turismo, motor del crecimiento económico español, no debe dejarse de lado, y dado que la gastronomía, hostelería y todos los servicios se orientan hacia ese mercado, la oferta cultural es central para muchas comunidades.

La bahía de San Sebastián y su ciudad emblemática de la bella costa del País Vasco (Euskadi), acoge el Museo de San Telmo, creado en 1900 e inaugurado en 1902 por iniciativa de la Sociedad Económica Bascongada de Amigos del País. Actualmente se denomina Museo de la Sociedad Vasca y la Ciudadanía y se presenta como el "único museo de su entorno dedicado a la sociedad vasca desde la perspectiva de un museo de sociedad"[176]. Posee colecciones de arqueología, bellas artes, etnología, fotografía e historia; con exposiciones multidisciplinares que narran la evolución social vasca hasta la actualidad, según la misma institución. Sus secciones son: "Historia del sitio": evolución del edificio del museo; "Los desafíos de nuestra sociedad"; "Huellas en la memoria": hitos fundamentales de la historia vasca; "El despertar de la modernidad": siglos XIX y XX; y "Colección histórica de arte"[177].

El lugar donde se enclava el museo es un espacio católico, aunque los curadores indican que esta es una de las posibilidades de expresión y no la única. De hecho, se exponen *argizaiolas* y estelas como signo de espiritualidad pagana, fruto del sincretismo y la religiosidad popular. Así, también, la importancia del hierro en Gipuzkoa y Bizkaia para armas e implementos de labranza se explican en esta región como parte de su producción, pero en las palabras de las publicaciones *ad hoc,* no ha sido determinante y existen otros sitios en España de similares características[178]. Ambas cuestiones permiten entrever un guion museal más complejo que la simple enumeración de objetos en pos de

---

176. "STM. Museo de la Sociedad Vasca", en: https://www.santelmomuseoa.eus/index.php?option=com_flexicontent&view=items&cid=1&id=3&Itemid=10&lang=es, consultada el 26 de enero de 2024.

177. San Telmo Museoa, en: https://www.santelmomuseoa.eus/index.php?option=com_flexicontent&view=items&id=66&cid=0&Itemid=70&lang=es, consultada el 22 de febrero de 2024.

178. San Telmo Museoa, en: https://www.santelmomuseoa.eus/uploads/Actividades/Diversificacion/VEN_VERTE_Prof-CAS-OP.pdf, consultada el 26 de enero de 2024.

ensalzar una raza o nación, que deberá por supuesto ser profundizado con trabajos posteriores.

A diferencia de lo sucedido en Madrid y otras comunidades que estamos analizando, Barcelona optó por circunscribir en un mismo edificio colecciones tanto de espacios culturales externos como del interior del territorio nacional, con ánimo más cosmopolita. Se trata del Museo Etnológico y de las Culturas del Mundo, cuyas dos sedes están, una abocada al "patrimonio de la vida cotidiana" y la otra a mostrar los cinco continentes. La primera se dedica a Cataluña sobre el eje principal "Sentir el patrimonio". En la sala central, seis grandes objetos plantean los siguientes ejes temáticos: una barca, una prensa de vino, un telar, un soplete de herrero y un armario de herbolario[179]. El centro surgió a través de la fusión de dos de carácter muy diferentes: el Museo de Industrias y Artes Populares, nacido en 1942 para materializar la identidad catalana y el Museo Etnológico y Colonial, surgido en 1949, luego de la exposición universal de años antes[180]. Así, incorporan más de 70.000 objetos relacionados con la vida cotidiana de diversas culturas (vida doméstica, oficios, tradiciones y creencias) de los cuales la mitad procede de Catalunya y otras zonas de la Península Ibérica, mientras que el resto proviene de Japón, Afganistán, Marruecos, Senegal, Guinea Ecuatorial, Papúa Nueva Guinea, Australia, Perú, Centroamérica y México[181].

El Museo de la Huerta, en la localidad de Alcantarilla, Murcia, ofrece "una muestra de la vida en la huerta". Fundado en 1967 como museo al aire libre, se divide en varias zonas (áreas de difusión etnológica): La rueda, La barraca y Jardines[182]. Se trata de una apuesta que, según la propia institución, reflexiona sobre el pasado, presente y futuro, como emblema de artes, tradiciones, costumbres, oficios y labores populares y ejemplo de la geografía española y de otros espacios. Pionero en su género en el momento de su formación, el Museo representa al oasis de cultivos en el desierto, que caracteriza el paisaje de Murcia y una agricultura de trabajo colectiva, en parte desaparecida por el desecamiento hídrico actual. Tanto jardines de gran belleza como

---

179. Museo Etnológico y de las Culturas del Mundo, en: https://patrimoni.gencat.cat/es/coleccion/museo-etnologico-de-barcelona), consultada el 20 de diciembre de 2023.

180. Museo Etnológico y de las Culturas del Mundo, en: https://www.barcelona.cat/museu-etnologic-culturesmon/es/el-museo/historia-del-museo, consultada el 29 de enero de 2023.

181. Fornés García, Pérez Hernández y Azón Masoliver 2009.

182. Museo de la Huerta, en: https://www.museodelahuerta.es, consultada el 22 de febrero de 2024.

acequias y artilugios hidráulicos se presentan al visitante dentro de las tradiciones etnológicas propias de la región, y esos 15 000 m^2 se unen a las salas donde se encuentran maquinarias, ropajes e implementos de los "huertanos" (Riquelme Manzanera 2006)[183].

Aunque se encuentren evidencias de acequias y tecnologías desde los romanos a los árabes, el Museo elevó en 1967 un "Monumento al Huertano", con piedras de las mismas canteras de donde salieron los bloques de la Catedral de Murcia y otros monumentos cristianos. Esta imagen simboliza de manera "intemporal", el sacrificio de hombres (no mujeres) en el trabajo de la tierra: "Vida y alma en el legado y mantenimiento de los usos, costumbres y tradiciones de la huerta, desde que los sucesores de Al-Haken II, supieran variar las armas por el arado y mejorar el sistema de riegos. Siempre esclavo de riadas y sequías, luchando y defendiendo el humilde provecho de sus esquilmos" (Riquelme Manzanera 2006: 123). Así, la conjunción de monumento y museo refrenda la noción identitaria forjada en la labor campesina, como centro de una región muy sacudida por crisis económicas y que ha sido una de la más pobres de España.

En Gijón se despliega en un amplio escenario el Muséu del Pueblu d'Asturies, fundado en 1969 para "conservar la memoria del pueblo asturiano" (*Muséu del Pueblu d'Asturies*, 2023, s/p). Posee colecciones de instrumentos y grabaciones de música tradicional, así como fotografías. También representaciones y artes gráficas, documentos personales, comerciales e industriales. La institución ocupa varios edificios, en los que se ubican tanto exposiciones permanentes como temporales[184]. Entre ellos, están la casa de los Valdés (siglo XVII), con exposiciones fotográficas; la de los González de la Vega (siglo XVIII), dedicada al Museo de la Gaita; el Pabellón de Asturias de la Exposición de 1992 y tres pabellones más abocados a la exposición de aperos agrícolas, carros preindustriales e industriales, aperos, máquinas, aparejos de caballería y utensilios. Asimismo, componen el Muséu una casa campesina terrera, un pisón o molino de mano, un llagar con prensas de sidra, así como

---

183. El museo publica desde finales del siglo XX aunque con discontinuidad la revista Cangilón, cuyos índices refieren en general a la problemática regional, tanto sobre arqueología, historia como etnografía (Revista Cangilón, en: https://www.regmurcia.com/servlet/s.Sl?sit=c,371&r=ReP-28521-DETALLE_REPORTAJESPADRE, consultada el 30 de enero de 2023).

184. Ver como un ejemplo de tales exposiciones la realizada sobre fotografías de construcciones efímeras en Gijón (Blanco González 2020).

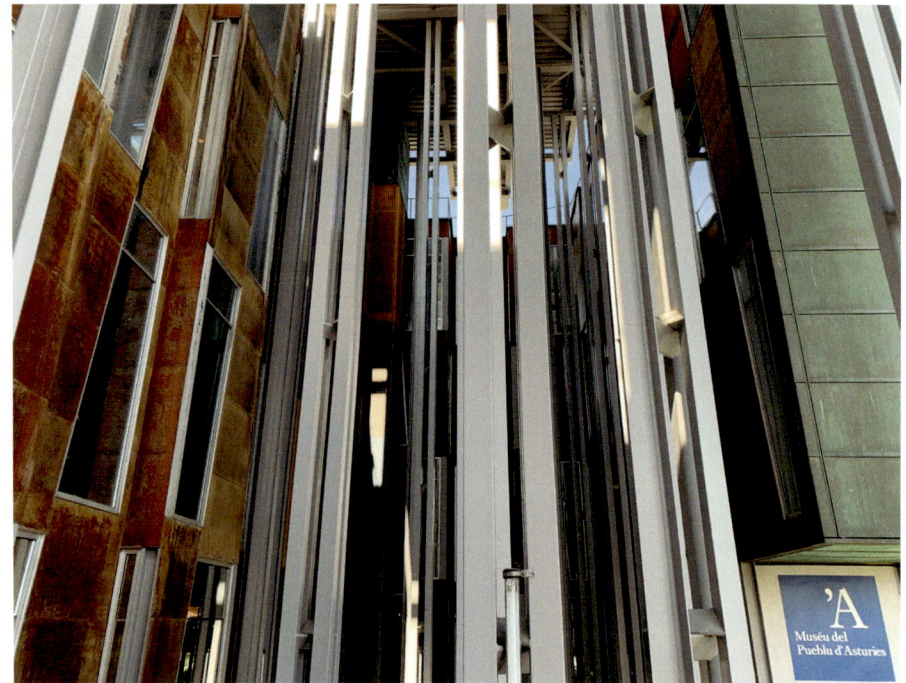

Figura 23. Museu del Pueblu d'Asturies, Gijón (España). Fachada.
Foto: Eva Sanz Jara, 2020

paneras y hórreos, estos últimos, espacios donde se resguardaban animales o cosechas, construidos cerca de las viviendas[185].

La iniciativa de su creación provino de la Cámara de Comercio de la ciudad, vinculada a ferias industriales, y actualmente, a pesar de depender de las autoridades municipales, no es un museo local. Su organización está en manos tanto del ayuntamiento de Gijón como de fondos del Principado de Asturias[186]. Asturias era referente respecto a la producción siderúrgica, naval y minera, con una tradición en la movilización obrera y la lucha antifranquista.

---

185. Red de Museos Etnográficos de Asturias, Museu del Pueblu d'Asturies, en: https://redmeda.com/museos/museu-del-pueblu-dasturies/, consultada el 22 de febrero de 2024. Una síntesis de las características de este complejo museal con sus 18 edificios diferentes en "Muséu del Pueblu d'Asturies", 2023.

186. Un análisis interesante sobre colecciones y aspectos históricos en relación con los diferentes museos asturianos, que incluye este en particular, en López Álvarez (2022).

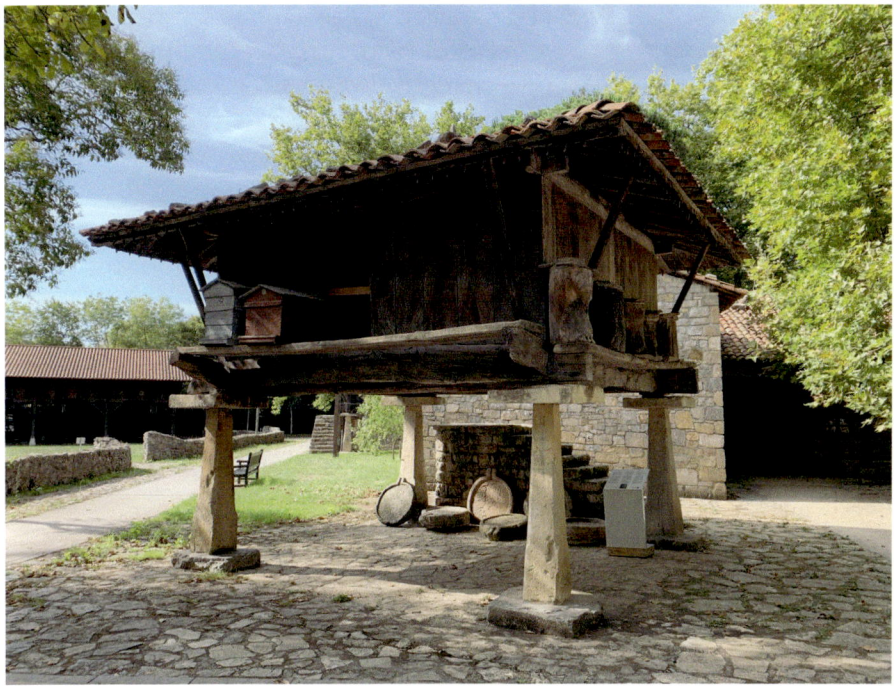

Figura 24. Museu del Pueblu d'Asturies, Gijón (España). Hórreo.
Foto: Eva Sanz Jara, 2020

Gijón carecía de monumentos u otros símbolos identitarios, por lo que este y otros museos tenían como intención brindar a la comunidad cohesión colectiva. A finales del siglo XX, el proceso de desindustrialización llevó al deterioro urbano y, a la vez, fortaleció la dotación de una infraestructura cultural, con la creación de centros museales bajo la impronta de la nueva museología y el interés de las comunidades autónomas común a toda España, entre otros factores (González Lafita 2006). Pero estas cuestiones vinieron acompañadas de no pocos problemas, dada la crisis económica producto de la desindustrialización de finales del siglo XX y la falta de apropiados instrumentos legales en relación con la salvaguarda patrimonial, así como dificultades de implementación museal.

En 1981, Antonio Limón Delgado, director del Museo de Artes y Costumbres Populares de Sevilla –del cual hablaremos luego– y Augusto Panyella, director del Museo Etnológico de Barcelona, asesoraron una propuesta de reformulación y, desde 1992 al presente, una nueva reforma, acorde con los tiempos de revisión crítica, incorporó al centro del escenario los valores del ICOM: patrimonio cultural, colecciones e investigación en ese enorme espacio museal. Gracias a una profunda renovación de la exposición coordinada por especialistas externos y universidades locales, el Museu del Pueblu d'Asturies se incorporó a los lineamientos más contemporáneos, liderando a su vez redes de otros en toda la comunidad autonómica[187].

El Museo de Artes y Costumbres Populares de Sevilla, fundado en 1973, depende de la Junta de Andalucía. Alberga sus colecciones en la Plaza de América, específicamente en el Pabellón Mudéjar de la Exposición Iberoamericana de 1929, espacio emblemático central y relativamente nuevo en una ciudad con cantidad de monumentos milenarios muy visitados por el turismo nacional e internacional.

Su exposición se divide en dos; en la planta semisótano se alojan los bloques temáticos sobre análisis de las funciones y la tipología del mobiliario y utensilios domésticos, oficios artesanales y actividades de transformación de ciertas materias primas, documentación de las producciones cerámicas: azulejería, cerámica histórica, cerámica popular actual y loza industrial, técnicas de transformación de la metalistería, armas destinadas a la defensa personal y sistemas de medidas tradicionales. En la planta principal, las salas están dedicadas a exposiciones temporales y a escenificar las dependencias laborales y la vivienda de la familia Díaz Velázquez, dedicada al bordado[188].

Antonio Limón Delgado ejerció como director desde su creación hasta 2010. Este especialista de larga trayectoria vinculada al patrimonio y la etnología española denota en la misma organización museal su especialidad[189]. El Museo dispone de más de 7.000 metros cuadrados, con áreas de estudio y depósito, y, si bien se acredita el inicial proyecto museal, que era mostrar a los visitantes la riqueza etnográfica regional con objetos que simbolizaban costumbres, se anudan aquí fines integrados con los nuevos valores pluriculturales y democráticos:

---

187. López Alvarez (2022).

188. Museo de Artes y Costumbres Populares de Sevilla, en: https://www.museosdeandalucia.es/web/museodeartesycostumbrespopularesdesevilla, consultada el 22 de enero de 2024.

189. Museos de Andalucía, en: http://museosdeandalucia.com/censo/fichas/limon_delgado.htm, consultada el 31 de enero de 2024.

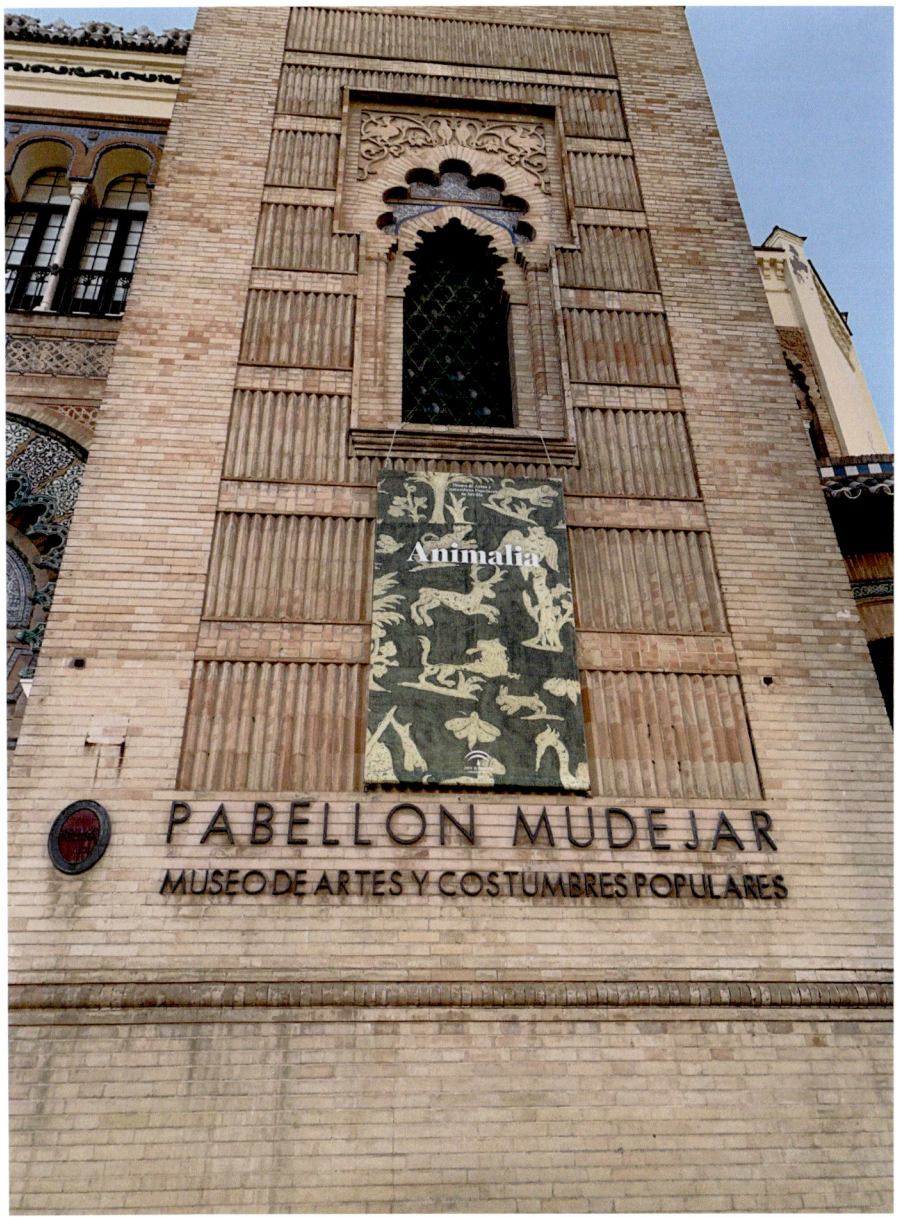

Figura 25. Museo de Artes y Costumbres Populares, Sevilla (España). Fachada.
Foto: Eva Sanz Jara, 2020

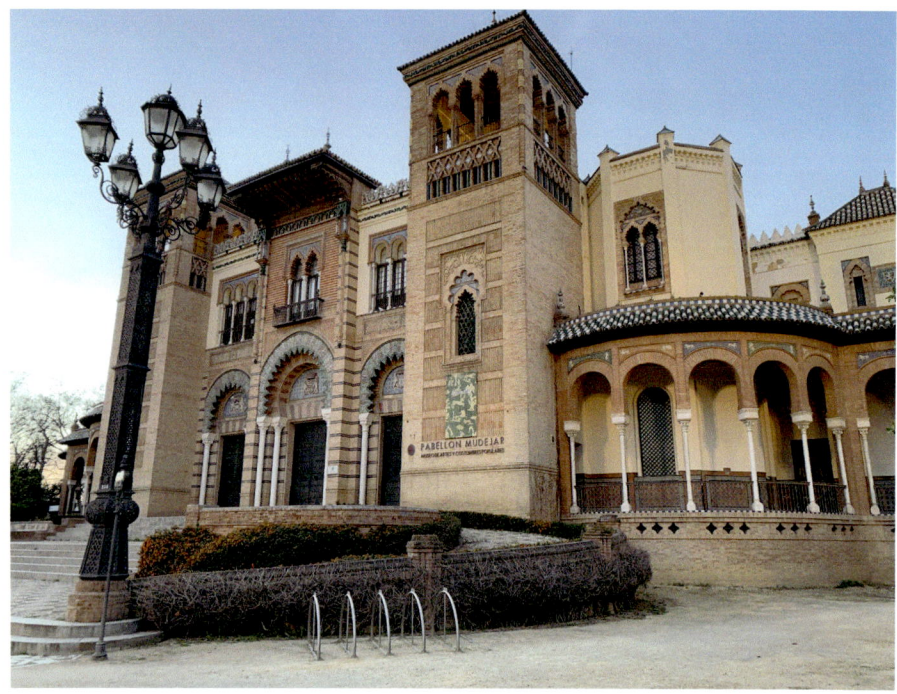

Figura 26. Museo de Artes y Costumbres Populares, Sevilla (España). Fachada.
Foto: Eva Sanz Jara, 2020

la cultura de un pueblo no es un objeto inmóvil, sino una sucesión dinámica de fórmulas de vida que van cambiando en un proceso a veces lento y a veces rápido, según se trate de estructuras fundamentales del tejido social o de fórmulas más superficiales sujetas a ritmos rápidos como las modas de vestir o de divertirse. Pero tal vez el mensaje más elaborado y apreciable que el visitante pueda esperar de este tipo de museos es el de que la identificación con lo propio no debe pasar por el desprecio de lo ajeno. El respeto por la diversidad cultural se cimienta en la reflexión sobre las diferencias culturales y los museos etnográficos y antropológicos han ayudado, desde el siglo pasado, a difundir esta idea entre los ciudadanos, combatiendo peligrosos tópicos creados sobre las diferencias raciales, lingüísticas o económicas (*Museo de Artes y Costumbres Populares* 2003: 6).

Por lo tanto, el aprendizaje no es solo recreativo y anecdótico sobre las colecciones de costumbres y tradiciones andaluzas, sino en general sobre sus distintas formas en un espacio determinado. A la vez, hay un posicionamiento

148

que defiende lo propio, pero sin el ejercicio de superioridad y esencialismo tan caro a las representaciones museales de otras épocas.

El Museo do Pobo Galego (Santiago de Compostela) se constituyó en 1976 para conservar y divulgar la cultura gallega a partir de proyectos anteriores a la Guerra Civil, cuando en 1923 se organizó un Seminario de *Estudos Galegos* y, luego, un Museo Etnográfico, abortados durante la dictadura franquista. Inicialmente estuvo ubicado en un edificio ruinoso, pero en 1976, con una intención de vigorizar la propuesta inicial, se mudó a otro de origen religioso, que había pasado a manos gubernamentales ya en 1836 (Sáenz Chas Díaz y Rodríguez Calviño 2017).

El emprendimiento tuvo el apoyo inicial del Ayuntamiento de Santiago y posteriormente de un Patronato integrado por la Xunta de Galicia, el Parlamento Gallego, el Ayuntamiento y la Universidad de Santiago de Compostela, entre otras instituciones (Fernández Cerviño 1997). Ubicado en el antiguo Convento de Bonaval, construido entre finales del XVII y principios del XVIII en honor a un peregrino medieval, San Domingo de Guzmán, el museo hace uso de su imponente arquitectura para la exposición (en especial, de la escalera helicoidal, única en su estilo) (Suárez Suárez, Estévez Lavandeira y Campo Martínez 2015). Su colección está formada por 15.000 objetos de la vida cotidiana gallega, organizada bajo cinco derroteros: el mar, el campo, los oficios, el espacio construido, y finalmente la sociedad, memoria y tradición[190].

Un debate de los años Noventa fue el idioma a utilizar en las muestras, que debía prestigiar el propio, por lo cual las guías se presentaban en galego, castellano y otras lenguas (Fernández Cerviño 1997). De acuerdo con un estudio profundo sobre los públicos y el impacto museal, en este centro se logró la transmisión de una concepción simbólica e identitaria del pueblo gallego, desde una escala enmarcada en la multiplicidad que recuerda a quienes visitan que, si bien los elementos patrimoniales que se muestran caracterizan al pueblo de Galicia, no son exclusivos y cobran significado solo en la interrelación entre otras culturas y territorios. Lo folk, entendido como un aprendizaje banal y exclusivo de lo propio, ha dado lugar, según los investigadores, a una visión simbólica amplia que permite a los visitantes asumir una construcción identitaria no excluyente y respetuosa de otras (Suárez Suárez, Estévez Lavandeira y Campo Martínez 2015).

---

190. Museo do Pobo Galego, en: http://museodopobo.gal/gl/cinco-roteiros-museo, consultada el 22 de febrero de 2024.

El Museu Valencia d'Etnología (ETNO), fundado en 1982 para recoger, estudiar y difundir lo relacionado con la cultura popular y tradicional valenciana, está situado en el Centro Cultural la Beneficencia y depende de la Diputación. Sus colecciones se dividen en: objetos (casa, campo y taller), efímera (documentos en papel creados para usarse en una sola ocasión), archivo fotográfico, filmaciones etnográficas y grabaciones sonoras y testimonios (relatos biográficos). Se trata del centro más importante de toda la comunidad referido a estas temáticas; en la primera planta se encuentran las secciones "La ciudad" y "Huerta y marjal", y en la segunda está la sección "Secano y montaña"[191].

Las definiciones generales sobre los alcances de la tradición y lo popular requirieron puntualizaciones de los especialistas, que, a su vez, tratan de ampliar el concepto de instituciones cuya denominación incluya la etnología. Así, este campo profuso en intercambios (y a veces, desencuentros) entre lo que se suponía entidades incrustadas en un pasado, que aludían a los recursos de la población rural y se expresaban de manera artesanal, se abren hoy en día hacia nuevas propuestas sobre los habitantes venidos de distintas geografías, aludiendo también a culturas populares y urbanas (Cruz Orozco y Seguí i Seguí 2015).

La primera propuesta para proteger la pérdida de costumbres ancestrales provino de Vicente Blasco Ibáñez en 1921, pero no se efectivizó, a pesar de algunos intentos por reunir colecciones que llevaran la impronta de los usos agrícolas cercanos, cuando ya la ciudad de Valencia era un centro comercial e industrial en crecimiento. En el siglo XXI, con el impulso de una museografía potente e impactante, las muestras consideran testimonios y temas destacados en el presente, como el género o la represión. A su vez, la sofisticación expositiva ha llevado al museo a ser influente foco de transformación en otros de similar tono, aunque pueden emerger ciertas críticas, justamente por su ordenamiento estético singular (Cruz Orozco y Seguí i Seguí 2015).

En esta apretada descripción, una de las más recientes instituciones que integra la etnografía regional es el Museo Etnográfico de Castilla y León. Se organizó en 2004 en el centro histórico de Zamora y, quizás por haber llegado más tarde, se incorporó a una corriente arquitectónica museal que refuncionalizó espacios existentes. La muestra consta de los siguientes temas: "El espacio y el entorno: Los trabajos y los días, El espacio, Los ingenios,

---

191. L'Etno. Museu Valencià d'Etnología, en: https://letno.dival.es/es/pagina/el-museo, consultada el 22 de febrero de 2024.

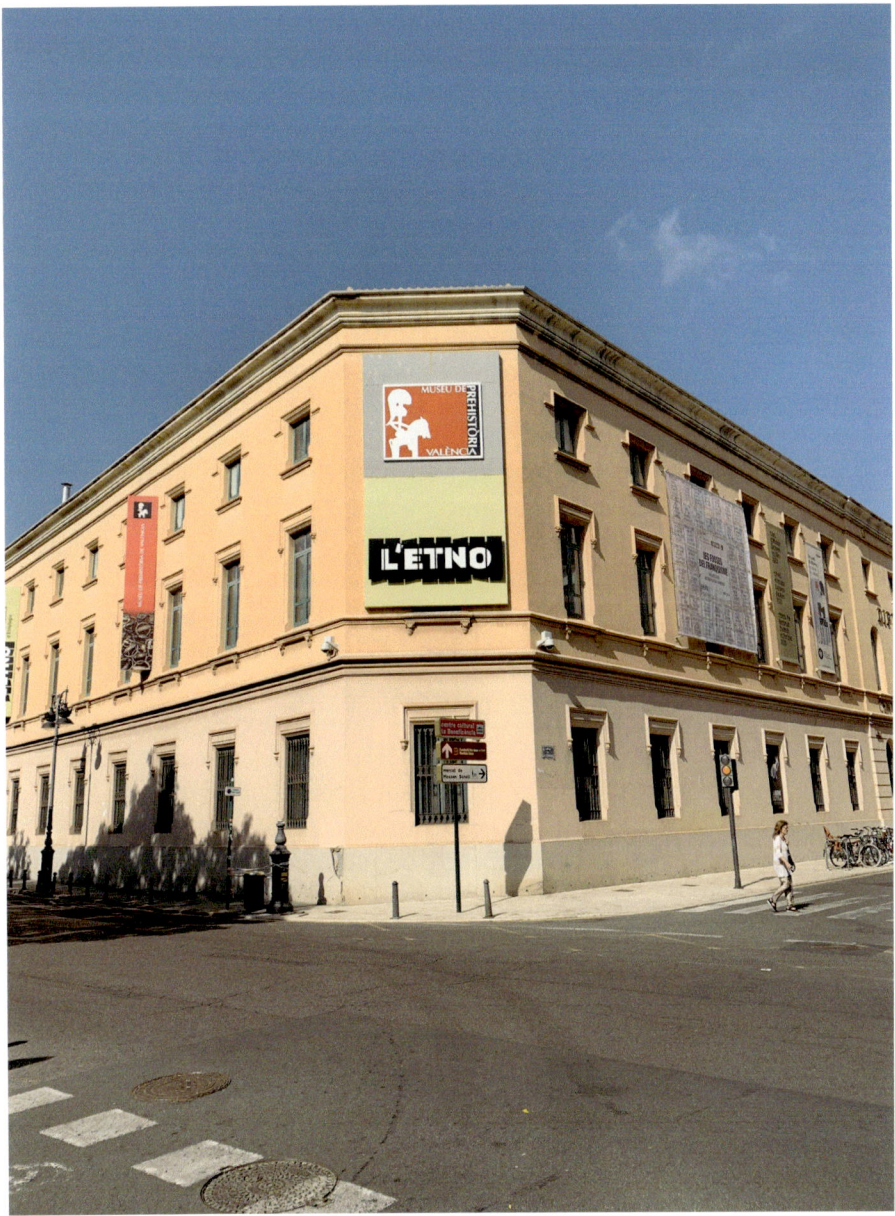

Figura 27. L'Etno, Valencia (España). Fachada. Foto: Eva Sanz Jara, 2023

La naturaleza y su uso, La intervención del ser humano, La mecanización, Los enseres y el hábitat". Luego se aborda la vida tradicional, con "El tiempo y los ritos: Representaciones del tiempo, Medida del tiempo, Ritos cíclicos: repetir para no morir, La fiesta, El ciclo vital, Los astros y la tierra, El tiempo meteorológico". En la planta primera se trata la creación estética, con "La forma y el diseño: La forma, La estética, La ornamentación, Entidad, identidad y permanencia". Después se ahonda en la relación entre lo material y lo espiritual, a través de "El alma y el cuerpo: Los mitos y su interpretación, Las ideas y las creencias, La educación y la sociedad, La norma y la ley, El sentido común, Lenguajes compartidos, Lenguas que nos identifican y nos diferencian, El cuerpo, Cambios culturales". Y, por último, se expone un tema monográfico para representar la relación entre el ser humano y un material determinado que en esta ocasión está centrada en el barro[192].

Este museo incorpora, además de una profusa agenda cultural, la defensa patrimonial en el territorio, así como muchas innovaciones museográficas, clave en el registro de las tradiciones[193]. También ha organizado actividades donde se intenta recuperar el patrimonio inmaterial, como las Jornadas de Creencias Mágicas y Populares, contra el olvido de brujas, "lobishomes", alicornios, gigantes y otras criaturas de los páramos y sierras de Castilla y León (Callejo Cabo 2019).

Los museos locales son numerosísimos, y su creación se vincula tanto a la defensa patrimonial como al deseo de mantener, asido y circunscripto, el pasado campesino. Estos centros registran, por ejemplo, los molinos o los distintos aspectos de las labores agrícolas y mineras, entre otras cuestiones que la aceleración moderna y urbana tiende a borrar rápidamente. Se trata de museos "costumbristas", de modesta museografía, que constituyen en muchos casos solo un reservorio donde prima la acumulación de objetos, sin personal a cargo, cerrados la mayor parte del año y abiertos solo bajo petición expresa de algún visitante, de escaso o nulo presupuesto, sin posibilidad de contar con expertos.

---

192. MECyL. Museo Etnográfico de Castilla y León, en: https://museo-etnografico.com/exposicion-permanente/, consultada el 22 de febrero de 2024.

193. En un folleto alusivo, a la interrogación de quienes son los depositarios de gran parte de las parcelas de la cultura y el patrimonio tradicional, la respuesta está en las personas mayores, imprescindibles para el trabajo de campo y la investigación etnográfica. En *Museo Etnográfico de Castilla y León*, s/d.

Estos museos de pequeño tamaño, folklóricos o etnográficos, "de lo propio", tienen otros problemas aparejados, como su anclaje en el pasado y escasa relación con la disciplina antropológica. Aunque predomina en ellos la noción de la vida comunitaria y aldeana, es difícil para muchos materializarla a través de una narrativa coherente y a la vez, lograr los medios eficaces de difusión, así como el presupuesto necesario para solventar las propuestas (Cruz Orozco y Seguí í Seguí 2015).

Pero, como se ha estudiado de manera más extensa en algunas comunidades como la de Valencia, que tiene en su haber más de 200 museos de estas características, se trata de un esfuerzo en comarcas donde se encuentran capitales de provincias y también, en espacios rurales que apuestan por nuevas formas de turismo rural y cultural, apoyadas por políticas de desarrollo europeo. Estos centros focalizan en algunos temas, en especial lo que toca al costumbrismo, evaden representaciones que denoten técnicas más modernas y se declinan por representar un pueblo devoto y festivo (Cruz Orozco y Seguí í Seguí 2015).

Veamos seguidamente y de manera más extensa qué sucede en la Comunidad Autónoma de Madrid, en relación con el abordaje de dos de los museos que tratan también de "lo propio", el Museo del Traje y el Museo de Artes y Tradiciones Populares.

5.3. TRADICIONES EN EL SIGLO XXI: MADRID, DEL CENTRO A LAS PARTES

No son muy comunes en esta ciudad museos que refieran a los tiempos pretéritos bajo el signo de la defensa de un pasado folklórico, atenuado o definitivamente difunto por la modernidad. Uno de ellos, el Museo del Traje, refleja en sus colecciones algunos de estos aspectos. Se encuentra en un área marginal del triángulo de las instituciones más relevantes[194], y su historia refiere al

---

194. Se trata del "Triángulo del Arte", con los tres museos más emblemáticos de España: Museo Nacional Reina Sofía, sobre arte contemporáneo, el Museo Nacional Thyssen-Bornemisza, con colecciones privadas de arte de diferentes etapas y espacios, y el Museo Nacional del Prado, que incorpora la emblemática *Las Meninas* de Diego Velázquez, y colecciones de artistas como Francisco Goya o Hyeronimus Bosch hacia donde peregrinan turistas de todo el mundo (en "Recorrido por los principales museos de Madrid", en: https://www.madridafondo.com/recorrido-por-los-principales-museos-de-madrid-descubre-el-triangulo-del-arte/, consultada el 4 de diciembre de 2023).

Museo del Pueblo Español, símbolo también del conflictivo pasado nacional tanto durante la II República como en el franquismo[195].

De acuerdo al minucioso estudio de Abad García, surgió en 1927, gracias a las colecciones de otras instituciones, como el Museo del Encaje, el Museo Nacional de Artes Decorativas, el Museo de Arte Popular y el Museo del Traje Regional e Histórico. La ubicación del Museo del Pueblo Español fue el Palacio del Marqués de Grimaldi, tras la exhibición homónima de 1925, dirigida por Luis de Hoyos Sáinz, luego su primer responsable. Inicialmente, tenía más de 7000 piezas en 21 salas, pero el inicio de la guerra impidió su apertura. Se inauguró en 1934[196], y luego del paréntesis bélico nuevamente en 1940, bajo el régimen franquista, aunque poco tiempo después cerró sus puertas por reformas. Durante los años siguientes, sufrió no pocos avatares; estuvo abierto solo entre 1971 a 1973, para fusionarse al menos a nivel administrativo a finales del siglo XX con el Museo Nacional de Etnología (sito en Atocha, hoy Museo Nacional de Antropología), mientras que las colecciones del Museo del Pueblo Español quedaron en Ciudad Universitaria. En 2004, se separaron y el gobierno español creó el Museo del Traje. Centro de Investigación del Patrimonio Etnológico[197]. Esta institución dispone en la actualidad de unos 54000 bienes culturales de diverso tipo[198], y resguarda con celo lo que denomina "indumentaria tradicional". Se trata de la:

---

195. Actualmente, las colecciones se encuentran bajo la dirección de la Universidad Complutense de Madrid, en un edificio de amplias proporciones y diseño modernista impactante ubicado en Ciudad Universitaria. Este Museo al momento de la visita (23-12-23) albergaba también la exposición temporal "Tesoros de la Complutense", sobre obras artísticas de toda la Universidad, sobre indumentaria, titulada "Jeans, de la calle al Ritz", así como instalación de Picasso y otras actividades. La sección de Patrimonio Etnológico incorpora 93.000 piezas, clasificadas en juguetes, carteles, instrumentos musicales y otras muchas cuestiones (en: "Museo del Traje", https://www.cultura.gob.es/mtraje/inicio.html, consultada el 4 de diciembre de 2023).

196. Ver un análisis de los *Anales del Museo del Pueblo Español* en Carretero Pérez (2002). Sobre aspectos generales de la formación de estos museos durante el siglo XX, ver Schammah Gesser (2014).

197. El museo quedó extinto en 1993, con los nuevos decretos que crearon los "nuevos" MA y MNA. El Museo del Traje "nació" con el Reina Sofía. En Abad García (2022). Ver asimismo los debates en relación con los museos de antropología Díaz Viana (2007) y Mingote Calderón (2022).

198. El Museo del Traje, en: https://www.cultura.gob.es/mtraje/colecciones/catalogo.html, consultada el 4 de diciembre de 2023. Visita realizada el 23 de noviembre de 2023.

Exposición del Traje Regional e Histórico, celebrada en Madrid en 1925 y considerada un hito en el panorama cultural español […] Los trajes y sus complementos, calzado, sombrerería, tocados y joyería, son testimonio de un pasado centenario y portadores de una rica información. Hablan de la historia de nuestros pueblos y del modo de entender la representación social y grupal. Son trajes vivos, elaborados en el seno familiar, constitutivos de la dote y heredados, que se siguen vistiendo con carácter festivo local y, como documentos que son, reflejan las formas particulares de sentir, convivir y festejar[199].

En la página web institucional, un mapa de toda España con señalización de las localidades acompaña la información anterior e indica la procedencia de los trajes. Si uno pulsa en Murcia, por ejemplo, la página muestra una fotografía de un maniquí donde está la imagen del traje de 1850, y detalla sobre cómo llegó la pieza y de sus modificaciones a lo largo de la historia[200]. El Museo es prudente y recupera, en tiempos políticos de comunidades autonómicas, las denominaciones en otras lenguas: por ejemplo, en relación al "Traje de Arratiano", obtenido en Vizcaya en 1910, se transcribe "la terminología en euskera (…) chaqueta, txamar; calzón, praka; chaleco, gorotilne; polainas, azkiñeko"[201].

Las indumentarias y otros objetos (como una gaita), se representan en la geografía digital en relación con oficios de varones y mujeres, así como etapas de la vida (matrimonio, por ejemplo), en 27 provincias y la localidad desde donde llegaron, en un amplio abanico temporal que va desde 1770 (Huesca) a 1940 (Almería), aunque la mayoría se concentran entre finales del siglo XIX y principios del XX. En las vitrinas, las clasificaciones denominadas "Pervivencias de las Identidades" parecen dirigir al visitante a percibir un aroma a esencia de lo español, profundo y a la vez desaparecido, que el museo recupera como reliquia de un espacio y un tiempo pasado (y querido)[202].

---

199. "Indumentaria Tradicional", en: https://www.cultura.gob.es/mtraje/visita/visita-virtual/sala-indumentaria-tradicional.html, consultada el 8 de diciembre de 2023.

200. "Traje festivo de Huertana", en: https://www.cultura.gob.es/mtraje/visita/visita-virtual/sala-indumentaria-tradicional/iconos-de-oficio/traje-festivo-huertana.html, consultada el 8 de diciembre de 2023.

201. "Traje de Arratiano", en: https://www.cultura.gob.es/mtraje/visita/visita-virtual/sala-indumentaria-tradicional/pervivencias-identidades-1/traje-dima.html, consultada el 4 de diciembre de 2023.

202. "Indumentaria tradicional", en: https://www.cultura.gob.es/mtraje/visita/visita-virtual/sala-indumentaria-tradicional.html, consultada el 8 de diciembre de 2023. Museo del Traje, Madrid (España), vitrina: Ver asimismo "Persistencia de las identidades, área Indumentaria

No hay capas romanas, ni cascos celtas; mucho menos túnicas medievales; sin embargo, todas estas provincias disponen de abundante información arqueológica e histórica sobre estos períodos y, sin duda, objetos que refieran a ellos. Pero el museo, actualmente, se ciñe a las definiciones estrictas de la etnología, por lo cual, dispone en las vitrinas y en la pantalla algunos de los 2 500 objetos, sobre todo decimonónicos, clasificados, además de por su procedencia espacial, por su uso y género. En el repertorio expuesto como "Indumentaria Tradicional", no aparecen piezas representativas de Madrid ni Barcelona, cuestión que puede deberse a las características mismas del colector, que en 1925 juzgó innecesario hacerlo, o a otras particularidades, que el museo no especifica.

La colección refiere a piezas de los siglos XIX y XX sin uso actual más que dentro de la "tradición". En fiestas y costumbres locales, los habitantes de Galicia o de Ávila podrán volver a revestirse con ellos, pero no ya como parte de una rutina que involucraba oficios perdidos (como el pastoreo), o modas, en su reemplazo por otras (las novias actuales no utilizan ropas negras). Si visten el jubón y la capa o utilizan la pañoleta y las peinetas, solo lo harán como parte de un juego, o como cristalización de festividades añejas, junto a supersticiones, remedios, recetas y refranes de los "otros", transformados en "nosotros" por obra y gracia del folklore.

Una obra publicada a mediados del siglo XX y prologada por Pío Caro Baroja, referida específicamente a los trajes regionales, definía el folklore como una ciencia que se ocupaba de la supervivencia de los bienes arcaicos en tiempos modernos (Gómez Tabanera 1950). Por ello, la sección actual del Museo del Traje cuyas piezas fueron colectadas por ese célebre antropólogo, dispone de ellas como si se tratara de reliquias de una época cercana, pero perimida.

La noción de lo "popular" impregna de verosimilitud hasta el presente esa idea de tradición, como si exponer en vitrinas lo que el pueblo tocó (o vistió), les confiriera a los refajos de lino, enaguas de encajes, a los sombreros de Sástago con borlas y los calzones de lana, la idea del exotismo y pertenencia a la vez. En un país como España, donde es difícil que se pueda mencionar una "nación" y, en consecuencia, un traje nacional, esta variopinta aparición de vestimentas de otro tiempo es un símbolo de la dispersión y de la heterogeneidad. Por ello el museo elige a muchos, a todos los que puede reunir en sus

---

tradicional". En: https://www.cultura.gob.es/mtraje/visita/visita-virtual/sala-indumentaria-tradicional/pervivencias-identidades-1.html, consultada el 3 de febrero de 2024.

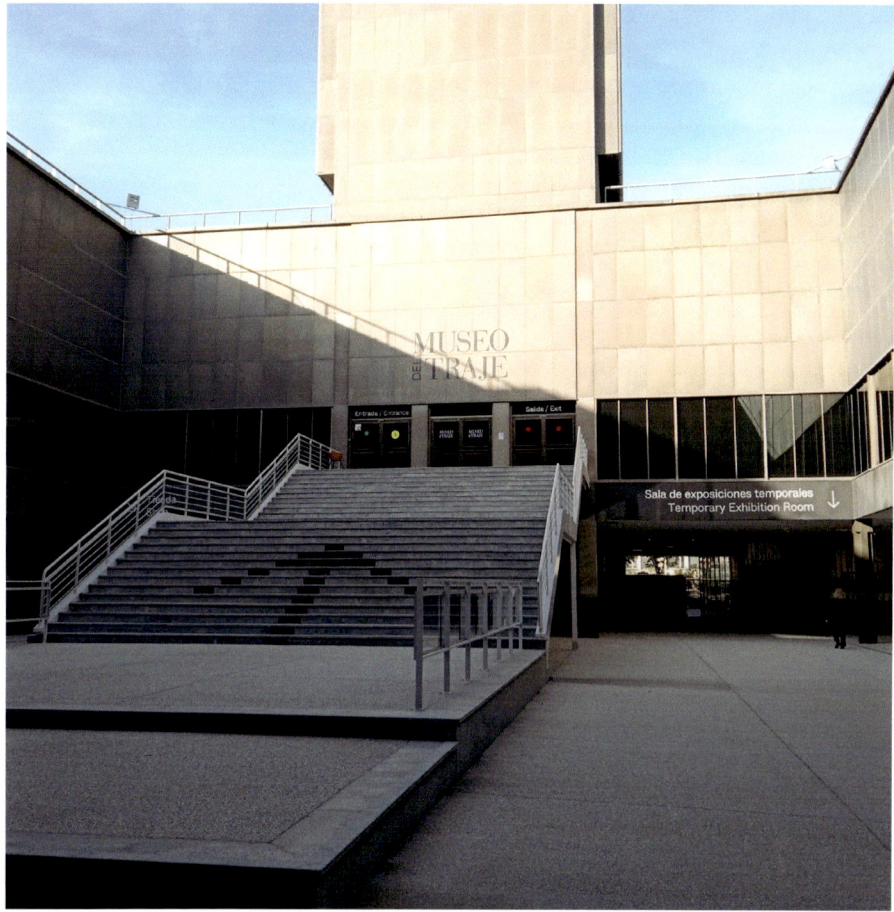

Figura 28. Museo del Traje, Madrid (España), Exterior.
Foto: María Silvia Di Liscia, 2023

vitrinas; comenta sobre la calidad de las piezas y su uso en distintos momentos del año; les anexa valor como representantes perdidos (únicos, o casi) de esas tradiciones de aldeas y oficios de una campaña que ya no son tales, puesto que el "progreso" las limita a un papel turístico[203].

203. Sin embargo, fuera del espacio peninsular, la referencia dominante es el traje que se utiliza en Sevilla en tiempos de la Feria de Abril; y esa representación también se retoma en la venta de souvenirs para extranjeros, por ejemplo, donde toros y pañoletas a lunares saturan el

Dejemos en claro que el museo, o los museos, no tienen *per se* que cuidar de esa "esencia" nacional, que es *a priori* inexistente y producto de una construcción: simplemente, tomamos nota del interés que en general se tiene en volver sobre ella a través de diferentes formas y sistemas. En este caso, además, se trata de un espacio donde fue difícil (y aún lo es) hablar de lo "español", porque al momento ascienden multitud de otras, y aún conflictivas, nacionalidades en pugna por dirimir la base de su propia población y la historia por detrás.

Al demostrar la cantidad de posibilidades, el museo abre la puerta hacia esa variabilidad enraizada en la actualidad sobre el significado político de las representaciones de las comunidades. Y al dejar claro el tiempo, utiliza el lenguaje aún fértil de la modernidad arrasadora de un mundo soñado, el de las comunidades campesinas. El arribo de estos pobladores es metafórico, puesto que los maniquíes están vacíos y poco se dice sobre la vida de las pastoras, alcaldes y ganaderos que los vestían a diario.

Otro espacio museal, también en Madrid, los concentra de manera simbólica como trabajadores y comerciantes, insertos en la urbe cambiante del XIX que ansía también construir sus propias tradiciones. El Museo de Artes y Tradiciones Populares se sitúa en el emblemático barrio madrileño de La Latina, y tampoco es este el espacio de las grandes instituciones museales capitalinas. No se trata de la única institución que existe en la ciudad que registra colecciones sobre sí misma, otras disponen de objetos centrados en la vida religiosa, pero también civil, con criterios arqueológicos e históricos, que remontan muy atrás el pasado de la villa[204]. En el siglo XIX se ubicaban allí las

---

panorama. Sobre esa cuestión no vamos a abundar aquí, dado que se trata de definir la "marca España": del jamón ibérico al mantón de manila para el consumidor más exigente (en: "Portal oficial de turismo de España, en: https://www.spain.info/es/top/souvenirs-tipicos-originales-espana/, consultada el 2 de diciembre de 2023) a los pequeños imanes para refrigerador con imágenes de sevillanas y las castañuelas con motivos taurinos para los de menores recursos ("Souvenirs Major", en: https://www.yelp.com/biz/souvenirs-mayor-madrid, consultada el 2 de diciembre de 2023).

204. Nos referimos sobre todo al Museo de San Isidro. Los orígenes de Madrid, dependiente del Ayuntamiento (en: https://www.madrid.es/portales/munimadrid/es/Inicio/museoSan Isidro/?vgnextoid=203153a9b458b010VgnVCM100000d90ca8c0RCRD&vgnextchannel=0c3 69e242ab26010VgnVCM100000dc0ca8c0RCRD, consultada el 13 de diciembre de 2023) y al Museo de Historia de Madrid, también bajo dicha jurisdicción (en: https://www.madrid.es/portales/munimadrid/es/Inicio/Cultura-ocio-y-deporte/Cultura-y-ocio/Museo-de-historia-de madr id?vgnextoid=ab18a1ead63ab010VgnVCM100000d90ca8c0RCRD&vgnextchannel=c937f07 3808fe410VgnVCM2000000c205a0aRCRD, consultada el 13 de diciembre de 2023).

viviendas comunitarias donde se hacinaban familias de obreros, servidores, lavanderas y cigarreras. Justamente el museo está en uno de esos edificios, bellamente reconstruido. El original era una corrala con patio cerrado, erigida en 1860 y restaurada a finales del XX con el aporte del Ayuntamiento de Madrid, donde la Universidad Autónoma de Madrid fundó en 1975 el Museo y Centro Cultural La Corrala.

Las corralas fueron construcciones propias de la urbanización acelerada por el traslado de población rural en virtud del trabajo industrial y de servicios; existían con anterioridad, pero se generalizaron en el siglo XIX en determinadas zonas urbanas. Se erigían con varios pisos, de albañilería y madera, alrededor de un corral para animales y aunque existían regulaciones de seguridad, generalmente no se obedecían, dando como resultado edificios a veces endebles, que se reformaron o derribaron en parte (González Redondo 2023). Justamente, el que nos ocupa es uno de los mejores conservados de los 420 edificios con patio cerrado; en la restauración se mantuvieron el imponente portón de entrada, los pilares y la escalera interior de madera[205].

El museo se dispone en torno al patio del edificio, de grandes dimensiones y cubierto por losas, dos plantas y entreplantas donde funcionaban comercios, una posta y viviendas para unas 120 personas. En este coqueto inmueble, sin embargo, poco queda del original, dado que los materiales se reemplazaron en su mayoría. Al ingreso por el portón, el visitante llega a lo que era la sala de postas y comercio, donde se encuentra la recepción. Con textos cortos y fotografías históricas, el museo hace un breve recorrido por la historia del predio y su conversión museal. Dos gigantescos muñecos con las vestimentas típicas de los "chulapos", de más de cuatro metros de altura, que referencian a los sectores populares madrileños, están emplazados al inicio de la exposición permanente. Frente a ellos, un muro con un dibujo alusivo a una mujer con pañuelo a lunares y una frase indica "Corrala", y debajo: "La vivienda más característica de Madrid casa de vecinos con patio comunal y en forma de corredor"[206].

Madrid creció de manera exponencial y pasó de 300.000 habitantes en 1860 a unos 540 000 en 1900. A diferencia de Barcelona o Bilbao, al principio las actividades industriales no fueron las predominantes, pero luego la

205. "Museo de Artes y Tradiciones Populares: la corrala cerrada más grande de Madrid", en: https://haztedelalatina.com/museo-de-artes-y-tradiciones-populares/, consultada 4 de diciembre de 2023. Se encuentra en Calle de Carlos Arniches 3-5.

206. Museo de Artes y Tradiciones Populares, visita realizada el 17 de noviembre de 2023.

urbanización atrajo a sectores rurales para insertarse como jornaleros en la construcción y criadas, pequeños comerciantes, artesanos, dependientes y funcionarios. En las primeras décadas del siglo XX, la urbe se transformó con la construcción de barrios en el extrarradio, con la aparición de industrias, transportes y comunicaciones, de manera tal que los oficios casi desaparecieron; a la vez, la protesta social y nuevas ideologías políticas pusieron bajo la mira a las clases trabajadoras y sus demandas (Otero Carvajal y Pallol Trigueros 2010). En este nuevo universo, que participa a la vez de tradiciones agrarias también en transformación y de una particular modernidad urbana, persistieron costumbres y formas de vida muy disímiles y aparentemente contradictorias entre sí[207].

Del Madrid de antaño proviene el imaginario sobre ciertas tradiciones y personajes típicos, como los chulapos:

> Gorra, chaleco, camisa y pañuelo; blusa, faldón, moño y mantón. Los hábitos del chulapo y la manola, en las fiestas de Madrid, son un traje regional. Botines para él, zapatos de tacón para ella […] Madrid ha inventado pocas cosas, ni siquiera el centralismo o el chotis […] Ahora, cuando la chulería de las finanzas es más efectiva que un piropo […] los periféricos dicen que no tenemos traje regional. Una vueltecita les invitaría a darse por la Paloma en estos días para que vieran en el Cascorro y en La Plaza Mayor, en Cabestreras y en el Rastro si tenemos o no traje regional […] por el epicentro del casticismo madrileño se lleva de gorra para dentro y de cintura para abajo, que el casticismo no es un traje sino una actitud, y el madrileño no es una persona sino un señor (Gómez Rufo 2000, 262-263).

Este texto, firmado por un escritor, periodista, director del Centro Cultural de la Villa, que tiene diversas obras sobre la ciudad, menciona un Madrid que se defendió de las bombas durante la Guerra Civil y que en el siglo XXI emergió perenne y eterno. Así, observamos como se localiza en la literatura un tipo particular de figuras que el museo quiere mostrar en sus piezas típicas.

---

207. Como indican Otero Carvajal y Pallol Trigueros: "El peso de la tradición y el lento transcurrir de la vida urbana todavía marcaba el ritmo diario de sus habitantes, aunque el crecimiento demográfico y las consecuentes alteraciones en su estructura social, el ferrocarril y el telégrafo ya señalaban con claridad los síntomas de la aceleración del tiempo y la ampliación de los espacios asociados con la irrupción de la Modernidad, que con la llegada del nuevo siglo terminaría por alterar las coordenadas sociales, políticas y culturales del vetusto orden social tradicional, con la irrupción de nuevos actores sociales y políticos, de nuevos usos y costumbres, más deudores de la nueva sociedad de masas en gestación que de la vieja sociedad tradicional en retroceso" (Otero Carvajal y Pallol Trigueros 2010: 562).

En principio, estos personajes surgieron a través de un género teatral muy popular en España en general y en Madrid en particular durante el siglo XIX,
reafirmado en fiestas tanto religiosas como de cuño popular, y se instalaron
posteriormente como parte del decorado folklórico madrileño.

Las representaciones que aluden estos arquetipos se vinculan a la conformación misma de la ciudad y de sus transformaciones desde el siglo XIX a
la fecha. Su estudio se corresponde con un giro cultural y antropológico, que
considera tanto los aspectos materiales y las relaciones sociales como las experiencias y prácticas, pero que en España en particular tiene escaso desarrollo. Faltan investigaciones que aludan "además de los largos procesos de
crecimiento y cambio de signo modernizador, las tensiones y conflictos que
acompañaron a la construcción de la sociedad urbana en la Edad Contemporánea" (Pallol Trigueros 2017: 302).

En 1894, un sainete modélico, "La Verbena de la Paloma", recreaba en
teatro y música a personajes de ese Madrid imaginario, con bailes, ropas y formas supuestamente tradicionales en un espacio festivo y singular, con un trasfondo de celos y amores[208]. Las menciones a chulapas y chulapos en la obra y
su forma de aparición se correspondían con una forma de vida desordenada y
poco ejemplar, lindante con el crimen, pero, a la vez, atractiva tanto por el lenguaje del arrabal como por las costumbres de escasa cortesía para quienes re-
presentaban la vertiente culta de la música y las artes. Esta obra era una entre
otros 1.500 títulos de lo que se consideró "arte lírico menor", pero de mucho
arraigo entre públicos de diferentes niveles sociales: tanto la burguesía como
los sectores de menos recursos tenían como costumbre asistir tanto a las corri-
das de toro como al teatro Apolo (Montoliu 1996).

En 1944, una obra que reafirmaba las tradiciones de una ciudad ya en el
pasado, anterior a las guerras y al conflicto civil, narraba a sus lectores las
fiestas que hilvanaban en Madrid las tradicionales uvas en Sol, al Carnaval,
Semana Santa y las de San Isidro, donde visitantes de cerca de Madrid (palur-
dos, "isidros") se transformaban en objeto de burla para los de la capital, un
tema que envuelve a muchas capitales de entonces y a sus entornos rurales.

---

208. Ver al respecto De la Vega (1915). Es una zarzuela, considerada un género "menor"
en comparación con la ópera y fue representada por primera vez en 1894 en el teatro Apolo de
Madrid, con música de Tomás Breton. Integra unos 27 personajes en escena y un coro general.
Existen decenas de miles de zarzuelas, pero quizás esta sea la más conocida. Desde finales del
XIX ha tenido multitud de representaciones, y en la actualidad, los actores suelen llevar la ves-
timenta de chulapas y chulapos.

Madrid era una ciudad ruidosa, de público bullanguero y gritón, desordenada; de abundantes comidas en los merenderos y de verbenas, donde se bailaba con "derroche de gracia castiza y a cuanta escena de genuina condición chulapona" (Ruiz Albéniz 2002: 78)[209]. Podrían desconocerse muchas cosas sobre la ciudad, pero "ni un solo madrileño de más de doce años había dejado de aplaudir algún sainete en Apolo", donde escuchar "Donde vas con Mantón de Manila" u otros célebres cuplés y actuaban galanes saineteros con "magníficos chulos de planta", con personajes como el Julián de la Verbena, el Felipe de La Revoltosa y el Currito de Las Bravías. También se disfrutaba de otras obras de *varieté*, de menor rango que las anteriores, en el Teatro de la Eslava, con presentaciones como "El último chulo" (Ruiz Albéniz 2002: 196-198).

La forma por la cual se identificaron estos personajes con la ciudad, otorgándoles un carácter tradicional, se une a la sociabilidad y a los escenarios culturales a partir de la zarzuela. En la burguesía española, el arraigo de la ópera francesa, italiana y alemana fue menor justamente por el interés en este género; Madrid promovió y difundió tanto su música como libretos al resto del país. En las fiestas populares de La Paloma o San Isidro, se bailaba en verbenas y merenderos; las visitas de los aldeanos de sus alrededores, que venían en busca de diversión o recogimiento, era un momento también de burla de los citadinos hacia los ingenuos (Moral Ruiz 1988).

Entonces, aunque el museo no indique nada al visitante, la apertura de la muestra con esos dos grandes muñecos vestidos como chulapos simboliza que su espacio, La Corrala, está bajo el designio de una tradición gestada desde Madrid como capital. Así, esta urbe también tiene un folklore propio, habilitado en el siglo XIX y aún fértil en el XXI: a mediados de mayo de 2022 y 2023, en las calles de todos los barrios madrileños, se suman con nuevos bríos, desde niños con pantalones negros y chalecos a cuadros a damas ancianas con claveles y parejas añosas bailando el chotis, para darle enjundia y permanencia a las tradiciones gestadas poco tiempo antes, pero ya "eternas". Y también vendibles a los ojos de mediadores turísticos y de los propios visitantes y pobladores.

Al continuar con la visita, en la planta baja, hacia la derecha, se accede a la colección, con una serie de atractivas vitrinas y estantes, o bien espacios

---

209. Es una obra inicialmente publicada en 1944, re-publicada por el Ayuntamiento de Madrid en 2000. Ruiz Albéniz nació en Puerto Rico, fue médico en el ejército franquista, veterinario de toros, y posteriormente, periodista en el *Diario Universal* y en *Informaciones*, fue nombrado en 1939 Cronista oficial de la Villa. En esta obra retoma con la idea de "estampas" diferentes momentos históricos y costumbres de Madrid hasta 1914 (Ruiz Albéniz 2002).

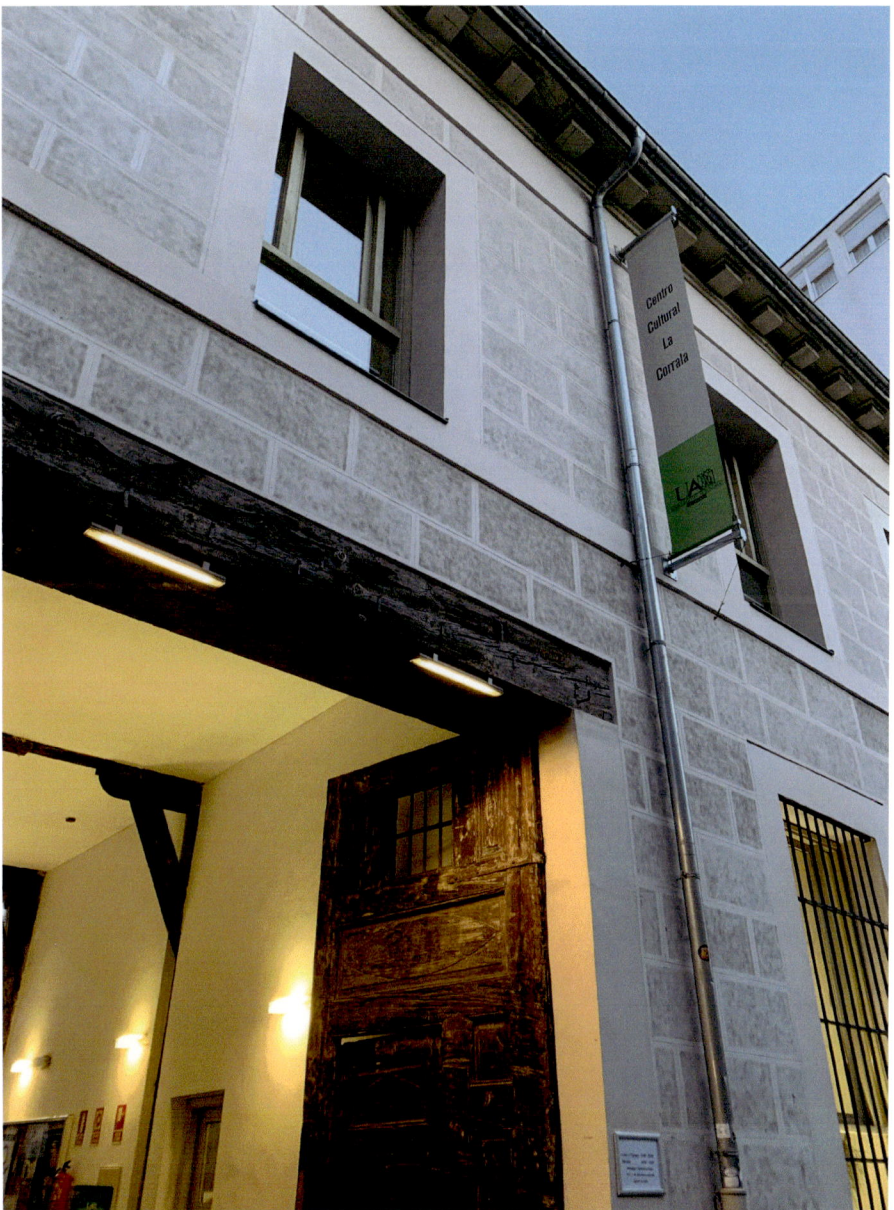

Figura 29. Museo de Artes y Tradiciones Populares, Madrid (España). Fachada.
Foto: Eva Sanz Jara, 2019

más amplios donde se muestran objetos de distintos sitios de España. Nuevamente, como en el Museo del Traje, una serie muy curiosa de vestimentas, zapatos y sombreros se han montado sin maniquíes, para que el espectador complete los cuerpos de los varones y mujeres que los vestían. Las cartelas solo indican la procedencia geográfica y el título de lo expuesto, no hay allí ningún dato sobre el autor o la fecha[210].

El nombre "Museo de Artes y Tradiciones populares" es un ejemplo de no querer lidiar con especializaciones (etnología, antropología) ni con la palabra folklore, de por sí complicadas. Como observamos, el término ya estaba en revisión al momento de la organización del museo, pero persiste en la exposición permanente, que se pliega a la consideración ahistórica y sin autoría. La colección principal se conformó con 2 800 piezas etnográficas de Guadalupe González Hontoria (*Folleto del Museo de Artes* 2023). Esta reconocida historiadora, miembro de una familia de notables, profesora universitaria y académica, fue su directora durante treinta años, y realizó un esfuerzo aparentemente personal (no institucional, dado que no se menciona el apoyo de otros sectores) para reunir piezas de distintos puntos:

> Telares manuales, vidrio soplado, veletas, objetos de latón y bronce o cerámicas vidriadas son ejemplos de las labores artesanales rescatadas del olvido por ella. Recorrió pueblos remotos de España en busca de tesoros olvidados, en un periplo de más de dos millones de kilómetros, con el objetivo de rescatar las historias que permiten conocer las costumbres de nuestros tatarabuelos y algunas técnicas artesanales perdidas o en peligro de extinción. Estaba convencida de que los utensilios, además de su función primera, son obras de arte y sería desentenderse de un bien cultural el no apreciarlos. Su legado patrimonial más importante fue el museo, que dirigió durante más de treinta años, y que se inauguró con miles de piezas que donó; hay valiosos ejemplares de los tres últimos siglos de gran valor etnográfico y antropológico, desde instrumentos musicales y artesanía hasta vestidos o aperos de labranza. Consideraba que el alma de los pueblos está encerrada en baúles, faltriqueras de caza y recipientes[211].

---

210. Como ejemplos, en una vitrina una serie de vestidos de pequeña talla en rojo y blanco (gorro, capa, camisa y fajas), con telas bordadas de hermosa factura, en rojos y blancos, indica solamente Vestimenta de Bautismo y el sitio de donde procede. Igual respecto a un bello portal de Belén, del cual conocemos sólo su llegada desde Mallorca.

211. "Guadalupe González Hontoria", en Mujeres Geniales, https://www.huellasdemujeresgeniales.com/guadalupe-gonzalez-hontoria/, consultada el 12 de abril de 2024.

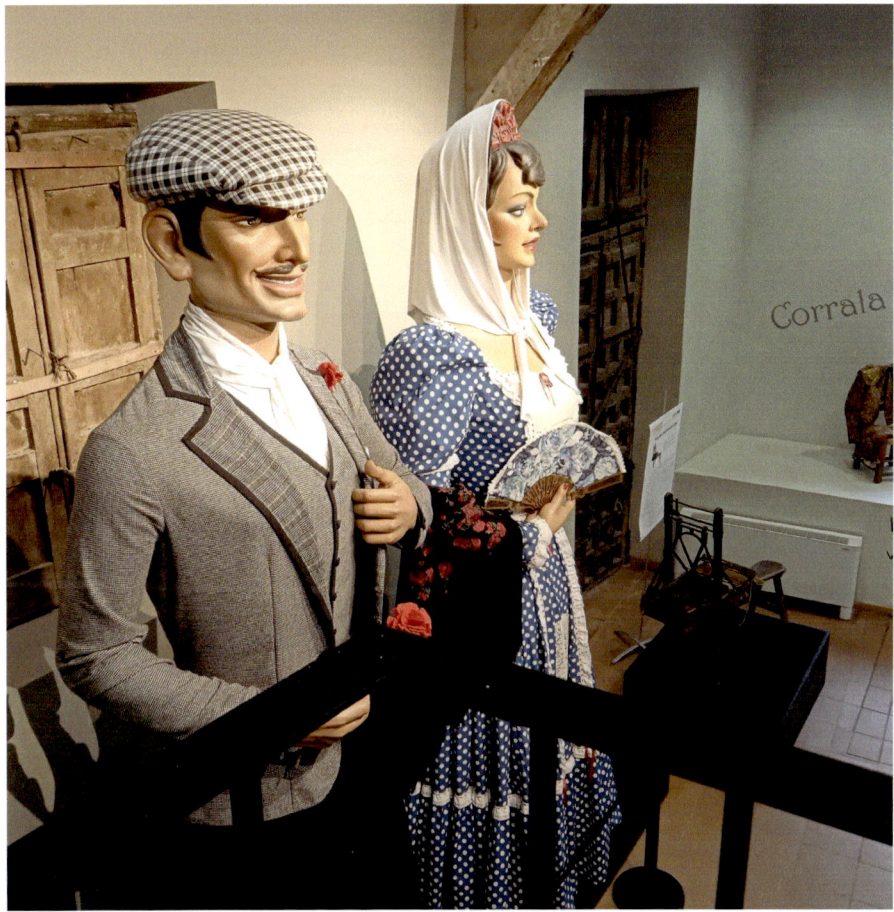

Figura 30. Museo de Artes y Tradiciones Populares, Madrid (España). Ingreso.
Foto: María Silvia Di Liscia, 2023

En las palabras de González Hontoria:

    Las obras de arte popular, nacidas con motivo del nacimiento, el matrimo-
nio y la muerte en esta provincia, nos muestran su condición de pueblo mediterráneo amante de la luz y del color, así como su sentido artístico para crear
joyas, tejidos y cerámica, entre muchas otras cosas, dejando todo impregnado
de belleza y en alguna medida de barroquismo. En su sentido colorista tenemos que anotar el uso de los amuletos infantiles crómicos, en los que el color es

165

considerado más eficaz que la forma para evitar o curar el mal de ojo; no existiendo prácticamente en esta zona representaciones de la higa de lunares. Todas las localidades alfareras tradicionales tienen cada una de sus piezas propias y características del ajuar de la novia en cerámica tanto utilitaria como decorativa (González Hontoria 1985: 38).

Al recorrer sus salas de blancas paredes y suelo de madera, las hermosas piezas se presentan bajo un entorno estéticamente bien logrado. La muestra se organiza a través de ciertos indicadores relacionados con el ciclo vital: nacimiento, muerte y fiestas anuales, es decir, con repeticiones (¿inmutables?) desde tiempos inmemoriales. Unas pocas cartelas presentan a grandes rasgos las "Fiestas de Otoño e Invierno", indicando su simbiosis entre los cultos católicos y tradiciones ancestrales; el "Carnaval", cuando los disfraces permiten alterar los comportamientos habituales en "sociedades rurales" y las "Fiestas de Primavera y Verano", con las fallas y la actividad taurina como la principal de una región de España[212]. Hacia el fondo, una serie de "Gigantes cabezones", de Valencia, representan también imágenes festivas y cómicas de nobles, generales y princesas. Rodeando el patio, en una serie de espacios separados por muros y abiertos a la mirada de los visitantes, la teatralización de talleres de herrería, tornería, trabajo en cuero, pesca con redes de soga y mimbres, y finalmente un lugar donde una antigua carreta recuerda los antiguos usos del lugar. Aquí no hay ninguna indicación, supuestamente, porque se trata de un espacio en re-elaboración.

Sin embargo, una publicación enmarcada en la misma institución, *Narria. Revista de Artes y Costumbres Populares,* fundada y sostenida durante décadas por la misma académica, daba cuenta minuciosamente de las colecciones y de dónde se obtuvieron, pero también de su ingreso y consolidación en el Museo, así como los especialistas encargados de su descripción y clasificación. Los números iban desgranando el "estudio de una comarca o provincia con su arquitectura popular, sus edificios auxiliares, los modos de vida –sean éstos la agricultura, la ganadería, la pesca, etc.– las artesanías locales, las costumbres y tradiciones, el ciclo vital, cuentos, leyendas... y, por fin, las fiestas populares. Todo ello ilustrado con fotografías, dibujos y mapas, y mostrado con carácter divulgativo". En 2002, cuando ya hacía un cuarto de siglo que la revista se publicaba, un primer recuento dejó en claro que había en sus páginas

---

212. Ver Museo de Artes y Tradiciones Populares, visita realizada el 23 de noviembre de 2023.

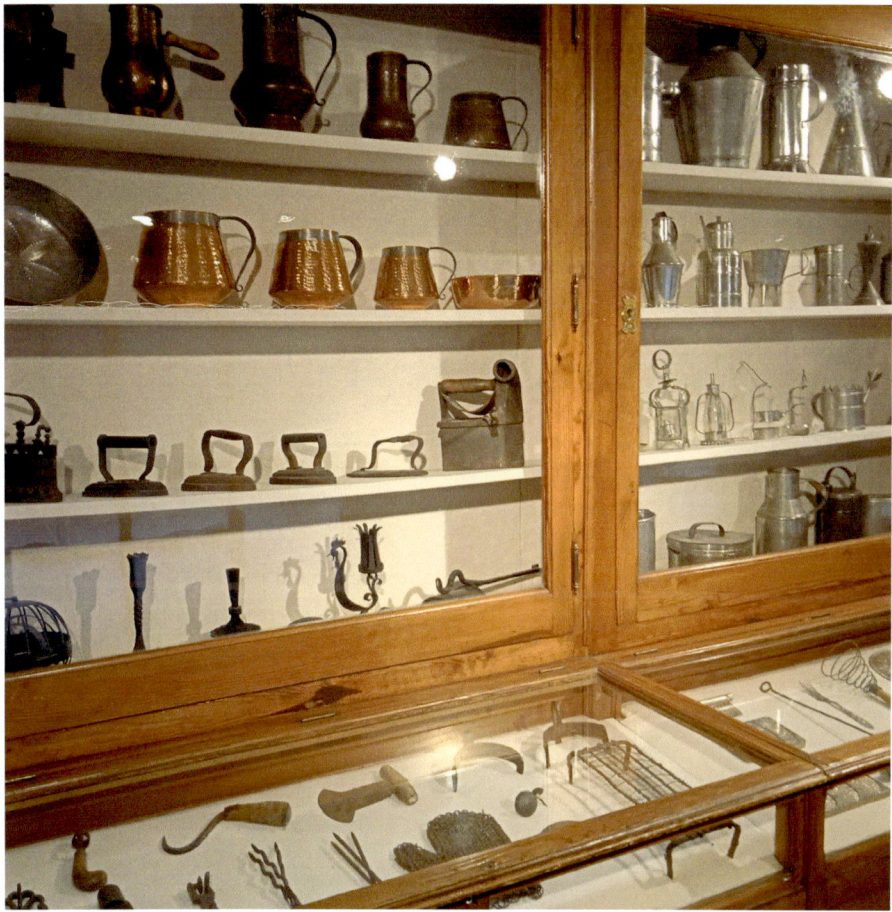

Figura 31. Museo de Artes y Tradiciones Populares, Madrid (España).
Planta intermedia, derecha. Foto: María Silvia Di Liscia, 2023

"48 provincias de España, dedicando dos números a Madrid, dos a Ávila y cuatro a Cáceres" (González Hontoria 2002: 94 y 99).

El Museo de Artes y Tradiciones populares es muy parco en descripciones que permitan entrever el sentido de la exhibición permanente, tanto en la planta baja como en el primer piso, donde primorosas vitrinas clasifican los materiales de la manera más tradicional: así encontramos los de metal y mimbre, separados de los de vidrio y cerámica; y al costado, en un cartón, delineada la silueta de cada uno de ellos con nombre y lugar: Calentador (Tarragona), o

167

Cántaro (Asturias). Un escenario artificial (todos los museos lo son, lo sabemos) y, a la vez, la ausencia de la palabra que al menos especifique sentido, teleología y necesidad. Tampoco existen otros materiales que aseguren que quienes utilizaban o usan esos objetos lo hicieran o hagan, en el presente, de una manera u otra. Sin palabras y sin actores. Y, como sucede en centros analizados del otro lado del Atlántico, tampoco hay conflictos. Una rutina de repeticiones de las costumbres supuestamente impresas en el trasfondo de cerámicas y telares de aldeas y pueblos, donde el tiempo ha cesado de pasar.

Para sintetizar, en este capítulo hemos descripto, en primer lugar, aquellos museos que se forjaron con objetivos coloniales, dado el interés español en demostrar el control de diferentes espacios allende los mares. Los museos antropológicos, como el Nacional de Antropología y, mucho más, el de América, son espacios ordenados cronológicamente o por culturas, que intentan demostrar una apertura hacia representaciones no jerárquicas de los "otros", al menos en sus exposiciones temporales, abordando temáticas y períodos históricos donde la metrópoli tuvo un claro papel expoliador y de conquista.

Luego, hemos dirigido la mirada hacia museos de folklore, etnológicos o que incluyeron al "pueblo" en su denominación, y que, en diferentes comunidades autónomas como Andalucía, Galicia, Cataluña, Asturias, Castilla La Mancha y Murcia, se concentraron en escenificar lo "propio". Finalmente, el capítulo abordó dos centros existentes en la Comunidad de Madrid, intentando observar los vínculos entre las narrativas museales sobre las tradiciones tanto de fuera como de dentro de la urbe, donde el despliegue estético y las formulaciones técnicas no reemplazan un discurso aterido en la ahistoricidad y la demarcación simbólica del juego entre centros y periferias.

EPÍLOGO: UN EJERCICIO DE SÍNTESIS

En esta trama de varios hilos, hemos ido y vuelto sobre diversos aspectos que involucran a las tipologías museales de comunidades ceñidas al espacio iberoamericano. Al mirar los museos en su conjunto, al final de este apretado recorrido, aparecen en las categorías establecidas *a priori* –de ecomuseos, museos indígenas, de pioneros y costumbristas o populares– aspectos comunes y también diferencias, dada la heterogeneidad de espacios e instituciones.

En primer lugar, estos cuatro tipos de instituciones museísticas detentan un énfasis en encuadrar el pasado bajo las formas y dependencias de las historias locales o regionales. No es una sorpresa, puesto que por su origen esa era una de sus funciones y, por eso justamente, los hemos considerado en este texto. Traccionar en sus narraciones fenómenos nacionales o cosmopolitas no suele ser frecuente, aunque algunos lo intentan con mayor o menor éxito. Muy pocos de los museos examinados, sin embargo, interpretan las tramas conflictivas, que los involucran a veces directamente como parte de sus contornos, donde siguen también sin aparecer las tensiones y la subordinación de género, de clase y étnica. Tampoco emergen las crisis económicas, o las guerras o matanzas: el conflicto escapa a muchos de estos museos, que celebran el equilibrio y la concordancia, así como dan cuenta de la igualdad entre los seres humanos.

Volviendo a nuestras iniciales preocupaciones sobre exposiciones, ausencias y mensajes, podríamos preguntarnos por qué una muestra debería brindar una visión general sobre un proceso histórico, si su afán es solo entretener. Es entonces interesante interrogarse por qué compaginar, como una especie de collar de perlas, a todos los que fueron parte de una determinada época y lugar, sea este de ayer o de hace miles de años, sin inquirir sobre las relaciones de poder entretejidas entre ellos, que sustentaron y dieron base a los grandes imperios y no están ausentes en grupos y sectores que tienen menos integrantes, pero cuyas interacciones quizás sean tan o más complejas. Sin embargo, al dejar de lado mensajes supuestamente negativos, se pierde la oportunidad de plantear ante diferentes públicos los escenarios del conflicto. O de volver a gestar espacios verdaderamente comunitarios, que expresen, como decía Carl Einstein, una "sintaxis colectiva" en el quehacer de exposiciones y más allá[213].

Como indicamos, los museos formados por comunidades indígenas dirigen sus esfuerzos a representar un pasado glorioso, prístinamente étnico, anterior a la conquista occidental del XVI, pero poco hablan de esa misma dominación en el presente. Los de pioneros se encargan de presentar la heroica conquista de desiertos, que no fueron tales porque estaban poblados, como una gesta del progreso, pero olvidan los quiebres producto de otras fases del capitalismo. Dispuestos al ejercicio de autoalabanza "blanca" y occidental, evaden explicaciones más complejas sobre crisis, guerras y despoblamiento. También sucedería lo mismo si exploramos a conciencia los museos existentes en áreas donde la minería y la industria generaron puestos de trabajo, que en la actualidad se reconvierten en espacios de representación de su opuesto, la des-industrialización.

En segundo lugar, los museos comunitarios revierten sus esfuerzos en recuperar, patrimonializar, mantener y sostener a los héroes locales (y, a veces, también a las heroínas), dejando claro su papel, menor pero necesario, en el concierto nacional, así como la imprescindible salvaguarda de las acciones emprendidas, para evitar su olvido en la catarata del presente. Hemos referenciado en el texto museos nacionales (de historia y antropología, sobre todo), envueltos en distintas polémicas sobre, por ejemplo, propiedad y pertenencia de las colecciones y forma de organización de las muestras que refieren a los museos comunitarios, tanto como complemento como en oposición.

Los objetos seleccionados en las exposiciones de los comunitarios no siempre se integran con habilidad, dado que muchas de estas instituciones carecen de especialistas en museografía y de un relato coherente que, sin maniatar al espectador, le permita la curiosidad para dar cuenta de la posibilidad de lo inacabado. El ayer que clama volver iluminado en las exposiciones, generalmente retorna de manera doctrinal, invocando el "estar ahí" del objeto y mermando la discusión sobre su llegada, el papel en la colección o su significación en el concierto de las muestras. Sin dibujarse otras opciones, aparece como asunto terminado, eludiendo los rizomas que problematizan y agregan el condimento preciso para hacer de ellos una estrategia verdaderamente democrática[214].

---

213. Este término fue utilizado por el anarquista y plástico en relación con la Columna Durruti en 1936. En: Museo Reina Sofía, Madrid, Sala Vanguardias, piso 2, visitada 4 de noviembre de 2023.

214. Seguimos muy de cerca aquí a González de Oleaga (2018) y Rufer (2023).

Hay por supuesto excepciones, donde las exposiciones se abren a nuevas instancias que no siempre dependen (y esto es muy importante) de los recursos tecnológicos o materiales expositivos más caros y difíciles de obtener, y las hemos ido señalando en el texto. Pero en un panorama sin duda muy extenso, se dibujan los mismos problemas y dudas sobre cómo representar la diferencia sin cristalizarla, cómo aludir a la identidad sin esencializarla y cómo, finalmente, hacer de los museos instrumentos de trasmisión de la memoria que permitan legarla y delegarla, en su traspaso a nuevas generaciones.

De acuerdo con Brown (2019), los museos de las comunidades, por su mayor compromiso social, pueden ser catalizadores orientados a la sostenibilidad y resiliencia, ya que su pertenencia local rompería con las jerarquías sistémicas asociadas al museo y la academia. Sin acordar con todas estas expectativas, es indudable la potencialidad de estas instituciones en localidades y espacios reducidos, pero no menos relevantes. Tal situación estratégica les otorga un sentido mayor en el ámbito local que el que disponen las especies de *shopping* museales, dedicados a veces de lleno al turismo y gestores del *mainstream* cultural con una postura estética definida a nivel nacional e internacional[215]. El contacto cara a cara entre hacedores, administradores y público es habitual en los museos comunitarios e, incluso, estos actores tienen un lugar intercambiable, dado que es muy probable que una misma persona cumpla varios roles al mismo tiempo en su quehacer institucional, porque la escasez no es solo de medios, sino también de personas pasibles de actuar, resolver y gestionar. Tal situación es más común en los pequeños centros latinoamericanos que en los españoles, donde existe mayor profesionalidad y apoyo económico, que ha dado vuelta en el siglo XXI a un abandono de décadas.

En tercer lugar, distinguimos la variabilidad de los museos comunitarios y su interés en dar certezas a algo tan difícil de asir como la identidad al dirimir sobre las tradiciones, un asunto difícil y, a la vez, profundamente ideológico[216]. Los ecomuseos surgieron para impulsar un debate hacia los cometidos sociales de instituciones que parecían adormecidas, por la exposición de objetos de los notables debido a su estética o la impronta científica. Denotando la falta de los otros (obreros, campesinos, o gente común), la partícula "eco" sirvió para definir una compenetración de los seres humanos con su entorno, en

---

215. Ver al respecto Macdonald (2006).

216. En relación con los aspectos ideológicos que las clases sociales dirigentes seleccionan como representativos, y a la vez, los que excluyen bajo su contrario como parte de la hegemonía cultural en las sociedades avanzadas ver Williams (1988).

un intento de apertura en los años setenta cuyo entusiasmo se perdió décadas más tarde. Los museos indígenas surgieron como incentivo en sus comunidades para registrar y preservar el patrimonio *in situ*, a la vez que fortalecían las identidades étnicas. Los que llamamos museos de pioneros y los vinculados al folkore y lo popular, lo hicieron con la certeza de que, en sus vitrinas, se podrían encontrar la verdad y el centro de una cultura "original", nacida en el traslado y la conquista o que estaba en vías de extinción. Los esfuerzos de las comunidades en retrotraerse hacia el pasado son en realidad un movimiento hacia delante, impulsado tanto en la fortaleza de la conquista de un espacio prístino como por la nostalgia de una pérdida irreparable, en una ruralidad idealizada. Sin profundizar sobre las razones del mercado turístico, que permiten explicar su arraigo, es importante aludir al sentido que unifica, a uno y otro lado del Atlántico, las diversas estrategias museales comunitarias.

En España, la constitución de museos "de lo ajeno", como el Nacional de Antropología y el de América, ubicados en Madrid, significó la implementación de una rutina basada en exposiciones evolucionistas, cuya culminación significaba la coincidencia con el progreso occidental. En tono metropolitano, también se sumaban la cristiandad blanca, de espaldas a etnias y religiones diferentes, y, por lo tanto, extrañas. Si bien algunos están dispuestos a revisar tal finalidad con un riguroso sentido de auto-reflexión, es difícil que tales loables objetivos empapen de lleno a la ciudadanía en su conjunto, dado que todos los museos (y estos, mucho más), dependen del ejercicio político, tanto en su creación como en las propuestas sobre las exhibiciones.

Las disputas sobre sus muestras han emergido de los espacios académicos para ser parte de la escena pública, imbricados en otros debates históricos, que son, por supuesto, ideológicos, entre una nación victoriosa, que según suponen los conservadores deben mostrar los museos, o la diversidad y pluralidad no jerárquica, respetando la igualdad, a la cual aluden otros sectores. Muchos surgieron en tiempos anteriores a la Guerra Civil, y continuaron existiendo durante el franquismo, aunque en el desarrollo de la transición democrática modificaron sus objetivos. La emergencia de los regionalismos les otorgó peso y substancia, dedicados a defender la cultura de la "patria chica" como base de sus propias comunidades.

En el siglo XXI, aupados bajo las transformaciones generales de las nuevas museologías, plantearon modificaciones significativas tanto en las narrativas como en su exposición. El apoyo político de sus respectivos centros de decisión, así como una mayor sofisticación de los especialistas, sin dejar de lado, como dijimos, los cantos de sirena del turismo, fueron algunos de los elementos que fomentaron tales cambios en museos que no se ciñen solo a mencionar la vida aldeana y a los campesinos, sino que están inmersos en los cambios de las sociedades postindustriales actuales. Pero persisten en los de menor tamaño algunos problemas ya denotados, como estar obligados formalmente a proteger un patrimonio doméstico, tratado con cierto desapego por las mismas comunidades[217].

En nuestras sociedades postindustriales y multiculturales, atenaceadas por el consumo, donde se han profundizado las diferencias y subalternidades de género, nacionales, religiosas, étnicas y sociales, los museos y exposiciones tienen ante sí la responsabilidad para darles cabida. También deben atender a otros afanes, como la patrimonialización material e inmaterial de legados específicos, con un criterio en ocasiones esencialista y folklórico de la cultura o respeto de la diversidad cultural. Es en los más pequeños, tal vez, donde esas evidencias se encuentran a veces en un camino sin salida, ceñidos a rememorar a los notables locales y a sistematizar y proteger, no sin esfuerzos, un legado que puede no ser conflictivo, pero sí ya ha dejado de seducir a todos los integrantes de la comunidad por igual.

En cuarto lugar, en los distintos museos analizados, los objetos expuestos no son inertes ni neutrales, ni expresan de una vez y para siempre lo que los curadores, al colocarlos bajo sus cartelas, sugirieron con mayor o menor maestría: la representación de determinado período o aspecto social, red política y sistema productivo, entre tantas posibilidades. Los espectadores, eso que llamamos "el público", asiente o niega, admite o responde a esos imperativos o sugerencias, que emergen desde el presente y las culturas diversas de las que el museo parte y a las que se enfrenta.

En el siglo XXI, los organizadores de los museos entienden que deben hacer lugar a lo "propio", sin coartar lo "ajeno", y actuar de manera respetuosa para evitar excluir u omitir a determinados colectivos o minorías étnicas, sexuales, nacionales y sociales. A la vez, las nociones de lo "típico" registran pocos cambios, en un contexto donde los museos son campo de disputa turística. También, en ese territorio minado que involucra la representación a través de las teorías críticas, podrían iluminarse nuevos escenarios a través de la revisión de conceptos como, por ejemplo, el de "espacios vacíos", puesto que sigue siendo fértil para referir a la conquista sin responsabilidad ecológica o social, como parte de una decisión de esforzados emprendedores. Tal situación admitiría la continuidad del control de los recursos al presente, involucrando

---

217. En el sentido de lo señalado por Fernández de Paz (2015).

tanto el conocimiento como la producción. Las poblaciones originarias, que ahora disponen en algunas naciones de sus propias entidades para hacerse conocer y conocerse, no dejan por esto de estar subrepresentadas en el escenario económico y social, sin que se hayan alterado muchos de los prejuicios de antaño sobre su legitimidad en el escenario museal. Sin embargo, lo que podría ser un aspecto negativo, puede sumarse a una dinámica transformadora que permita incentivar propuestas renovadoras, más bien escasas en el análisis general de estos museos. Y sus razones no siempre involucran, como insistimos, aspectos económicos, dado que varias de las que consideramos enriquecedoras no requieren ingentes inversiones, lo cual resultaría difícil para la planificación museal en estas escalas. Pero sí se necesita modificar los aspectos ideológicos involucrados en las exposiciones, y esa apertura no es fácil, ni automática, requiere una labor colaborativa y profunda entre actores muy diversos y ausentes de las vitrinas, o presentes solo como "sujetos" y no actores, con palabra y autonomía.

Las críticas que fuimos desgranando sobre museos comunitarios en Iberoamérica contienen una serie de aportes reflexivos más que conclusivos; plantean nuevos interrogantes más que respuestas cerradas y aluden a estrategias alternativas, a colecciones abiertas al diálogo que establezcan en el escenario el conflicto o la contradicción. Nuestro enfoque podría enriquecerse analizando estos procesos desde las interacciones transaccionales más que desde lógicas culturales ideales, tal cual postulara Frederik Barth (1981).

Porque, dejemos en claro, como indica Chagas, que, con un ejercicio respetuoso y democrático, los museos pueden ser "lugares privilegiados del misterio y de la narrativa poética que se construye con imágenes y objetos. Lo que torna posible esa narrativa, lo que fabula ese aire de misterio es el poder de utilización de las cosas como dispositivos de mediación cultural entre mundos y tiempos distintos, significados y funciones diferentes, individuos y grupos sociales diferentes" (Chagas 2007: 1).

Por todo ello, la reflexión sobre los museos, sean estos comunitarios o no, es necesaria; sobre todo por su función social y su impronta educativa. Y también, es imprescindible para dejar de instituir y naturalizar las desigualdades sociales, las jerarquías de género y las diferencias étnicas o nacionales. Si otra sociedad es posible, y nosotras creemos que sí, entonces también es necesario imaginar otros muchos, y mejores, museos.

BIBLIOGRAFÍA

Abad García, Emiliano (2022): *Por el rabillo del ojo: museos, literatura y poscolonialismo. ¡Sí, por favor!* Tesis Doctoral, Universidad Autónoma de Madrid. En: https://repositorio.uam.es/handle/10486/705246

Abelés, Marc (2015): "El racionalismo sometido a la prueba del análisis", en: Jacques Revel (dir.), *Juegos de escala. Experiencias de* microanálisis, San Martín: UNSAM-Edita Colección Historia (8), 115-134.

Abraham Jalil, Bertha Teresa (2008): "Museos y Democracia: los museos como espacios de experiencias comunitarias", *Contribuciones desde Coatepec*, 14, 119-159.

Aguilar Fernández, Paloma (2008): *Políticas de la memoria y memorias de la política. El caso español en perspectiva comparada.* Madrid: Alianza Editorial.

Aguirre Beltrán, Gonzalo (1957): *El proceso de aculturación.* México: Universidad Autónoma de México.

Alonso Fernández, Luis (2003): *Introducción a la nueva museología.* Madrid: Alianza.

Alonso Fernández, Luis e Isabel García Fernández (2012): *Nueva museología: planteamientos y retos para el futuro.* Madrid: Alianza.

Alonso Pajuelo, Patricia (2018): "Pensando en la nueva exposición permanente del Museo Nacional de Antropología. Repensando el MNA", *Anales del Museo Nacional de Antropología*, XX, 126-148.

Ames, Michael (1992): "Introduction. The Critical Theory and Practice of Museums", en Michael Ames, *Cannibal Tours and Glass Boxes. The Anthropology of Museums.* Vancouver: University of British Columbia, 3-14.

Andermann, Jens (2007): *The Optic of the State. Visuality and Power in Argentina and Brazil.* Pittsburg: University of Pittsburg.

Anderson, Benedict (1993): *Comunidades imaginadas. Reflexiones sobre el origen y la difusión del nacionalismo.* México: Fondo de Cultura Económica.

Arrieta Urtizberea, Iñaki (2008): "La Nueva Museología, el patrimonio cultural y la participación ciudadana a debate", en Iñaki Arrieta Urtizberea (ed.), *Participación ciudadana, patrimonio cultural y museos. Entre la teoría y la praxis.* Bilbao: Universidad del País Vasco, 11-24.

Arrieta Urtizberea, Iñaki (2012): "Historia centenaria del Museo San Telmo: breve crónica político-cultural de idas y venidas", *Her&Mus: Heritage&Museography*, 10, 38-48.

Arrieta Urtizberea, Iñaki (2015): "Folklore y etnografía en los museos vascos: una historia centenaria, una diacronía atemporal", *Revista Andaluza de Antropología*, 9, 52-75.

Arrieta Urtizberea, Iñaki (2016): *Lugares de memoria traumática. Representaciones museográficas de conflictos políticos y armados*. Bilbao: Universidad del País Vasco.

Atlas de la Región del Aysén (2005): Gobierno Regional de Aysén-Cooperación Técnica Alemana-Gobierno de Chile. En: https://bibliotecadigital.ciren.cl/bitstream/handle/20.500.13082/14643/AtlasRegiondeAysen.pdf?sequence=1&isAllowed=y

Ávila Meléndez, Norma Angélica (2015): "Ética y reflexividad. Experiencias Museológicas Comunitarias en México", *ICOFOM Study Series, Nouvelles tendances de la museologie*, 43b, 25-36. En: http://journals.openedition.org/iss/378 ; DOI : 10.4000/iss.378

Azócar, Miguel Ángel (2008): "El Centro Nacional de Museología a 40 años de su fundación", *Revista Museos,* 27, 23-29.

Bandieri, Susana (2005): *Historia de la Patagonia*. Buenos Aires: Sudamericana.

Barragán Jané, Montserrat (2015): "Crónica de un intento: los museos etnológicos en Andalucía", *Revista Andaluza de Antropología*, 9, 132-157.

Barreiro Mariño, David (2017): "La memoria histórica en España y su situación en el ámbito educativo: la necesidad de crear un museo memorial en España", *Revista Historia Autónoma*, 11, 261-278.

Barth, Frederik (1981): *Process and Form in Social Life*. London: Routledge & Kegan Paul.

Barthes, Roland (1970): "El efecto de realidad", en Roland Barthes, Marie-Claire Boons, Olivier Burgelin, Gérard Genette, Jules Gritti, Julia Kristeva, Christian Metz, Violette Morin y Tzvetan Todorov, *Lo verosímil.* Buenos Aires: Editorial Tiempo Contemporáneo, 95-101.

Bartolomé, Olga, Leonardo Casado, Verónica Jeria y Mariela Zabala (2019): "Dossier: Nueva Museología, Muscología Social", *Revista del Museo de Antropología*, 12 (2), 123-128.

Bauman, Zygmunt (2006): *Comunidad: en busca de seguridad en un mundo hostil.* Madrid: Siglo XXI España Editores.

Belenguer, Celeste (2023): "El museo en cuestión: una invitación a repensar y reimaginar espacios comunes", *Arida,* disponible en: https://aridarevista.iupa.edu.ar/el-museo-en-cuestion-una-invitacion-a-repensar-y-reimaginar-espacios-comunes, Instituto Universitario Patagónico de las Artes (IUPA), consultada el 4 de septiembre de 2023.

Bendix, Regina F. y Galit Hasan-Rokem (2012): "Introduction", en Regina F. Bendix y Galit Hasan-Rokem (eds.), *A Companion to Folklore*. Oxford: Wiley Blackwell, Companions to Anthropology, 1-6.

Bengoa, José (1996): *Historia del pueblo mapuche.* Santiago: Ediciones Sur.

Bennett, Tony (1988): "The Exhibitionary Complex", *New Formations*, 4, 73-102.

Berger, Stefan, Stefano Musso y Christian Wicke (2022): "The Unmaking of Industrial Landscapes: The North-Western Italian Industrial Triangle and the Ruhr Region in Germany", en Stefan Berger, Stefano Musso y Christian Wicke (eds.), *Deindustrialisation in Twentieth-Century Europe. The Northwest of Italy and the Ruhr Region in Comparison*. London: Palgrave MacMillan, 1-38.

Bertrand, Michel (2011): "Microanálisis, historia social y acontecimiento histórico", *Revista Historia,* 63-64, 141-149.

Betrisey Nadali, Débora (2015): "Historia, antropología e imperio español en el Museo de América, 1940-65", *Antípoda. Revista de Antropología y Arqueología*, 22, 91-111.

Bianco, Lucía (2022): "Variaciones sobre la pregunta '¿Qué comemos hoy?'", en *Museonario. Cómo se hacen los museos de Bahía*. Bahía Blanca: Museos de Bahía Ediciones-Municipalidad de Bahía Blanca.

Blanco González, Héctor (2020): *Pompa y circunstancia. Construcciones efímeras en las colecciones fotográficas del Museu del Pueblu d'Asturies*. Gijón: Museu del Pueblu d'Asturies.

Blasco, María Elida (2011): *Un museo para la colonia: el Museo Histórico y Colonial de Luján, 1919-1930.* Rosario: Prohistoria Ediciones.

Blasco, María Elida (2013): "Museografía y recreación de la historia: la formación del Museo Pampeano y Parque 'Los Libres del Sur' (Chascomús, 1939-1943)", *Corpus. Archivos virtuales de la alteridad americana*, 3 (1), 1-18.

Blasco, María Elida (2022): "El descubrimiento de la museología y la museografía históricas (Argentina, 1958-1973)", en María Silvia Di Liscia (ed.), *Museos y comunidades en la Patagonia argentina. Representaciones y relatos históricos entre pérdidas y encuentros*. Rosario: Prohistoria Ediciones, 51-71.

Brading, David (2010): *Octavio Paz y la poética de la historia mexicana*. México: Fondo de Cultura Económica.

Bradley, Keith (1998): *Esclavitud y sociedad en Roma*. Barcelona: Ediciones Península.

Briones, Claudia (ed.) (2005): *Cartografías argentinas. Políticas indigenistas y formaciones provinciales de alteridad*. Buenos Aires: Antropofagia.

Brown, Karen (2019): "Museums and Local Development: An Introduction to Museums, Sustainability and Well-being", *Museum International*, 71 (3-4), 1-13, DOI: 10.1080/13500775.2019.1702257

Brulon Soares, Bruno (2013): "The ecomuseums and its audience: the visitor's experience, between objectivity and subjectivity", *ICOM, International Committee for Museology*, 35th Annual ICOFOM Symposium, Rio de Janeiro, 28-48.

Burón Díaz, Manuel (2012): "Los museos comunitarios mexicanos en el proceso de renovación museológica", *Revista de Indias*, 72 (254), 177-212.

Burón Díaz, Manuel (2018): *El patrimonio recobrado: museos indígenas en México y Nueva Zelanda*. Tesis doctoral, Universidad Complutense de Madrid.

Bustamante, Jesús (2012): "Museos, memoria y antropología a los dos lados del Atlántico. Crisis institucional, construcción nacional y memoria de la colonización", *Revista de Indias,* 72 (254), 15-34.

Caballero García, Luis (2004): "Museología y museografía: últimas tendencias", *Acta Científica Venezolana,* 55 (4), 327-333.

Cabello Carro, Paz (1993): "El Museo de América", *Anales del Museo de América,* 1, 11-21.

Cabello Carro, Paz, Concepción García Sáiz, Araceli Sánchez Garrido, Salvador Rovira Llorens y Félix Jiménez Villalba (1994): *Museo de América*. Madrid: Ministerio de Cultura, Dirección General de Bellas Artes, Dirección de Museos Estatales.

Callejo Cabo, Jesús (2019): *El mundo encantado de Castilla y León.* Salamanca: Museo Etnográfico de Castilla y León.

Camarena, Cuauhtémoc y Teresa Morales (2000): "El significado del patrimonio arqueológico en los museos comunitarios de Oaxaca", *Segunda Mesa Redonda de Monte Albán*, Oaxaca.

Camarena, Cuauhtémoc y Teresa Morales (2006): "The Power of Self-Interpretation: Ideas on Starting a Community Museum", en Karen Coody Cooper y Nicolasa I. Sandoval (eds.), *Living Homes for Cultural Expression: North American Perspectives on Creating Community Museums*. Washington D.C.: National Museum of American Indian, 77-87.

Camarena, Cuauhtémoc y Teresa Morales (2009): "El museo comunitario: un espacio para el ejercicio del poder comunal", en Iñaki Arrieta Urtizberea (ed.), *Activaciones patrimoniales e iniciativas museísticas: ¿Para quién? y ¿Para qué?* Bilbao: Universidad del País Vasco, 115-128.

Cameron, Duncan (1972): "The Museum, a Temple or the Forum", *The Journal of World History,* 14, 1, 11-24.

Carmagnani, Marcello (2011): *El otro Occidente. América Latina desde la invasión a la globalización.* México: Fondo de Cultura Económica.

Carreras y Candi, Francisco (1943): "Prólogo", en Francisco Carreras y Candi (dir.), *Folclore y costumbres de España.* T. I. Barcelona: Casa Editorial Alberto Martin, V- X.

Carreras y Candi, Francisco (dir.) (1944a): *Folclore y costumbres de España.* T. II. Barcelona: Casa Editorial Alberto Martin.

Carreras y Candi, Francisco (dir.) (1944b): *Folclore y costumbres de España.* T. III. Barcelona: Casa Editorial Alberto Martin.

Carretero Pérez, Andrés (1994): "Museo Nacional de Antropología: nos/otros", *Anales del Museo Nacional de Antropología*, 1, 209-250.

Carretero Pérez, Andrés (2002): "Anales del Museo del Pueblo Español y Anales del Museo Nacional de Antropología. Una aproximación bibliométrica", *Revista de Dialectología y Tradiciones Populares*, LVII (1), 207-218.

Castilla, Américo (2017): "La profesionalización de los museos en Argentina. Desde la centralidad de los objetos a la prioridad del visitante", *Caiana*, 10, 137-145.

Castrillón Vizcarra, Alfonso (2019): "Evolución del pensamiento museológico", *Pluriversidad*, 3, 269-279. DOI: https://doi.org/10.31381/pluriversidad.v3i3.2245

Cátedra Tomás, María y Ascensión Barañano (2005): "La representación del poder y el poder de la representación. La política cultural en los museos de antropología y la creación del Museo del Traje", *Política y Sociedad*, 42 (3), 227-250.

Cazorla Sánchez, Antonio (2021): "Qué hacer con el pasado", *El País*, 21 de octubre. En: https://elpais.com/opinion/2021-10-23/que-hacer-con-el-pasado.html, consultada el 12 de diciembre de 2023.

Censo Indígena, Resultados Preliminares (2022): Asunción, Instituto Nacional de Estadísticas.

Chagas, Mario (2007): "La radiante aventura de los museos", *IX Seminario sobre Patrimonio Cultural Museos en Obra*. Santiago: Dirección de Bibliotecas, Archivos y Museos, 1-15.

Cerquetti, Mara (2011): "Local Art Museum and Visitors: Audience and Attendance Development", *Journal of Cultural Managent and Policy*, 1 (1), 20-28.

Ceva, Mariela (2021): "Creando y preservando el patrimonio industrial. El caso del Museo Algoselán Flandria", *II Jornada Museos, Historia y Memoria. Aportes y reflexiones*, Santa Rosa.

Clifford, James (1997): *Routes. Travel and Translation in the late twentieth century*. Cambridge: Harvard University Press.

Collier, Simon y William Sater (1998): *Historia de Chile, 1808-1994.* Cambridge: Cambridge University Press.

Conociendo a nuestros visitantes. Museo Nacional Centro de Artes Reina Sofía (2013): Madrid: Ministerio de Educación, Cultura y Deportes, Secretaría Técnica.

Cortázar, Julio (1978): "Cartas de mamá", en Julio Cortázar, *Las armas secretas.* Madrid: Ediciones Cátedra, 69-91.

Cottom, Bolfy (2017): "Origen histórico y función social del INAH", *Antropología. Revista interdisciplinaria del INAH,* 1 (1), 23-36.

Cruz Orozco, Jorge y Joan Seguí i Seguí (2015): "Museos de etnología valencianos", *Revista Andaluza de Antropología*, 9, 105-131.

Debary, Octave (2000): "Un entretien avec André Desvallées", *Publics et Musées*, 17-18, 232-240.

DeCarli, Georgina (2004): "Vigencia de la Nueva Museología en América Latina: conceptos y modelos", *ABRA. Revista de la Facultad de Ciencias Sociales,* 24 (33), 55-75.

Delarge, Alexandre (2000): "Les ecomusées, retour a la definition et evolution", *Publics et Musées,* 17-18, 139-155.

Delgado Méndez, Aniceto (2008): "Los museos etnológicos en Extremadura", en Xavier Rogié i Ventura, Esther Fernández de Paz e Iñaki Arrieta Urtizberea (coords.), *El futuro de los museos etnológicos: consideraciones introductorias para un debate*. San Sebastián: Ankulegi, 87-98.

Delgado Ruiz, Manuel (1995): "L'Amèrica virtual. El Museu d'Amèrica de Madrid", *Revista d'etnologia de Catalunya*, 7, 78-86.

Dersdepanian, Georgina (2000): "El museo comunitario: un principio para todos", *Gaceta de Museos*, 17, en: https://mediateca.inah.gob.mx/repositorio/islandora/object/articulo:19707, consultada el 19 de diciembre de 2023.

Desvallées, André (1990): "Nouvelle muséologie", en "Muséologie", *Encyclopaedia Universalis*, Corpus 15, pp. 921-924. Paris: Encyclopaedia Universalis France, S.A.

Desvallées, André (1992-1994): *Vagues. Une anthologie de la nouvelles mouseologie*. Paris: Éditions W-M.E.E.S.

Desvallées, André y François Mairesse (eds.) (2010): *Key Concepts of Museology*. Paris: Armand Colin&ICOFOM.

De Kerangat, Zoe (2023): *Remover cielo y tierra. Las exhumaciones de víctimas del franquismo en los años 70 y 80*. Granada: Comares.

De la Vega, Ricardo (1915): La Verbena de la Paloma. *El boticario y las chulapas y celos mal reprimidos.* Barcelona: Biblioteca Teatro Mundial.

De Varine-Bohan, Hugues (1985): "El ecomuseo, más allá de la palabra", *Museum. Imágenes del ecomuseo*, 148, vol. XXXVII (4), 185-186.

De Varine-Bohan, Hugues (2000): "Quelques regards sur le monde latine", *Publics et Musées*, 17-18, 196-203.

De Varine-Bohan, Hugues (2007): "El ecomuseo. Una palabra, dos conceptos, mil prácticas", *Mus-A,* V (8), 19-29.

De Varine-Bohan, Hughes (2020): *El ecomuseo singular y plural. Un testimonio de cincuenta años de museología comunitaria en el mundo*. Santiago: ICOM Chile.

Del Moral Ruiz, Carmen (1988): "Pasatiempos, diversiones y espectáculos en el Madrid de Galdos", en *Madrid en Galdós, Galdós en Madrid.* Madrid: Comunidad de Madrid, 109-122.

Dewdney, Andrew, David Dibosa and Victoria Walsh (2013): *Post-Critical Museology. Theory and Practice in the Art Museum*. New York: Routledge.

Di Liscia, María Silvia (2002a): *Saberes, terapias y prácticas médicas en Argentina (1750-1910).* Madrid: Colección Biblioteca de Historia de América, Consejo Superior de Investigaciones Científicas.

Di Liscia, María Silvia (2002b): "Cuerpos para experimentar. Objetivación médica, positivismo y eliminación étnica en Argentina (1860-1890)", *Asclepio. Revista de Historia de la Medicina y de la Ciencias*, LIV, 183-200.

Di Liscia, María Silvia (2018): "Museos históricos en Montevideo: entre la dispersión y la nostalgia", *A contracorriente. Revista de Historia social y literatura sobre América Latina,* 15 (2), 93-116.

Di Liscia, María Silvia (2022a): "Introducción. Una aclaración sobre museos y comunidades", en María Silvia Di Liscia (ed.), *Museos y comunidades en la Patagonia argentina. Representaciones y relatos históricos entre pérdidas y encuentro*s. Rosario: Prohistoria Ediciones, 15-30.

Di Liscia, María Silvia (2022b): "Comunidades, representaciones y ausencias: el Museo del Pueblo de Toay", en María Silvia Di Liscia (ed.), *Museos y comunidades en la Patagonia argentina. Representaciones y relatos históricos entre pérdidas y encuentro*s. Rosario: Prohistoria Ediciones, 185-205.

Di Liscia, María Silvia, Ernesto Bohoslavsky y Marisa González De Oleaga (2010): "Pertenencia y exclusión en el Museo Histórico Nacional de Buenos Aires y el Museo de Trelew en tiempos del Bicentenario", *Revista Pilquen. Sección Ciencias Sociale*s, 13, 1-10.

Di Liscia, María Silvia, Marisa González de Oleaga y Ernesto Bohoslavsky (2010): "Ironía y literalidad. Los museos históricos en Paraguay y Argentina", en Tomás Fernández Garcia, Agnieska Flisek *et al.* (eds.), *América Latina: dos siglos de Independencia. Fracturas sociales, políticas y culturales.* Varsovia: Instituto de Estudios Ibéricos e Iberoamericanos, 307-320.

Di Liscia, María Silvia y Wanda Wechsler (2023): "Editorial. Museos y traumas en América Latina. Avances comparativos, propuestas y fronteras desde la historia". *Anuario Colombiano de Historia Social y de la Cultura*, 50, 1, 13-24. https://doi.org/10.15446/achsc.v50n1.105645

Díaz Balerdi, Ignacio (2002): "¿Qué fue de la Nueva Museología? El caso de Quebec", *Artigrama*, 17, 493-516.

Díaz Balerdi, Iñaki (2012): "Un siglo de museos en el País Vasco", *Her&Mus: Heritage&Museography*, 10, 8-14.

Díaz Martínez, Irene (2023): "Postminería y nostalgia de la chimenea. Narrativas, representaciones y discursos sobre la patrimonialización y turistización de 'lo' industrial en Asturias", *XVI Congreso de la Asociación de Historia Contemporánea.* Logroño: Universidad de La Rioja.

Díaz Viana, Luis (2007): "Antropología y patrimonio cultural. La tradición como reclamo", en Luis Díaz Viana y Pedro Tomé Martín (coords.), *La tradición como reclamo. Antropología en Castilla y León.* León: Junta de Castilla y León, 17-30.

Dos Santos, Paula Assuncao (2010): "Introduction. To Understand New Museology in the 21st Century", *Sociomuseology III, Cadernos de Museología*, 37, 5-11.

Durán Medraño, José María (2024): "¿Son los museos un proyecto de clase? De(s)colonización como trampantojo", *Revista Ph, Instituto Andaluz del Patrimonio Histórico,* 111, 115-117, DOI: https://doi.org/10.33349/2024.111.5507

Fabian, Johannes (2002): *Time and the Other: How Anthropology Makes Its Object*. Columbia: Columbia University Press.

Fernández Cerviño, María Xosé (1997): "El Museo do Pobo Galego de Santiago de Compostela: Una visión endógena", *Boletín de la ANABAD*, 47, 1, 165-176.

Fernández de Paz, Esther (2015): "Museos de antropología. Antropología en los museos", *Revista Andaluza de Antropología*, 9, 1-15, http://dx.doi.org/10.12795/RAA.2015.i09.01

Ferrándiz Martín, Francisco José (2007): "Exhumaciones y políticas de memoria en la España contemporánea", *Hispania Nova: Revista de Historia Contemporánea*, 7, 5-21.

Ferrándiz Martín, Francisco José (2010): "De las fosas comunes a los derechos humanos: el descubrimiento de las 'desapariciones forzadas' en la España contemporánea", *Revista de Antropología Social*, 19, 161-189.

Ferrándiz Martín, Francisco José (2014): *El pasado bajo tierra: exhumaciones contemporáneas de la Guerra Civil*. Barcelona: Anthropos.

Ferrándiz Martín, Francisco José (2022): "Exhumaciones, generales y militarismo fantasma: cómo confrontar el legado de la Guerra Civil española", *Alteridades*, 32 (64), 73-85.

Fornés García, Josep, Júlia Pérez Hernández y Marisa Azón Masoliver (2009): "El Museo Etnológico de Barcelona y sus colecciones americanas", *Artigrama,* 24, 135-164.

Freire, Paulo (1971): *La educación como práctica de la libertad.* México: Siglo XXI.

Fressoli, Guillermina (2013): "Formas críticas del recuerdo en los Museos de Ingeniero White. Mirada y temporalidad, el recuerdo como experiencia", *Papeles de Trabajo*, 7 (11), 237-258.

Gamboggi, Ana Laura y Georgia Melville (2009): "El museo comunitario como tecnología social en América Latina", *Alteridades,* 19 (37), 57-67.

García Canclini, Néstor (1999): "Los usos sociales del patrimonio cultural", en Encarnación Aguilar Criado (ed.), *Patrimonio Etnológico. Nuevas perspectivas de estudio.* Sevilla: Conserjería de Cultura, Junta de Andalucía, 16-33.

García Canclini, Néstor (2000): "Políticas culturales: de las identidades nacionales al espacio latinoamericano", en Néstor García Canclini y Carlos Moneta (comps.), *Las industrias culturales en la integración latinoamericana*. México: Grijalbo. http://observatoriocultural.udgvirtual.udg.mx/repositorio/bitstream/handle/123456789/129/Canclini-Politicas.pdf?sequence=1&isAllowed=y

García Canclini, Néstor (2004): "Remaking Passports: Visual Thought: in the Debate on Multiculturalism", en Donald Preziosi y Claire Farago (eds.), *Grasping the World. The Idea of the Museum*. London: Routledge, 699-708.

Ginzburg, Carlo (1994): "Indicios. Raíces de un paradigma de referencias indiciales", en Carlo Ginzburg, *Mitos, emblemas, indicios. Morfología e Historia*. Barcelona: Gedisa, 138-175.

Gómez Pellón, Eloy (1995): "Museos etnográficos y museografía en Cantabria", *Anales del Museo Nacional de Antropología*, 2, 95-118.

Gómez Rufo, Antonio (2000): *Escenas madrileñas. Un paseo por el Madrid del último cuarto del siglo XX*. Madrid: Caja Madrid.

Gomez-Tabanera, José Manuel (1950): *Tesoro del folklore español. Trajes regionales y costumbres tradicionales*. Madrid: Editorial Tesoro.

González de Oleaga, Marisa (2009): *Políticas y poéticas del museo. Colonia, nación y etnia en los museos de Paraguay, Argentina y España*, Informe Final, Madrid: Fundación Carolina.

González de Oleaga, Marisa (2016): "Democracia y museo. Diferencia y conflicto en los relatos del Museo de América en Madrid", *Historia y Política*, 35, 123-144.

González de Oleaga, Marisa (2018): "¿Cómo hacer cosas con museos? Aprender a mirar, enseñar a ver", *A Contracorriente. Una revista de Estudios Latinoamericanos,* 15 (2), 11-38.

González de Oleaga, Marisa (2019): *Itinerarios. Historiografía y posmodernidad*. Madrid: Postmetrópolis Editorial.

González de Oleaga, Marisa (2022): "Museos y educación sentimental. Los otros relatos del museo", en María Silvia Di Liscia (ed.), *Museos y comunidades en la Patagonia argentina. Representaciones y relatos históricos entre pérdidas y encuentro*s. Rosario: Prohistoria Ediciones, 33-50.

González de Oleaga, Marisa (2024): "Descolonizar el museo y resignificar los monumentos: la escena del crimen", *Revista Ph, Instituto Andaluz del Patrimonio Histórico,* 111, 62-75, DOI: https://doi.org/10.33349/2024.111

González de Oleaga, Marisa y Fernando Monge (2007): "El Museo de América: modelo para armar", *Historia y Política*, 18, 273-293.

González de Oleaga, Marisa y Ernesto Bohoslavsky (2011): "Ethnic Mirrors. Self-Representations in the Welsh and Mennonite Museums", *Anais do Museu Paulista*, 19 (2), 159-177.

González de Oleaga, Marisa y María Silvia Di Liscia (2018): "Museos y ciudadanía. The odd couple", *A contracorriente. Revista de Historia social y literatura sobre América Latina*, 15 (2), 1-10.

González de Oleaga, Marisa, María Silvia Di Liscia y María del Carmen Ricchiardo (2023): "Militancy, Dictatorship and Sites for Representation in Rio de la Plata: Museo de la Memoria and ESMA", *International Journal of Heritage Studies,* DOI: 10.1080/13527258.2023.2201819

González Hontoria, Guadalupe (1985): "Costumbres de nacimiento, matrimonio y muerte en Alicante", *Narria. Estudios de Artes y Costumbres Populares,* 9 (37-38), 38-39.

González Hontoria, Guadalupe (2002): "Narria. Estudios de Artes y Costumbres Populares", *Revista de Dialectología y Tradiciones Populares*, LVII (1), 93-100.

González Meza, Yadur Nahel (2012): *Museo, identidad y diversidad: un análisis de las representaciones de la diversidad cultural en los museos comunitarios de México*. Trabajo fin de máster, Barcelona: Universitat de Barcelona.

González Meza, Yadur Nahel (2016): "Museos comunitarios de México. Ecos de la diversidad cultural a través del patrimonio", en Fabien Van Geert, Xavier Roigé y Lucrecia Congret Iribar (coords.), *Usos políticos del patrimonio cultural*. Barcelona: Universidad de Barcelona, 79-100.

González Lafita, Pilar (2006): "Los Museos de Gijón", *Museos*, 11, 93-107.

González-Redondo, Esperanza (2023): "Inspección y discordancias estructurales en las corralas de entramado de madera en Madrid: legislación vs. 'malicia'", *Informes de la Construcción,* 75, 569, e483, DOI: https://doi.org/10.3989/ic.91943

Gossen, Benjamin, (2016): "Religious Nationalism in an Age of Globalization: The Case of Paraguay's Mennonite State", *Almanak* 14, ttps://doi.org/10.1590/2236-463320161405.

Grau Lobo, Luis (2015): "Museología y antropología en Castilla y León: los santos inocentes", *Revista Andaluza de Antropología*, 9, 187-210.

Gutiérrez Aguilar, Raquel (2023): "Comunitario/lo común", en Mario Rufer (coord.), *La colonialidad y sus nombres: conceptos clave*. Buenos Aires/México: CLACSO/Siglo XXI, 55-65.

Hernández Hernández, Francisca (2021): "El significado polisémico del concepto de museo", *Complutum*, 32 (2), 417-425.

Hobsbawm, Eric (1998): *Historia del siglo XX*. Buenos Aires: Crítica Mondadori.

Ibañez Santa María, Adolfo (1972-1973): "La incorporación de Aisén a la vida nacional, 1902-1936", *Historia,* 11, 259-378.

Juaristi, Jon (1998): *El bucle melancólico. Historias de nacionalistas vascos.* Madrid: Espasa Calpe.

Juaristi, Jon (2011): "Las bases míticas comunes de las identidades españolas modernas", en Silvina Schammah Gesser y Raanan Rein (coords.), *El otro en la España contemporánea. Prácticas, discursos y representaciones.* Madrid: Fundación Tres Culturas del Mediterráneo, 375-403.

Juliá, Santos (2017): *La Transición. Historia de una política española (1937-2017).* Madrid: Galaxia Gutenberg.

Kalish, Hannes (2022): "Salvation? Conversion as part of the colonial process", en *Indigenous-Mennonite Encounters in Time and Place. A Gathering of Body, Mind, and Spirit,* University of Waterloo, May 12-15.

Kingman Garcés, Eduardo (2004): "Patrimonio, políticas de la memoria e institucionalización de la cultura", *Iconos*, 20, 26-34.

Kirshenblatt-Gimblett, Barbara (1991): "Objects of Ethnography", en Ivan Karp y Steven D. Lavine (eds.), *Exhibiting Cultures. The Poetics and the Politics of Museum Display*, Washington and London, Smithsonian Institution Press, 386-443.

Klein, Herbert (2011): *El tráfico Atlántico de Esclavos.* Lima: Instituto de Estudios Peruanos.

Kopytoff, Igor (1986): "La biografía cultural de las cosas: la mercantilización como proyecto", en Arjun Appadurai (ed.), *La vida social de las cosas. Perspectiva cultural de las mercancías.* México: Grijalbo, 89-142.

Krizmanics, Georg T. A. (2018): "El Museo de América de Madrid: ¿Un instrumento para la política exterior española?", *A Contracorriente. Una revista de estudios latinoamericanos*, 15 (2), 39-61.

Labrum, Bronwyn y Conal MacCarthy (2005): "Museum studies and museums: Bringing together theory and practice", *Journal of Museums Aotearoa,* 30 (2), 4-11.

Larralde Armas, Florencia (2024): "La ESMA, Patrimonio Mundial. Estrategia de resguardo frente a los cambios de gobierno y los retrocesos en políticas memoriales", *Revista PH Instituto Andaluz del Patrimonio Histórico,* 111, 11-13, DOI: https://doi.org/10.33349/2024.111.5544

Lavine, Steven D. e Ivan Karp (1991): "Introduction: Museums and Multiculturalism", en Ivan Karp y Steven D. Lavine (eds.), *Exhibiting Cultures. The Poetics and the Politics of Museum Display.* Washington and London: Smithsonian Institution Press, 1-10.

Lavine, Steven D. e Ivan Karp (2013): "Museums and Multiculturalism", en Ivan Karp y Steven D. Lavine (eds.), *The Poetics and Politics of Museums Display.* Washington and London: Smithsonian Institution Press, 1-10.

Le Goff, Jacques (1990): *História e memoria.* Sao Paulo: Editora da UNICAMP.

Leal, Claudia, John Soluri y José Augusto Pádua (eds.) (2022): *Un pasado vivo. Dos siglos de historia ambiental latinoamericana.* México: Fondo de Cultura Económica, 223-245.

Leonardi, Viviana Silvia, Silvina Elias y Patricia Audino (2020): "Los museos como herramienta de activación del patrimonio portuario de la localidad de Ingeniero White", *Apuntes. Revista de Estudios sobre Patrimonio Cultural*, 33, https://doi.org/10.11144/Javeriana.apu33.mhap

Lepetit, Bernard (2015): "De la escala en la historia", en Jacques Revel (dir.), *Juegos de escala. Experiencias de microanálisis.* San Martín: UNSAM-Edita Colección Historia (8), 87-114.

Ley de Memoria Democrática (2022): Boletín Oficial del Estado, 1-55. En: https://www.boe.es/buscar/pdf/2022/BOE-A-2022-17099-consolidado.pdf

Lira, Sérgio, Rogério Amoêda, Cristina Pinheiro, Peter Davis, Michelle Stefano y Gerard Corsane (2012): *Ecomuseums. 1st International Conference on Ecomuseums, Community Museums and Living Communities.* Barcelos: Greenlines Instituto para o Desenvolvimento Sustentável.

Livingston, Jane y John Beardsley (1991): "The Poetics and Politics of Hispanic Art: a New Perspective", en Ivan Karp y Steven D. Lavine (eds.), *Exhibiting*

Cultures. The Poetics and the Politics of Museum Display. Washington and London: Smithsonian Institution Press, 104-120.

Lluch, Andrea y Claudia Salomón Tarquini (eds.) (2014): *Historia de la Pampa, Sociedad, política, economía. Desde los poblamientos iniciales hasta la Provincialización, (ca.8000-1952).* Santa Rosa: EdUNLPam.

Lobato, Mirta (ed.) (2020): *Comunidades, historia local e historia de pueblos. Huellas de su formación.* Buenos Aires: Prometeo Libros.

Lobato, Mirta (2022): "Museos y comunidades: un modelo para pensar", en María Silvia Di Liscia (ed.), *Museos y comunidades en la Patagonia argentina. Representaciones y relatos históricos entre pérdidas y encuentros.* Rosario: Prohistoria Ediciones, 11-13.

Longoni, Ana (2019): "Ya no abolir museos sino reinventarlos. Algunos dispositivos museales críticos en América Latina", *Caiana,* 14, 63-74.

López Alvarez, Juaco (2022): "El Museo del Pueblo de Asturias y la sociedad asturiana. Historia (y estrategias) de una identificación", *Anales del Museo Nacional de Antropología,* XXII (2022), 107-120.

López Luján, Leonardo y Javier Urcid (2002): "El Chacmool de Míxquic y el sacrificio humano", *Estudios de Cultura Náhuatl,* 33, 25-43.

Lorente, Jesús Pedro (2006): "Nuevas tendencias en la teoría museológica: a vueltas con la museología crítica", *Museos.es. Revista de la Subdirección General de Museos Estatales,* 2, 24-33.

Lorente, Jesús Pedro (2016): "Cambios de paradigmas y su recepción en la cultura hispana: de la nueva museología a la museología crítica", en Luis Gerardo Morales Moreno (ed.), *Tendencias de la museología en América Latina.* México: ENAH, 153-163.

Lorente, Jesús Pedro (2003) "¡La nueva museología ha muerto, viva la museología crítica!", en Vicente David Almazán (coord.) y Jesús Pedro Lorente Lorente (dir.), *Museología crítica y arte contemporáneo,* 13-25.

Los Museos en Chile. Diagnóstico (1984): Santiago de Chile, Ediciones de la Dirección de Bibliotecas, Archivos y Museos-UNESCO.

McDonald, Sharon (dir.) (2006): *A Companion to Museum Studies.* Oxford: Victoria, Blackwell Publishing.

Machuca, José Antonio (2014): "El Museo Nacional de Antropología y la metamorfosis del patrimonio cultural", *Gaceta de Museos,* 58, 4-13.

Magrassi, Guillermo y Manuel María Rocca (1974): *Introducción al folklore.* Buenos Aires: Centro Editor de América Latina.

Mangas Hernández, Águeda Beatriz: "El espacio expositivo en el territorio: el ecomuseo como propuesta en Italia y España", *Iniciación a la investigación. Revista electrónica de la Universidad de Jaén.*

Massa Perborell, Diana Antonia (2007): "Relatando Historias Ancestrales. Patrimonio Cultural y Narrativas Identitarias", en Paz Cabello Carro (ed.), *Patrimonio, Cultura e Identidad*. Madrid: Ministerio de Cultura, 188-205.

Mayrand, Pierre (1985): "La proclamación de la nueva museología", *Museum. Imágenes del ecomuseo,* 148, XXXVII, (4), 200-202.

Mayrand, Pierre (2009): *Manual del proceder del ecomuseo. El libreto del promotor*. Puntagorda: Ediciones Alternativas.

Meléndez Zamudio, Cecilia (2017): "Ecomuseo. Una propuesta integral para el desarrollo sostenible", *Illapa Mana Tukukug*, 1. DOI: 10.31381/illapa.v0i1.1173

Méndez Lugo, Raúl Andrés (2004): "Teoría y método de la nueva museología en México", *Revista Digital Nueva Museología*, Movimiento Internacional de la Nueva Museología.

Méndez Lugo, Raúl Andrés (2007): "Teoría y método de la nueva museología en México. Una experiencia de organización social a partir de la gestión cultural", *Mus-A: Revista de los Museos de Andalucía,* nº 8, 40-49.

Méndez Lugo, Raúl Andrés (2011a): "Concepción, método y vinculación de la museología comunitaria", *Cadernos de Sociomuseologia,* Lisboa, nº 41, 45-58.

Méndez Lugo, Raúl Andrés (2011b): *El ecomuseo como comunidad educadora. Una alternativa al desarrollo sustentable para el patrimonio natural y cultural de México con base en educación-acción*. México: SEP.

Mingote Calderón, José Luis (2022): "La identidad nacional en los museos 'antropológicos' en el siglo XX. ¿Una modernidad obligada?", *Anales del Museo Nacional de Antropología,* XXII (2020), 39-68.

Mínguez Fuentes, Raúl (2021): *La riqueza de las regiones,* Asociación Española de Ciencia Regional, en: https://aecr.org/es/45-anos-de-evolucion-economica-social-y-empresarial-de-las-comunidades-autonomas/, consultada el 30 de enero de 2024.

Montechiare, Renata (2017): *Museus em transformaçao: antropologia e descolonizaçao nos museus de Madrid e Barcelona*. Tesis doctoral, Rio de Janeiro: PPGSA, IFCS, UFRJ.

Montechiare, Renata (2018): "Desafíos de los museos contemporáneos: el Museo Nacional de Antropología de Madrid y sus transformaciones", *Anales del Museo Nacional de Antropología*, XX, 149-157

Montero, José Ramón y Mariano Torcal (1990): "Autonomías y comunidades autónomas en España: preferencias, dimensiones y orientaciones políticas", *Revista de Estudios Políticos*, 70, 33-90.

Montoliu, Pedro (1996): *Madrid, Villa y Corte. Historia de una ciudad.* Madrid: Sílex.

Morales Moreno, Luis Gerardo (1994): *Orígenes de la museología mexicana: fuentes para el estudio histórico del Museo Nacional*. Puebla: Universidad Iberoamericana.

Morales Moreno, Luis Gerardo (2007): "Museológicas. Problemas y vertientes de investigación en México", *Relaciones. Estudios de Historia y Sociedad*, 28, 31-66.

Morales Moreno, Luis Gerardo (2008): "Desafíos de la museología contemporánea: la 'desovietización' museográfica del Museo", en Mónica Lacarrieu y Marcelo Álvarez (eds.), *La indigestión cultural. Una cartografía de los procesos culturales contemporáneos*. Buenos Aires: La Crujía, 105-120.

Morales Moreno, Luis Gerardo (2011): "La mirada de Moctezuma y la museología poscolonial en México", *Museo y Territorio*, 4, 60-68.

Morales Moreno, Luis Gerardo (2012): "Museología subalterna (sobre las ruinas de Moctezuma II)", *Revista de Indias*, 72 (254), 213-238.

Moutinho, Mário (2010): "Los ecomuseos para la armonía social. ¿Cómo pueden los ecomuseos contribuir a la cohesion social en el marco de la museología y la sociomuseología contemporáneas?", *Las noticias del ICOM*, 1. Disponible en: http://icom.jlbinfo.info/bibliotheque/jlbWeb?html=Bur&base=documentation &ref=44682&file=1106.pdf&path=ICOM-News_63-1_p8-9_2010_EN.pdf

Moutinho, Mário (2012): "Nueva museología ayer, sociomuseología hoy: de los procesos históricos a las tendencias actuales", *RdM. Revista de Museología*, 53, 30-34.

Muséu del Pueblu d'Asturies (2023): Xixón: Red de Museos Etnográficos de Asturias, FMC y UP, folleto.

Muñiz Jaén, Ignacio (1992): "Los ecomuseos como alternativa museológica. La respuesta social del investigador", *Antiquitas*, 3, 72-79.

Muñoz, Celeste y Sarai Martín (2022): "Reparation for colonialism? The long road to historical justice in Spain", *Observing Memories*, 6, 70-73.

Museo Arqueológico Nacional: Guía (2013): Madrid: Ministerio de Educación, Cultura y Deportes, Secretaría Técnica.

Museo de Artes y Costumbres Populares de Sevilla, Guía Didáctica (2003): Sevilla: Junta de Andalucía.

Museo Etnográfico de Castilla y León (s/d): Folleto, Memoria, Territorio y Patrimonio. Junta de Castilla y León.

Museo del Puerto de Ing. White (2013): Folleto, Bahía Blanca.

Museología Argentina (1974): Buenos Aires, Instituto Argentino de Museología.

Navajas Corral, Óscar (2007): "Intrahistoria. La esencia de los ecomuseos", *RdM. Revista de Museología*, 40, 48-53.

Navajas Corral, Óscar (2008): "Una 'nueva' museología", Conferencia impartida en la sede del Consejo Internacional de Museos (ICOM) de Argentina, Buenos Aires. Disponible en: https://icom-argentina.mini.icom.museum/wp-content/uploads/sites/27/2018/12/new_museology_-_Narvajas_Corral0019.pdf

Navajas Corral, Óscar (2010-2011): "Ecomuseos. Convivencia entre cultura, sociedad y turismo", *Amigos de los Museos: Boletín Informativo*, 31, 17-21.

Navajas Corral, Óscar (2012): "Ecomuseos y ecomuseología en España", *RdM. Revista de Museología*, 53, 55-75.

Navajas Corral, Óscar (2020): *Nueva museología y museología social. Una historia narrada desde la experiencia española.* Gijón: Trea.

Navascués, Joaquín M. de (1943): "El folklore español. Boceto histórico", en Francisco Carreras y Candi (dir.), *Folclore y costumbres de España.* T. I. Barcelona: Casa Editorial Alberto Martin, 5-83.

Núñez Seixas, Xosé Manoel (2021): *Guaridas del lobo. Memorias de la Europa autoritaria, 1045-2020.* Barcelona: Crítica.

Ortega Muñoz Allan, Antonio García Zúñiga y Milton Gabriel Hernández García (eds.) (2021): *INAH: 80 años construidos por sus trabajadores. Ciencias antropológicas.* México: SNPICD-INAH.

Ortiz Maciel, Demián (2011): "Museos, territorio y patrimonio in situ: trabajo de campo en el Centro de Visitantes Schuk Toak y el Ecomuseo Tehuelibampo, Sonora", *Intervención,* 2 (4), 44-55.

Otero Carvajal, Luis Enrique y Rubén Pallol Trigueros (2010): "El Madrid moderno, capital de una España urbana en transformación, 1860-1931", *Historia Contemporánea,* 39, 541-588.

Palacio, Juan Manuel (dir.) (2013): *Historia de la Provincia de Buenos Aires. De la federalización de Buenos Aires al advenimiento del peronismo (1880-1943).* T. 4. Buenos Aires: EDHASA-UNIPE.

Pallol Trigueros, Rubén (2017): "Deudas pendientes de la historia urbana en España", *Ayer*, 107 (3), 287-302.

Peers, Laura y Alison Brown (2003): "Introduction", en Laura Peers y Alison Brown, *Museums and Source Communities.* London and New York: Routledge, 1-17.

Pérez Ruiz, Maya Lorena (2004): "¿Qué es lo específico de lo étnico? Un ensayo de definición", *Estudios Latinoamericanos*, 24, 7-37.

Pérez Ruiz, Maya Lorena (1998): "Construcción e investigación del patrimonio cultural. Retos en los museos contemporáneos", *Alteridades,* 8 (16), 95-113.

Pérez Ruiz, Maya Lorena (2008): "La museología participativa: ¿tercera vertiente de la museología mexicana?", *Cuicuilco*, 15 (44), 87-110.

Piantoni, Giulietta, María Morales y Liliana Pierucci (2021): "Narrativas sobre el pasado provincial: Río Negro en sus museos", *Revista de Historia*, 22, 53-84.

Podgorny, Irina (2005): "La mirada que pasa: museos, educación pública y visualización de la evidencia científica", *História, Ciências, Saúde-Manguinhos*, 12 (suplemento), 231-264.

Preziosi, Donald y Claire Farago (eds.) (2004): *Grasping the World. The Idea of the Museum.* London: Routledge.

Prieto Arratibel, Amaia (2018): "La estrategia multicultural para la renovación de los museos de antropología. ¿Hacia museos más sociales? El caso el Museo Nacional de Antropología", *(Con)textos: revista d'antropologia i investigació social,* 8, 5-21.

Puebla Antequera, María Florencia y Natalia Ramírez Mateus (2020): "Reconsideraciones, análisis y perspectivas futuras de la museología comunitaria. Reflexiones a partir del caso de El Rosario (Hidalgo, México)", *Memorias. Revista Digital de Historia y Arqueología desde el Caribe Colombiano*, 40, 8-32.

Pupio, María Alejandra (2022): "Científicos vocacionales, la práctica de la arqueología y la creación de museos en ciudades de provincia (Argentina, primera mitad del siglo XX)", en María Silvia Di Liscia (ed.), *Museos y comunidades en la Patagonia argentina Representaciones y relatos históricos entre pérdidas y encuentros*. Rosario: Prohistoria, 73-96.

Quijada, Mónica (2012): "Los museos de frontera en la Provincia de Buenos Aires entre el gliptodonte y el indio poblador", *Revista de Indias*, LXXII (254), 131-176.

Ramos, Alejandra (2014): "Especial ecomuseos. Desarrollo sostenible y tradición en catorce ecomuseos españoles", *AireLibre*, 236, 32-39.

Rein, Raanan y Martina Weisz (2011): "Fantasma del pasado, desafíos del presente: nuevos y viejos 'otros' en la España del presente", en Silvina Schammah Gesser y Raanan Rein (coords.), *El otro en la España contemporánea. Prácticas, discursos y representaciones.* Madrid: Fundación Tres Culturas del Mediterráneo, 161-186.

Resultados Preliminares del Censo 2022 (2022): Asunción: Instituto Nacional de Estadística.

Revel, Jacques (2005): *Un momento historiográfico: Trece ensayos de historia social.* Buenos Aires: Manantial.

Revel, Jacques (2014): "La fábrica del patrimonio", *Anuario Tareas,* recuperado de https://ri.unsam.edu.ar/handle/123456789/2092

Riquelme Manzanera, Ángel Luis (2006): "El Museo Etnológico de La Huerta de Murcia", *Revista Cangilón,* 28, 109-128.

Rivarola, Milda (1993): *Obreros, utopías & revoluciones. La formación de las clases trabajadoras en el Paraguay liberal, 1870-1931.* Asunción: Centro de Documentación y Estudios.

Rivière, Georges Henri (1985): "Definición evolutiva del ecomuseo", *Museum. Imágenes del ecomuseo,* 148, XXXVII (4), 182-184.

Rivière, Georges Henri (2015): *La Museología. Curso de museología. Textos y testimonios*. Madrid: Akal.

Robledo Sanz, Beatriz (2017): "El Museo de América: creación e historia de sus colecciones", *Boletín del Museo Arqueológico Nacional*, 35, 1771-1779.

Rodríguez López, Carolina (2023): "El Arco incómodo", *El País,* 25 de agosto, en: https://elpais.com/opinion/2023-08-25/el-arco-incomodo.html, consultada 1 de marzo de 2023.

Roigé, Xavier (2007): "La reinvención del museo etnológico", en Iñaki Arrieta Urtizberea (ed.), *Patrimonios culturales y museos: más allá de la historia y del arte.* Bilbao: Universidad del País Vasco, 19-44.

Roigé, Xavier (2015): "Los museos etnológicos en Cataluña: perspectivas, retos y debates", *Revista Andaluza de Antropología*, 9, 76-104.

Roigé, Xavier (2016): "De monumentos de piedra a patrimonio inmaterial. Estrategias políticas, museológicas y museográficas de presentación de la memoria", en Iñaki Arrieta Urtizberea (ed.), *Lugares de memoria traumática*. Bilbao: Universidad del País Vasco, 23-43.

Roigé, Xavier, Jusèp Boya y Gabriel Alcalde (2010): "Els nous museus de societat: redefinint models, redefinint identitats", en Gabriel Alcalde, Jusèp Boya y Xavier Roigé (eds.), *Museus d'avui. Els nous museus de societat*. Barcelona: Documenta Universitaria, 155-195.

Romero de Tejada, Pilar (2008): "El Museo Nacional de Antropología y su renovación", en Xavier Roigé i Ventura y Esther Fernández de Paz, Iñaki Arrieta Urtizberea (coords.), *El futuro de los museos etnológicos: consideraciones introductorias para un debate*. San Sebastián: Ankulegi, 137-146.

Romero de Tejada, Pilar (2012): "El Museo Nacional de Antropología de Madrid: una experiencia intercultural", *ICOM CE Digital. Revista del Comité Español del ICOM*, 6, 56-61.

Rosas Mantecón, Ana (2005): "Usos y desusos del patrimonio cultural: retos para la inclusión social en la ciudad de México", *Anais do Museo Paulista,* 13 (2), 235-256.

Rosas Mantecón, Ana (2020): "El Museo Nacional de Antropología de México. Pasados indígenas en disputa", *Culturas,* 14, 129-144.

Rubio Badán, Juan Cristóbal (2014): *Censos y población indígena en México. Algunas reflexio*nes. México: CEPAL.

Rufer, Mario (2012): *Procesos de identificación y formaciones de otredad en contextos poscoloniales*. México: Itaca.

Rufer, Mario (2014): "La exhibición del otro: tradición, memoria y colonialidad en museos de México", *Antítesis,* 7, (14), 94-120.

Rufer, Mario (2015): "Paisaje, ruina y nación. Memoria local e historia nacional desde narrativas comunitarias en Coahuila", *Cuicuilco*, 21 (61), 103-136.

Rufer, Mario (2018): "La memoria como profanación y como pérdida: comunidad, patrimonio y museos en contextos poscoloniales", *A contracorriente. Una revista de Estudios Latinoamericanos,* 15 (2), 149-166.

Rufer, Mario (2023): "Introducción: claves conceptuales. Imaginarios de la conexión", en Mario Rufer (coord.), *La colonialidad y sus nombres: conceptos clave*. Buenos Aires/México: CLACSO/Siglo XXI, 11-35.

Ruiz Albéniz, Víctor (2002): *¡Aquel Madrid...! 1900-1914*. Madrid: Ediciones La Librería.

Ruiz Zapatero, Gonzalo (2022): "Contar la nación. El Museo Arqueológico Nacional y la construcción de identidades", *Anales del Museo Nacional de Antropología,* XXII (2020), 17-38.

Sáenz-Chas Díaz, Belén y Manuel Rodríguez Calviño (2017): "La colección arqueológica del Museo do Pobo Galego", *Boletín del Museo Arqueológico Nacional*, 35, 1536-1544.

Sáez Lara, Fernando (2016): "Una nueva finalidad social para el Museo Nacional de Antropología: el reconocimiento de las comunidades de migrantes y su riqueza cultural", *Anales del museo Nacional de Antropología*, 18, 169-183.

Sáez Lara, Fernando (2019): "Museos y antropología: ¿hacia dónde deberíamos ir y cómo deberíamos ser? Retos para el Museo Nacional de Antropología", *ICOM CE Digital. Revista del Comité Español del ICOM*, 16, 24-33.

Salgado Gómez, Mireya (2008): "El Patrimonio Cultural como narrativa totalizadora y técnica de gubernamentalidad", *Centro-h*, 1, 13-25.

Sánchez Gómez, Luis Ángel (2014): "El Museo Antropológico del doctor Velasco (anatomía de una obsesión)", *Anales del Museo Nacional de Antropología*, 16, 265-297.

Sanz Jara, Eva (2008): "Museo Nacional de Antropología y Museo Nacional de Historia: un estudio sobre alteridad y nación en los museos mexicanos", Dossier "Museos, lugares de memoria y democracia en América Latina", *A Contracorriente: una revista de estudios latinoamericanos*, 15 (2), 117-148.

Sanz Jara, Eva (2024): "Museos de los museos", *Revista PH, Instituto Andaluz del Patrimonio Histórico,* 111, 130-133. DOI: https://doi.org/10.33349/2024.111.5530

Sanz Jara, Eva y Sonia Valle de Frutos (2015): "Etnicidad y nacionalismo en el Museo Nacional de Antropología de México. Lecturas desde su espacio físico y virtual", Monográfico "Universalización e historia. Repensar los pasados para imaginar los futuros", *Documentos de Trabajo del Instituto de Estudios Latinoamericanos (IELAT)*, 77, 111-147.

Sanz Jara, Eva e Inmaculada Simón Ruiz (2023): "Del museo proyectado a su realización: el Museo de América de Madrid en tres momentos de su historia", *Americanía. Revista de Estudios Latinoamericanos*, 18, 13-46.

Sather-Wagstaff, Joy (2015): "Heritage and Memory", en Emma Waterton y Steve Watson (eds.), *The palgrave handbook of contemporary heritage research*. Londres: Palgrave Macmillian Press, 191-204.

Scarzanella, Eugenia (2002): *Ni gringos ni indios: Inmigración, criminalidad y racismo en Argentina, 1890-1940*. Bernal: Universidad Nacional de Quilmes.

Schama, Simon (1996): *Landscape & Memory*. New York: Vintage Books.

Schammah Gesser, Silvina (2011): "Introducción", en Silvina Schammah Gesser y Raanan Rein (coords.), *El otro en la España contemporánea. Prácticas, discursos y representaciones*. Madrid: Fundación Tres Culturas del Mediterráneo, 11-28.

Schammah Gesser, Silvina (2014): "Museos, etnología y folclor(ismo) en el Madrid franquista. Sobre precariedad, rupturas y continuidades de un proyecto inacabado", en Stéphane Michonneau y Xosé M. Núñez-Seixas (dirs.), *Imaginarios y Representaciones de España durante el Franquismo.* Madrid: Casa de Velázquez, 221-241.

Schlereth, Thomas J. (2005): "Collecting Ideas and Artifacts. Common Problems of History Museums and History Texts", en Bettina Messias Carbonell (ed.), *Museum Studies.* London: Blackwell, 335-347.

Shaw, Ian (2000): *The Oxford History of Ancient Egypt.* Oxford: Oxford University Press.

Sierra Rodríguez, Xoxé (2022): "Museos en Galicia. Las identidades en escena", *Anales del Museo Nacional de Antropología,* XXII (2020), 147-180.

Singer, Silvia (2004): "El patrimonio inmaterial y los museos. Patrimonio cultural oral e inmaterial. Una visión general", *Patrimonio Cultural y Turismo. Patrimonio cultural oral e inmaterial. La discusión está abierta. Antología de textos,* Cuadernos, Consejo Nacional Para la Cultura y las Artes, 9, 92-106.

Sola, Tomislav (2007): "¿Será el museo capaz de defenderse? Una mirada sobre la inspiración del ecomuseo", *Mus-A,* V (8), 30-39.

Solimano, Andrés y Víctor Tokman (2006): *Migraciones internacionales en un contexto de crecimiento económico. El caso de Chile.* Santiago: CEPAL.

Soto de la Rosa, Humberto (2021): "Pueblos Indígenas", en Simone Cecchini, Raúl Holz y Humberto Soto de la Rosa (coords.), *Caja de herramientas. Promoviendo la igualdad: el aporte de las políticas sociales en América Latina y el Caribe.* Santiago: Comisión Económica para América Latina y el Caribe (CEPAL), 1-18.

Staropolsky Safir, Galia (2020): "Tan antiguo y tan vigente. Recursos tridimensionales en el museo actual", *Gaceta del Museo,* 76, 4-10.

Suárez Suárez, Miguel Ángel, Ana Estévez Lavandeira y Came Campo Martínez (2015): "El Museo do Pobo Galego: Diálogo entre el DEAC y la investigación del proyecto ECPEME", *Clio. History and History teaching,* 41, 1-38.

Tierra y territorio, fundamentos de vida de los pueblos indígenas, 2012 (2016): Asunción: Dirección General de Estadísticas, Encuestas y Censos.

Thiesse, Anne-Marie (2000): "Des fictions créatrices: les identités nationales", *Romantisme,* 110, 51-62.

Thiesse, Anne-Marie (2022): "Cultura popular, nacionalismo y regionalismo", *Anales del Museo Nacional de Antropología,* XXII (2020), 9-16.

Todorov, Tzvetan (2013): "Los usos de la memoria", *Memoria. Revista sobre cultura, Democracia y Derechos Humanos,* 10, 6-16.

Tönnies, Ferdinand (1947): *Comunidad y Sociedad.* Buenos Aires: Losada.

Trampe, Alan (2001): "Museos en Chile: una unión esperada", *Museos,* 25, 2-3.

Valdés, Francisca (2001): "Las nuevas exhibiciones de los museos de la DIBAM", *Museos,* 25, 33-37.

Van Geert, Fabien (2015): "The multicultural pill and its museological effects for the recovery of the European Ethnological Museums", *Museological Review*, 19, 45-53.

Van Geert, Fabien, Iñaki Arrieta y Xavier Roigé (2016): "Los museos de antropología: del colonialismo al multiculturalismo. Debates y estrategias de adaptación ante los nuevos retos políticos, científicos y sociales", *OPSIS online*, 16 (2), 342-360.

Van Geert, Fabien, Xavier Roigé y Alejandra Canals (2017): "Museos y multiculturalismo en América Latina: la representación de las sociedades indígenas en los museos comunitarios", en María Teresa Vicente Rabanaque, Pepa García Hernandorena y Antonio Vizcaíno Estevan (coords.), *Antropologías en transformación: sentidos, compromisos y utopías*. Valencia: Universidad de Valencia, 931-944.

Van Geert, Fabien Nicolas, Alejandra Canals y Yadur Nahel González (2018): "La representación multicultural del indígena en los museos de comunidad latinoamericanos", *Boletín Americanista*, LXVIII, 2 (77), 185-202.

Vázquez Olivera, Carlos (2008): "Estudio introductorio. Revisiones y reflexiones en torno a la función social de los museos", *Cuicuilco,* 44, 5-14.

Vezub, Julio Esteban (2020): "La historia sitiada. La 'cuestión galesa' y las identidades en los museos regionales de Chubut, Patagonia argentina", en Pilar González Bernaldo, Marianne Amar y Marie-Claire Lavabre (dirs.), *Migraciones y museos. Una aproximación global*. Rosario: Prohistoria, 119-140.

Villa González, Ángel (2022): "Los nuevos 'museos de las culturas del mundo' del siglo. ¿Del etnocentrismo a la multiculturalidad?", *Anales del Museo Nacional de Antropología*, XXII/2020, 81-106.

Winter, Ulrich y Joan Ramón Resina (2005): *Casa encantada. Lugares de memoria en la España constitucional (1978-2004)*. Madrid/Frankfurt: Iberoamericana/Vervuert.

Williams, Raymond (1988): *Marxismo y literatura*. Barcelona: Ediciones Península.

Yuquilema Yupanqui, Verónica María (2019): "Racismos invisibilizados: vivencias y resistencias cotidianas del pueblo kichwa en Ecuador", *Millcayac-Revista Digital de Ciencias Sociales,* VI (10), 41-60.

Zubiaur Carreño, Francisco Javier (2003): "Museología y museografía. Definición y evolución", *Curso de museología*. Gijón: Trea. https://www.zubiaurcarreno.com/curso-de-museologia/capitulo-3-museologia-y-museografia-definicion-y-evolucion/

Videos

Campi, Daniel (2023): "Memoria, resistencia, patrimonio. El Museo Ferroviario de Tafí Viejo", *Jornadas Internacionales Museo, Trauma y Transmisión de la Memoria*, 29 y 30 de marzo, UNED, Facultad Ciencias Políticas y Sociología, https://canal.uned.es/series/magic/s8atehb2nw0s0ws048c04w880k080cs

Rufer, Mario (2023): "Patrimonio y memoria: una relación tensa desde el estudio de museos y memorias comunitarias", *Jornadas Internacionales Museo, Trauma y Transmisión de la Memoria,* Canal UNED: https://canal.uned.es/series/magic/s8atehb2nw0s0ws048c04w880k080cs

Este libro se terminó de imprimir
en Sevilla, el 17 de septiembre de 2025